清 史 論 集

(七)

莊吉發著

文史哲學集成
文史哲出版社印行

國家圖書館出版品預行編目資料

清史論集 / 莊吉發著. -- 初版. -- 臺北市：
　文史哲, 民 86 -
　　冊 ； 公分. -- (文史哲學集成 ; 388-)
　含參考書目
　ISBN 957-549-110-6(第一冊：平裝) .-- ISBN
957-549-111-4(第二冊：平裝) .--ISBN957-549
-166-1(第三冊：平裝) .-- ISBN957-549-271-4
(第四冊：平裝) .-- ISBN957-549-272-2(第五冊
：平裝) ISBN957-549-325-7(第六冊：平裝) .--
ISBN957-549-326-5(第七冊：平裝)

1. 中國-歷史-清（1644-1912）-論文，講詞等

627.007　　　　　　　　　　86015915

文史哲學集成 ㊴

清 史 論 集（七）

著　　者：莊　　　吉　　　發
出版者：文　史　哲　出　版　社
登記證字號：行政院新聞局版臺業字五三三七號
發行人：彭　　　正　　　雄
發行所：文　史　哲　出　版　社
印刷者：文　史　哲　出　版　社
　　　臺北市羅斯福路一段七十二巷四號
　　　郵政劃撥帳號：一六一八〇一七五
　　　電話 886-2-23511028 · 傳眞 886-2-23965656

實價新臺幣 四五〇元

中 華 民 國 八 十 九 年 十 月 初 版

清史論集

(七)

目　次

清史論集

出版說明

　　我國歷代以來，就是一個多民族的國家，各民族的社會、經濟及文化等方面，雖然存在著多樣性及差異性的特徵，但各兄弟民族對我國歷史文化的締造，都有直接或間接的貢獻。滿族以邊疆部族入主中原，建立清朝，一方面接受儒家傳統的政治理念，一方面又具有滿族特有的統治方式，在多民族統一國家發展過程中有其重要地位。在清朝長期的統治下，邊疆與內地逐漸打成一片，文治武功之盛，不僅堪與漢唐相比，同時在我國傳統社會、政治、經濟、文化的發展過程中亦處於承先啓後的發展階段。蕭一山先生著《清代通史》敘例中已指出原書所述，爲清代社會的變遷，而非愛新一朝的興亡。換言之，所述爲清國史，亦即清代的中國史，而非清室史。同書導言分析清朝享國長久的原因時，歸納爲二方面：一方面是君主多賢明；一方面是政策獲成功。《清史稿》十二朝本紀論贊，尤多溢美之辭。清朝政權被推翻以後，政治上的禁忌，雖然已經解除，但是反滿的情緒，仍然十分高昂，應否爲清人修史，成爲爭論的焦點。清朝政府的功過及是非論斷，人言嘖嘖。然而一朝掌故，文獻足徵，可爲後世殷鑒，筆則筆，削則削，不可從闕，亦即孔子作《春秋》之意。孟森先生著《清代史》指出，「近日淺學之士，承革命時期之態度，對清或作仇敵之詞，既認爲仇敵，即無代爲修史之任務。若已認爲應代修史，即認爲現代所繼承之前代。尊重現代，必並不厭薄於所繼承之前

代，而後覺承統之有自。清一代武功文治、幅員人材，皆有可觀。明初代元，以胡俗為厭，天下既定，即表章元世祖之治，惜其子孫不能遵守。後代於前代，評量政治之得失以為法戒，乃所以為史學。革命時之鼓煽種族以作敵愾之氣，乃軍旅之事，非學問之事也。故史學上之清史，自當占中國累朝史中較盛之一朝，不應故為貶抑，自失學者態度。」錢穆先生著《國史大綱》亦稱，我國為世界上歷史體裁最完備的國家，悠久、無間斷、詳密，就是我國歷史的三大特點。我國歷史所包地域最廣大，所含民族分子最複雜。因此，益形成其繁富。有清一代，能統一國土，能治理人民，能行使政權，能綿歷年歲，其文治武功，幅員人材，既有可觀，清代歷史確實有其地位，貶抑清代史，無異自形縮短中國歷史。《清史稿》的既修而復禁，反映清代史是非論定的紛歧。

　　歷史學並非單純史料的堆砌，也不僅是史事的整理。史學研究者和檔案工作者，都應當儘可能重視理論研究，但不能以論代史，無視原始檔案資料的存在，不尊重客觀的歷史事實。治古史之難，難於在會通，主要原因就是由於文獻不足；治清史之難，難於在審辨，主要原因就是由於史料氾濫。有清一代，史料浩如烟海，私家收藏，固不待論，即官方歷史檔案，可謂汗牛充棟。近人討論纂修清代史，曾鑒於清史範圍既廣，其材料尤夥，若用紀、志、表、傳舊體裁，則卷帙必多，重見牴牾之病，勢必難免，而事蹟反不能備載，於是主張採用通史體裁，以期達到文省事增之目的。但是一方面由於海峽兩岸現藏清代滿漢文檔案資料，數量龐大，整理公佈，尚需時日；一方面由於清史專題研究，在質量上仍不夠深入。因此，纂修大型清代通史的條件，還不十分具備。近年以來，因出席國際學術研討會，所發表的論文，多涉及清代的歷史人物、文獻檔案、滿洲語文、宗教信仰、族群關係、

人口流動、地方吏治等範圍，俱屬專題研究，題爲《清史論集》。雖然只是清史的片羽鱗爪，缺乏系統，不能成一家之言。然而每篇都充分利用原始資料，尊重客觀的歷史事實，認眞撰寫，不作空論。所愧的是學養不足，研究仍不夠深入，錯謬疏漏，在所難免，尚祈讀者不吝教正。

二〇〇〇年九月　莊吉發

滿鮮通市考

中韓關係，源遠流長，李氏朝鮮與明代的關係，尤爲密切。自李成桂以親明爲號召，取得政權，遷都漢城，受明冊封後，朝鮮與明廷各守封疆，始終和諧無間。神宗萬曆二十年（1592），歲次壬辰，明朝喪師糜餉，不惜重大損失，爲保護朝鮮而擊退入侵的日軍，恩同再造。天聰元年（1627）丁卯之役以後，金國與朝鮮約爲兄弟之國，春秋輸歲幣，並許互市，欲藉通商貿易，以維持兩國的和平關係，但因朝鮮與明廷已結成親密不可分的關係，所以對金國的態度，異常強硬。崇德元年（1636）丙子之役以後，朝鮮表面上奉清正朔，惟國內記事，祭享祝辭，仍用明朝年號。朝鮮經滿洲大軍兩次征伐後，雖被迫按約交往，春秋信使，往來不斷，然而對於歲幣、互市，始終不曾順利執行。本文撰寫的主要目的，即在就現存清代及朝鮮官私記載以探討滿洲入關前與朝鮮互市的由來，開市經過及其意義。

一、滿鮮早期關係

在高麗時期，朝鮮北境因與女眞接壤，彼此交易爲生，東西女眞亦屢次遣使携帶馬匹、毛皮等物入朝納貢，已具有官方貿易的性質①。滿洲勢力崛起以前，朝鮮與鴨綠江北岸瓦爾喀人往來交易，且屢與烏拉部兵戎相見。努爾哈齊統一建州諸部後，兵力漸強。壬辰之役，日軍進犯朝鮮期間，努爾哈齊曾遣使表示願意發兵相助。明神宗萬曆二十三年（1595），努爾哈齊復遣部將

至滿浦鎮呈遞文書，要求通好。朝鮮旋遣主簿申忠一入建州作非
正式的交聘。但此時努爾哈齊尙無意南犯朝鮮，不亟於打開朝鮮
的商埠。努爾哈齊曾屢以漢人及朝鮮重財輕德以致敗亡的歷史教
訓告誡貝勒大臣。萬曆四十三年（1615）十二月，努爾哈齊訓
諭諸子，與漢人往來交易，勿以一疋綢緞美好，即出高價購買，
一疋美好綢緞，惟供一人穿著，宜念及廣施濟衆，多用心購取儉
約的物資。天命元年（1616），建州地區開始養蠶繅絲，紡織
綢緞，努爾哈齊又告諭國人種棉織布。天命四年（1619），明
廷討伐金國，徵師朝鮮，明軍慘遭敗績，朝鮮都元帥姜弘立率兵
五千降於金國②，旋釋還。姜弘立返國後即力主和盟，並指出朝
鮮所產綿布、白苧布、白紙、畫席、獺皮、粧刀子、食鹽、大米
等物，最爲金國所需，努爾哈齊妻妾及諸子諸將多勸其通好於朝
鮮③，惟努爾哈齊在位期間，滿鮮之間並未正式建立貿易關係。

　　天命十一年（1626）九月初一日，皇太極即位，改翌年爲
天聰元年。同日頒詔稱「各項買賣，任其交易，有漏稅者罪之，
往外國交易，亦須告知本貝勒，私往者罪之。」④皇太極即位後，積
極發展對外貿易，惟是時金國對外關係，仍面臨明朝、察哈爾及
朝鮮三面夾攻的威脅。在明朝方面，袁崇煥固守寧錦，努爾哈齊
曾受挫於此，皇太極不敢輕舉妄動，察哈爾兵威甚盛，難攖其鋒，
於是擇弱而攻，南侵朝鮮。斯時金國饑饉乏食，皇太極南牧，不
僅可以解除朝鮮及毛文龍的牽制，亦可掠奪物資，以濟凶年。皇
太極一向主張對朝鮮用兵，於是在朝鮮降人韓潤等教唆下，發動
了第一次朝鮮之役⑤。

　　天聰元年（1627），即朝鮮仁祖五年，歲次丁卯，正月初
八日，皇太極命貝勒阿敏，臺吉濟爾哈朗、阿濟格、岳託、碩托，
率兵征討朝鮮，並移書相詰，開列四宗罪責，即：天可汗賓天，

不即送使致吊；宣川之役，一不殺戮，不即送使致謝；毛文龍爲金國大仇，而容接內地；給餉護恤遼民，金國赤子，而招之納叛，一不送還⑥。正月十三日，金國總兵官楞額禮，備禦官雅孫、葉臣、孟安等率兵破明哨探。十四日，乘夜克義州城，殺府尹李莞，判官崔鳴亮死之，城中明兵一萬，朝鮮兵二萬，俱遭屠戮，所俘居民，由八旗均分爲奴。阿敏貝勒突襲鐵山，毛文龍遁入海島。十五日，金國兵入宣川，斬副使奇協，下定州，俘牧使金搢。十八日，陷郭山，執郡守朴惟健，生擒道臺、參將各一員，遊擊三員，盡屠城中官兵。二十一日拂曉攻克安州，牧使金浚，兵使南以興等自焚而死，郡守張𣵀，副使全尙毅，縣令宋圖南等遇害，守軍三萬六千名，被戮者計二萬名。二十六日，金國進兵平壤，朝鮮國王李倧避入江華島，兵民驚亂自潰，金國兵遂渡大同江，二十七日，至中和，兩國開始議和⑦。三月初三日夜，焚書盟誓，締結江華條約，約定以金國爲兄，朝鮮爲弟，不事明朝，縛送毛文龍，以鴨綠江爲界，各守封疆，以及歲貢互市等款，金國兵旋即撤還。是役，朝鮮方面稱之爲「丁卯虜難」，丁卯之役以後，金國逐解除後顧之憂。此時就緩急而論，朝鮮可寬，察哈爾當拒，明朝當征。因察哈爾如蟲蠹食，勢必自盡，不必急圖。明朝則不可緩，若金國兵一年不往，明兵必繕城固守，修整兵甲，實不容坐視⑧。至於朝鮮，既入掌握，則可暫行款慰，姑且與其開市交易，有無相通，將貿易所得財貨及春秋歲幣，盡與蒙古易馬，充實戰力，以征明朝，是以皇太極在位期間，積極發展對朝鮮的貿易。

二、義州開市交涉

　　金國與朝鮮正式立約通商，係始自丁卯之役，兩國議和期間，

朝鮮進昌君前往中和金國軍營時，已表示兩國商賈往來，乃有無
相通之意。朝鮮首先開放的公市係龍灣，即義州館⑨。朝鮮人稱
鴨綠江爲灣，故龍灣又稱灣上，灣上即鎮江⑩，或稱中江。金國
與朝鮮開市通商，係以交涉被擄人爲開端。天聰元年四月初三日，
皇太極諭使臣朴仲男等稱開市物貨，係兩國交易有無，至於刷還
一事，乃朝鮮所提出，故招出男女起送。是年八月十四日，皇太
極致書朝鮮國王，表示願將被擄人查出交與原主，兩相計議贖還。
朝鮮備局則指出「似聞虜中情形，要我開市，先發贖取之言。」
朝鮮廷臣固知金國允將被擄人贖還，藉口提出開市爲交換條件，
然而若不開贖取之路，則恐破壞羈縻之計。備局乃請以兩西遺民
家計蕩然，辦理維艱等語，令承文院撰書答覆。其書略稱「被擄
人民，皆我赤子，拘留異域，父失其子，兄失其弟，呼天蹙額，
怨歸不穀，爲民父母。有不忍聞。今見來書，欲令各人親戚通議
贖取，此意尤好。顧今西鄙遺民，酷被兵禍，生業蕩然，恐無財
可以質贖，然其中若有願贖者，當諭以來意，俾遂情願。」⑪父
贖其子，妻贖其夫，乃至情所在，但恐因贖取之後，金國將藉口
要求開市，故先示以無力贖取而杜其弊端。惟金國亟於開市，尤
需仰賴朝鮮糴米救荒。是年十月，皇太極致書朝鮮國王，催迫義
州糴米。備局仍請以難便之意修書答覆，並遣使携帶贈物，前往
金國探聽情形，旋遣朴蘭英爲回答使齎書入瀋陽，覆以開市一事，
因生民殘敝，請徐待後日而爲之。惟是月十一日，延平府院君李
貴以承文院所作答書，過於疏略，頗不以爲然，「既和而不許開
市，此難保之道也。徒以言辭修飾，欲拒其大欲，彼必不信而反
爲後患矣。」⑫但朝鮮國王仍認爲開市不可猝然許之。

　　天聰元年十月二十八日，義州府尹嚴惶啓稱金國差員高牙夫、
朴仲男率隨從八騎至義州，催逼開市。嚴惶告以往返交涉，道路

遙遠，商賈一時難聚。高牙夫等見開市日期促迫，故同意定於十一月初開市。朝鮮左議政吳允謙於朝講時向國王李倧進言，若牢拒開市之請，恐至生釁速禍。國王亦以爲然，欲以春秋開市定式，但若開市之後，商賈輻輳於義州，則釜山赴市商賈勢必日少一日，是以又恐啓日本之釁。是年十一月南以恭入皮島見明都督毛文龍時，毛文龍亦告以不可不佯許開市，而姑緩其禍，待天兵大集，然後協力共破，但開市之際，不可多聚商賈以駭觀瞻，且宜以此事委諸下民，在上者則佯若不知。易言之，朝鮮政府對於贖俘開市的態度，係採取既不牢拒，又不猝然許之的延宕政策。丁卯之役，朝鮮猝遇金國大兵南犯，被迫簽訂城下之盟，以爲緩兵之計。然而朝鮮民人的態度則不一致，自聞許贖被擄人之令後，諸道民人不惜重貨，賣田宅奴婢以爲備價之計，因而引起政府的疑慮。黃海監司張紳啓稱「但念開市之後，失父母妻子者，皆將不惜重貨，既得見父母妻子，則雖盡輸其價，而彼察其切迫之狀，又要高其價，則必將加備，期於必贖而後已，此路一開，則臣恐兩西之民爲伊賊奇貨，被兵之患，無歲無之，且伊賊善探敵情，此路既開，則必拘係其父母，使子弟通我國事情，而方許贖還，則恐或因此而生事於我國。」⑬

　　天聰元年十一月十一日，朝鮮回答使朴蘭英齎國書及秋季禮至瀋陽。皇太極出獵未還，達海等設宴以待，並詢以出使任務。朴蘭英告以四事，即：㈠謝義州捲兵；㈡兩西蕩然，鎭江開市，非但不成模樣，物貨皆出於明朝，而明朝一禁通貨，開市無益；㈢被虜人刷還，兵禍之後，家計蕩然，力有所不及；㈣糴米之事，兵禍之後，無一處耕種，難以應辦。皇太極罷獵回宮後，朴蘭英呈遞國書。其書略稱「凡開市必待人民聚集，財貨繁阜，彼此將所有易所無，交往今西路千里之地，墟莽極目，煙火斷絕，有何

人民貨財可以買賣，未及完具之前，恐不成開市規模。且父而贖子，妻而贖夫，人情天理之所不能已。第創殘之餘，喘息未定，力有所不及，在使人口中。至於糧粟糴買之說，恐貴國不諒事情也，近邊郡邑，地無開墾，焉得復有糴賣之穀耶。兩國既成和好，質之天地，必須謹守約信，期之久遠，姑待日後，更容商議，此所望於貴國者也。」⑭達海以皇太極之意，往告朴蘭英，略謂「金國與朝鮮和好者，不過以誠信相待，通市有無。而今者兩西人物一空，開市難便之意，在於國書，使臣之言，亦似有理。然則姑且互市，往來國中，交易有無。既已誓天，有同一家，患難相救，是人常理。聞毛兵無價責糧，而我則當此饑饉，給價買賣，若不相救，不無憾矣。兩西一邊則安保，六道亦且全完，不得不相救。」金國與朝鮮既約爲兄弟，豐荒相通，患難相救，乃人情之常。朴蘭英則覆稱兩西蕩然，六道失稔，時方饑饉，人多餓死，情非不足，力所不及。惟金國時值饑饉，糴米賑荒，刻不容緩。因此於十二月初九日，皇太極命參將英俄兒代，遊擊霸奇蘭⑮，率員役五十二名齎國書偕朴蘭英前往朝鮮，同月十七日抵達義州。其書略謂「兩國相好，若不互市，似乎疏遠，我欲開市，惟爾言大兵所過一帶，俱皆殘破，難以開市。若開市，須逕至王京交易，惟如此交易，但有益於諸貝勒及有力者，並無益於小民。今歲我國糧石，僅足供我民之食，因蒙古汗不道，蒙古諸貝勒率國人叛投者絡繹不絕，爾諒亦聞之，爲贍養來投國人，遂致糧石不敷。爾曾給毛文龍糧石，贍養已經七年，我豈似彼等無故索取。惟今歲欲市糴，爾當輸出糧石，以助我於此窘乏之時，方見兩國結爲兄弟之益處。雖云國遭兵燹，平安道一帶及黃海道一邊，殘破是實，惟所餘尚多，且六道依然如故，若誠欲輸出穀物，則自鴨綠江下運亦可，海運亦可。」⑯英俄兒代在朝鮮王京交涉開市，最

後議定邊上開市於戊辰年即天聰二年二月二十一日舉行，朝鮮糶
賣米穀三千石，並要求皇太極釋還被擄人口。據兩西被擄人清冊
所開列姓名計達六百餘人，黃海、平安兩道監司預先通知被擄人
本家，令其於開市之日，持貨赴市贖還。

　　天聰二年（1628），即仁祖六年正月二十八日，朝鮮國王
遣使齎書至瀋陽。其書略謂「貴國以糧石不敷，欲市糴我穀，鄰
邦之道，不可恝視。但我國兵興之日，八道騷動，倉庫俱空，復
以上年春雨過多，夏旱太甚，農田愆時，民食甚艱，至於西路，
餘民無多。貴國斂兵義州之後，逃亡遼民，處處聚集，焚掠閭閻，
雞犬無遺，清川以西，皆成草艾，此前來二大臣所目覩，豈待我
言。我國於貴國，非不欲竭力，而緣木求魚，計將安出。然在我
之道，不可不盡。今糴得米三千石，以副貴國之意。又開市義州，
通兩國之貨，令京外商賈及西邊二路遺民，願贖其父母妻子者，
各出米穀物貨以赴，其爲貴國糴穀者，可謂盡矣。抑有一說，互
市者，各從所願，兩圖其利，非可抑勒，貴國若欲多致米貨，須
公平定價，人自樂趨，毋求足於一日之內，徐徐爲之，則我國商
賈襁負以至而成輻輳矣，並飭諭邊臣反覆曉諭民人，毋違期約。
若我國外爲此言，而實不盡力開市者，上天鑒之，若貴國抑賣攘
貨，使民不樂赴市，而責我國失信者，上天亦鑒之。」⑰易言之，朝
鮮政府非不欲按約互市，實因甫經兵燹，物力已竭，開市無益，
且金國兵民掠奪性成，朝鮮商賈多不樂赴市，故請飭令商賈公平
定價，嚴禁抑賣攘貨。二月初二日，朝鮮回答使總兵李蘭、副將
朴蘭英齎書至瀋陽。其書云「貴國前議開市，此美事也。顧西路
殘破，非可開市情狀，不能即副開市之意，非以開市爲不可。今
來書云，若於我所住京城交易，但有益於富豪，於小民無益，此
意甚是。自古以來，鄰國互市之例，俱在邊上，蓋即爲此故也。

貴國以人衆食乏爲憂，要市糴一年米穀。夫救災恤患，鄰國之道
也。敝邦豈敢以殘破爲辭，即與來使商議，許民前往邊上交易，
米穀亦在其中。」⑱朝鮮同意在邊上互市，亦允糴賣米穀，以一
千石發賣市上，二千石平白相遺，但此表心意而已，非以之爲例。
朝鮮米穀向義州發運情形，係以平壤等五邑督運一千七百餘石，
安岳等四邑督運三千三百餘石，各邑分由水陸運輸。惟朝鮮市民
並不踴躍赴市。二月初四日，據朝鮮戶曹啓稱，中江開市，已定
日期，而京中商賈，絕無入往者，朝鮮政府不得已差遣解事算員
持紙地、胡椒、丹木、青布等物前往中江開市處換貿銀兩，回還
之時，轉入皮島，抵換青布、緞疋。

金國與朝鮮既正式開埠通商，兩國互市，一年幾朔，當有定
式。金國初議四季朔舉行⑲，天聰元年十一月，朝鮮回答使居留
瀋陽期間，金國汗皇太極告以春夏秋三季朔爲限。是年十二月初
九日，金國參將英俄兒代等齎國書偕朴蘭英前往朝鮮王京時，亦
請定春夏秋開市三次。朴蘭英等覆以一年二季開市，物貨已慮難
辦，況三季朔開市。且六月農務方急，雨水過多，開市不便，夏
季朔應停互市，最後以春秋二季開市定約。朝鮮致金國國書亦稱
「若開夏市，因力不逮，前已具回書，未審貴國以爲如何。事之
能與不能者，情勢也，若情勢不便，則斷不可強行。千里赴市，
往返交易，動輒數月，若甫至即復還，則竟往返於途矣，不僅人
力不足，即財貨亦何暇聚集。今已屆六月，農事匆忙，雨水已至，
此非赴市之時，若慮及情勢，則斷乎不可。貴國商賈或於事情未
予深察，恐徒勞往返也。」⑳中江邊上互市，春秋二次，春市以
二月舉行，秋市以八月舉行。

天聰二年二月二十五日，義州中江開市，金國參將英俄兒代
領八旗員弁專管開市事宜，所頭里領護軍三百餘名，駐劄義州城，

率來商賈千餘名，合計一千三百餘名，其人馬供饋，俱向朝鮮索取。朴蘭英等告以兩西板蕩，許多軍馬所食，安得倉卒應辦。英俄兒代詰以朝鮮與明朝開市時所供饋牛豬及贈物，爲數甚夥，何以獨不與金國。經數日強爭，仍不得要領，英俄兒代竟高聲作色稱「俺等到此，貴國頓無供饋之意，暴露風雨，軍馬饑餓，兩國相好之意安在。」言語不遜，求索甚急，朝鮮不得已竭力措備。雙方開市後，朝鮮商賈赴市者不足三十人。牛隻交易，不載於約條，英俄兒代卻強索耕牛數百頭。朝鮮耕牛缺乏，嚴禁出售耕牛，平均一牛可活數十口人，朝鮮商賈甚至遠赴蒙古購買牛隻，故難應金國之求。至於贖取被擄人一項。初已定議論價約買，朴蘭英亦馳啓金國允以青布十疋贖取一人。英俄兒代率出被擄人二百餘口，但所賣之數甚少。丁卯之役，朝鮮人被擄後，即按八旗均分爲奴，此次互市，令各主自行買賣，發賣時遂高索其值，一人索價牛馬十頭，紬緞布木水銀紙束價至千兩，以致贖者落膽，痛哭而歸㉑。往返交涉結果，以青布六十五疋贖還一人定議。據朴蘭英啓稱，交易之日，來至市上待贖被擄人，多至四五百人，惟其中多無父母兄弟，不得買取，是以市上贖還男女僅三十人，其餘盡行驅回。被擄人聚集朴蘭英、李溎寓所，日日呼號，朴蘭英等以私持騎馬及金國汗贈物各買二人，又令隨從員役，每人各買一人，共得二十二人。天聰二年三月二十六日，英俄兒代撤還兵馬商賈，路經鐵山、郭山，被擄男女多有逃還者。英俄兒代遂責朝鮮既請贖還，而不惟不即贖去，又從而使之亡走，復不刷送，百端恐嚇怒斥。金國汗致書朝鮮國王時亦詰以義州開市之日，有朝鮮官員親執棍杖打殺金國商賈。惟據朝鮮覆稱，開市之日，金國商賈爭執物貨，抑賣攘奪，朝鮮官員持棍禁斷之際，金國商賈適撞棍頭。總之，義州開市後，物貨交易，既不滿意，彼此糾紛，

復層出疊見，金國遂要求朝鮮增開會寧為公市。

三、會寧開市交涉

　　會寧屬朝鮮咸鏡道，與金國寧古塔毗鄰，自古為互市之地。朝鮮開放義州為商埠後，金國復固請加開會寧為公市。天聰二年二月初八日，金國汗皇太極遣使臣高牙夫齎國書前往朝鮮交涉會寧開市事宜。二月二十二日，高牙夫一行至王京，呈遞國書。其書稱「金國汗致書於朝鮮國王弟，今兩國既成一國，中江大開關市，皆欲往會寧貿易，料無王命，會寧官豈敢擅專，故具預報，如允當速令會寧官遵行。」㉒朝鮮備局啓請速飭承文院修書作答。三月初八日，朝鮮國王遣朴敬龍齎書前往金國，四月初三日，抵達瀋陽。其書略謂「承示會寧開市，兩國既已和好，本不相疑。惟前此瓦爾喀等之居六鎮者甚眾，故一國商賈多聚其地，以通物貨。今則瓦爾喀無一人在者，買賣不行久矣，貴國何能盡悉其中曲折。中江開市，雖已口許，惟兵火之餘，人民蕩然，遠近商賈，雖經曉諭入市，猶恐不能赴期，況兩處開市乎。敝邦力實難周，不然為有許此而不許彼之理。凡事之始，必慮其終，後方有實效。」㉓金國崛起以前，藩胡多居六鎮，商賈聚集，物貨輻輳，自壬辰兵禍之後，藩胡遠徙。丁卯之役，新經兵火，財畜蕩然，會寧已成空虛之地，不能開市，故力拒加開會寧為公市。朴敬龍居留瀋陽期間，亦告以朝鮮地方褊小，既開市於中江，復開市於會寧，恐不成模樣。但皇太極覆以朝鮮既許中江之市，又何惜會寧互市㉔。堅請開放會寧，隨遣者老、朴仲男等率百餘人前往會寧，見會寧官員不許開市，百端恐嚇，民心疑懼。朴仲男係投降金國的朝鮮人，此次自瀋陽出來，亦欲見其父兄，朝鮮北兵使尹璛即令其父朴應參及其兄朴仁賢往諭朴仲男不可開市，惟朴仲男毫無所

動，竟與金國使臣者老同惡相濟，日加脅迫，會寧府使黃瀿窮於
應變，北兵使尹璛即馳至會寧，並贈賄物，終日力爭，朴仲男等
反生怒色。金國員役軍馬停留會寧期間，一日供饋之米，多至數
十石，牛豬二三頭，需索無厭。因此，尹璛啓請朝鮮國王，既難
堅拒，則不如許市促還爲愈。四月十六日，朴仲男等入城將貿易
物貨，開列單冊，交會寧府使照單備齊，約定日期交易。

　　天聰二年五月二十五日，金國將弁投老世奉命率馬兵五十餘
名齎書至義州江岸，書中詰責朝鮮失約者五款，即：助天朝；刷
逃人；接毛將；修城池；不許會寧開市。備局請姑許會寧開市，
因「北人本與藩胡交易爲生，不甚厭苦。」朝鮮廷臣群議亦以開
市可許，惟宜各將土產交易。是年八月二十日，朝鮮回答使鄭文
翼等齎書前往金國，八月二十七日，抵達瀋陽。其書略謂「中江
既已開市，我何故獨惜會寧，祇因北境絕遠，民寡財乏，況路途
險遠，爲重關複嶺所阻，內地商賈，必裹足不前，雖屢議開市，
而無交易財貨，恐貴國之人，徒勞往返，故前書已相商矣。來書
云，貴國可令北境居民隨意往來，若准其互通有無，其事無妨。
至所遣官員，若猶如義州之交易，則北境民力不足，凡此所告之
言，皆情勢使然也。貴國若平心熟慮，疑惑自可釋然矣。兩國和
好，乃天所鑒者，我若先負之，則天必咎我。」[26]易言之，朝鮮
無意違反和約拒絕通商貿易，其所以不即開放會寧者，實恐金國
商賈徒勞往返。鄭文翼等於瀋陽交涉邊上開市，議定義州，會寧
兩處開市時兩國商賈不設供饋，並許令贖還男女共九十二人。同
時因顧念朝鮮物力窘乏，貨物一時措辦不及，會寧既允開市，是
年義州秋市暫且停止。十月初七日，金國差遣者老率領商賈八十
名前往會寧開市，交易之際，金國商賈掠奪閭里，金差則多發恐
嚇之言，朝鮮市民不堪其擾。

四、春秋信使互市交涉

義州、會寧開市後，朝鮮與金國信使往來亦准持貨入京互市。天聰二年二月，朝鮮回答使朴蘭英、李溰於瀋陽期間，金國接待使大海曾詢及使臣往來，一年幾度。朴蘭英答以兩國信使往來，一年一度，達海奏聞金國汗皇太極。皇太極諭以一年往來二度，旋經議定春秋各往來一次。兩國信使往來於瀋陽及朝鮮王京時，各員役准其携帶物貨於邊上及京城交易。天聰二年十一月二十四日，金國使臣英俄兒代及朴仲男等率兵八十名，牽馬一百二十四，至朝鮮義州後，即以銀子八十五兩，欲購紅柿、生梨等物，因論價不平，朝鮮市民不願發賣。十二月初五日，英俄兒代交出人蔘四百八十餘斤，責換青布一萬九千餘疋。朝鮮市民竭力湊合，猶未准數。戶曹請以二千疋所貿人蔘，送至開城府換木棉交給，惟朝鮮又以開城府開例買賣爲憂。十二月二十一日，英俄兒代等入朝鮮王京，路經平壤時，欲以銀百兩購買馬匹，金起宗答以一夜難貿十匹馬，不得已將其所騎馬匹贈之。英俄兒代一行自王京撤還時劫奪沿路刷馬，官不能禁，居民怨苦益甚。

天聰三年（1629），朝鮮邊上春市，金國汗皇太極同意暫停舉行，而於是年二月十五日遣春信使禮部承政滿達爾漢即滿月介齎國書率員役進入朝鮮，次日，至義州。滿達爾漢一行旋入開城府，求索鷹犬，並欲貿馬匹、各種彩色、叉魚鐵鈎十柄及涼福多只一件，朝鮮戶曹不得已將庫儲彩色取出交易，至於鐵鈎等物則另行造作。二月二十三日，滿達爾漢等入王京，請嚴禁朝鮮邊民越境採蔘。二十五日，滿達爾漢以別無任務，即將速還，惟隨來員役持來銀兩欲貿各色青布、錦緞、皮物、紙束、刀釖、弓角、以及製作油衫與弓箭帽所用方絲紬等物。其中刀釖、弓角係兵器，

例禁交易，其餘緞疋青布等項，皆係戶曹庫儲所有，故即稱量換給。惟方絲紬並非朝鮮所產，朝鮮向用白紬，滿達爾漢多端脅迫，堅欲得之。雙方約定日期交易，滿達爾漢將所需物貨，開列清單，除前列各物外，另開有五色眞珠、朋貝纓子、豹皮、羊皮、水獺皮、青黍皮、白磻、胡椒、檳榔、石榴根皮、黃連、南靈草即烟草、生梨、生柿等。清單內所開各物除朋貝纓子外，其餘物貨，並非難得之物，但平市署未將清單事前知會戶曹，而不及趁早措備。又因此時並非生柿出產季節，戶曹遂以乾柿代之。二月二十六日，開市時，金國方面以傳來之價爲式，王京市民則以物價高昂，欲索剩數，討價還價，終日爭執，至晚始得平定市價。據朝鮮禮賓寺官李景奭稱金國湳差欲以蒙賜白紙七十卷各染五色持回瀋陽，李景奭答以入染之際，多費日子，使臣發行之前必不及加染，遂減數出三十卷染色，朴仲男又另出三十卷求染，且欲得天角二張，戶曹不得已俱依願分付。二十六日晚，交易既畢，朝鮮國王厚賞金差員役酒食。滿達爾漢等通知譯官朴璇，因酒饌所餘尚多，爲求娛樂消遣，欲觀賞朝鮮優人戲。朴璇答以優人不居京下，多在遠外之地。滿達爾漢稱彼等自可取樂，於是與率來員役排行列坐，拍手齊唱，搖頭亂舞，歡叫雲動，醜態畢露，入夜而罷㉖。

天聰三年八月初九日，朝鮮秋信使朴蘭英等離瀋陽返國，金國汗皇太極遣使臣阿之好、朴仲男及隨從九名偕朴蘭英往朝鮮，路經義州時，留置人蔘數百斤，要求義州府尹如數代售。十月十八日，阿之好等於朝鮮王京令通事轉報禮賓寺官金尙賢，請開市交易，欲貿各種彩色、彭緞、青黍皮、水獺皮、羊皮、弓角、環刀、全佐皮、豹皮、白紙、丹木、胡椒、白磻、紅柿、生梨及各種書冊如春秋、易、禮記、史詩等。其中弓角、環刀久列禁物，

多般牢塞,其餘各貨則令戶曹貿給。王京市民以金國人蔘品質惡劣,要求減價,阿之好等欲以銀子准兩折算,市民則以爲過多,相持數日,不得定價。阿之好等必欲以銀准兩折定,市民初以折銀十兩,旋加二兩,欲以十二兩折定,彼此堅持,略無低減之意,至於緞疋各貨,雙方所定價格,相差懸殊,彼此強爭,各不示弱。

金國與朝鮮交涉開市之初,曾議定「開市必先報」。天聰四年(1630)二月,金國春信使朴仲男等率員役持人蔘偕往朝鮮,逕至安州,聲稱欲互市。兩國原議信使互市,定於灣上及王京,朴仲男等深入安州,已非約條所定,且信使往來交易時,例應齎持國書,以示通好之意。此次朴仲男並無國書,而將累馱人蔘持入安州交易,與例不符,備局以此事不可從,而加以牢拒。三月初四日,朴仲男通知平安兵使柳斐,欲轉貿物貨。柳斐告以交易物貨,數日內即將措備,不必詣京,且差人既無國書,不可擅自前往。三月初七日,劉興治突自皮島率甲兵五百名泊於鴨綠江口。劉興治所領漢人雖皆係步兵,惟俱帶甲,若與之交兵,朝鮮人必罹橫禍,是以通知朴仲男急避之。朴仲男避往朔州。劉興治旋率兵圍義州城,將朴仲男所貿得青布一萬八千餘桶盡行掠奪而去。至於朝鮮信使前往瀋陽時,亦不乏窺利之徒,托跡於員役之中,多攜物貨,以取什百之利,甚至有割絕絹帛以欺瞞金國商賈者。金國與朝鮮雖議定兩國信使往來准其持貨交易,惟交易之際,或因爭價,或因攘奪,彼此衝突,已失兄弟通好之意。

五、滿鮮互市之爭

金國與朝鮮春秋信使之行已開互市之路,而義州、會寧開市,依舊不廢。惟兩國每因互市起爭執。皮島漢兵屢乘金國使臣及商賈至朝鮮交易之際,出兵擄掠,復引起金國汗皇太極的不滿。天

聰四年四月，皇太極致書朝鮮國王，詰以「明容漢人入義州城，將我市買布疋，交與漢兵。」朝鮮為防漢兵入城擄掠，乃將義州財貨移置安定等處。天聰四年五月二十三日，金國參將英俄兒代等為輸蔘價及青布，領兵三千餘名至江頭，義州府尹遣員持酒相待，英俄兒代責問青布何以不在義州。府尹李時英答以恐有漢兵之患，移置安定。英俄兒代竟責朝鮮自約和之後，無一言信。英俄兒代隨領兵三百餘名，逕往安州輸運青布，並令刷馬五百餘匹，欲入王京討取青布。平安兵使柳斐告以青布未及措備，夫馬則因俱撥出輸運青布未回，五百夫馬，不克辦出。英俄兒代怒目疾視，以朝鮮不給青布，不撥刷馬，每事搪塞，不如一決，遂起身拔劍，欲加其身，以劍擊地數三，金國弁員俱起，將兵使中軍及軍官三名綑縛而去。英俄兒代率出兵馬三千餘名，計日給糧，日需五十石，俱責義州府尹李時英依數供饋。

　　金國與朝鮮既已正式開市交易，則邊民越境走私及潛商私市俱應嚴禁，至於皮島漢兵更不許以儲米相助，以絕其糧糈。天聰四年五月十六日，皇太極致書朝鮮國王時指出「貴國慶興等處人，常與我東邊人私自交易，已曾奉書禁止矣。今聞交易比前尤甚，此輩不在會寧公市之所，而私行交易，恐將來彼此俱不便，願王嚴行禁革。若仍此不已，我將發兵拏取私相貿易之人，毋謂我今日不言也。」[27]此書寄至鎮江未達，復齎回瀋陽。旋又致書朝鮮國王，遣使臣阿之好等齎往王京。六月初六日，朝鮮國王召見阿之好，阿之好呈遞國書，詰以四款，即：㈠通貨椵島，載米相貿；㈡邊上小民私相買賣；㈢容納逃人，不即刷送；㈣北邊潛商，犯禁買賣，不加飭禁。朝鮮政府三令五申嚴禁潛商私販，惟走私風氣甚盛，官不能禁。

　　天聰五年（1631）二月初二日，金國汗皇太極遣朴仲男齎

書往朝鮮，乞米於會寧，並請開市於江上。備局請答以兩國通好，有急當救，但北境民人稀少，益以連歲凶荒，公私匱乏，且因屢次供饋，費用甚多，許給米豆皮穀二百石。朝鮮國王允加給一百石，通共三百石。至於義州、會寧春秋互市，雖係原約，惟朝鮮以市民率多貧乏，且灣上開市買賣不利，已驗於開市之初，故令承文院措辭作答，婉拒開市之請。二月二十八日，英俄兒代等率員役五十餘名，商賈數千人，持銀十萬兩，至灣上開市。三月二十四日，英俄兒代請以七萬兩銀購買物貨，一萬兩銀貿馬數百匹，二萬兩銀貿牛二百餘頭，限三日內入送，逾期即逕往安州、平壤，直入王京。因牛隻關繫耕作甚重，且經亂之後，耕牛孳息未蕃，故不克如數入送。三月二十七日，英俄兒代果率五百餘人欲入王京，經義州府尹等多方開諭，始停前進。英俄兒代一再催逼，然僅貿得牛五十頭，馬則全不出於市，且交易之際，英俄兒代勒定物價，無異掠奪，經數日相爭，英俄兒代竟率數百騎襲殺千家莊耕作漢人，搶掠其牛畜。英俄兒代等此次出來開市共貿得物貨六、七百馱，尚不滿足，竟搜括城中牛馬，甚至搶奪義州府尹馬匹而去。朝鮮隨將春市交易經過遣使致書於金國汗，皇太極旋遣滿達爾漢等齎書往朝鮮王京。天聰五年閏十一月二十二日，朝鮮國王御崇政殿，召見滿達爾漢。金國國書指出灣上勒價，會寧徵索，應將勒價者姓名及攘奪馬匹毛色，詳細開報，以便查究。朝鮮覆以所謂攘奪，乃以其時商賈馬匹，盡被奪取，臨去勒給廉價，此雖與白奪有間，價不相稱，而勒令買賣，故謂之攘奪。

　金國與朝鮮通商互市，原約一年春秋二次開市於邊上，商賈馬匹毋庸供饋，惟金國因積極對外用兵，遂屢誤市期。天聰六年（1632）三月，開春市於會寧，皇太極遣郎格率領從員二十二人，商賈一百七十人至會寧，要求所有差員照例供饋，其買賣人

等所有食糧草料亦責朝鮮支給。金國汗致書朝鮮國王時亦稱朝鮮商賈來臨瀋陽，例已供給，金國汗差員商賈至義州時亦蒙供給，會寧係朝鮮地方，自不得歧而為二。至於市中牛價，請照義州例，布價每匹增銀五分。惟會寧開市後，金國商賈一無所獲，皇太極甚感憤慨，故致書責之。天聰六年九月十七日，朝鮮通事權仁祿自瀋陽持還金國國書，其書略謂「北地苦寒，民無生業，喫瞿麥，衣狗皮，不與交易，終至空回。先日尤剌汗卜占臺搶掠貴地，後來講和，年年進貢，月月開市，牛布諸物，無所不有。我極東住民，亦常相交易，何與伊通市者偏有，與我通市者偏無邪。王意無乃謂耕種牛隻市之，而我國得以足食，精細貨物市之，而我國得以足用。嫉之而故靳之耶。予仗皇天福庇，西夷來附，其國本蕃息之區，牛馬諸畜，業已足用。且我國牛隻亦自蕃息，豈止貴國牛隻生育，而我國牛隻不生育耶，未和市之前，我國何嘗不以牛耕耶。但我兩國既相和好，彼此交易，通其有無，盡忘間隙，欲享太平，豈專賴貴國衣食之也。」㉘其初，熊廷弼曾建廣寧、登萊、朝鮮三方牽制之師，不啻即一大封鎖線。當此金國衣食缺乏之時，明廷杜絕海外貿易，屬行封鎖政策以困之。毛文龍伏誅以後，東江接濟已失，金國乃轉而求之於朝鮮，但朝鮮即據明廷杜絕奸商私販之旨，嚴詞拒市㉙。其致金國國書屢稱自黑雲龍走還後，明朝物貨絕不出來，朝鮮他無可得之路，若金國不知其故，而以開市出來，則勢將空還，必待明朝物貨輸出，然後可以開市。

　金國與朝鮮既約為兄弟，信使往來，各以土物相遺，乃兩國相交之禮，惟金國需索之數，逐年增加。天聰七年正月初九日，朝鮮春信使禮部侍郎申得淵齎國書至瀋陽。其書指出金國使臣庫里纏所定方物數目較前增加十倍，其過情之禮，雖云土產，朝鮮力有不逮。金國汗皇太極以其禮物漸少漸惡，交易物貨，甚不堪

觀，竟不接受朝鮮方物。正月十五日，申得淵僅受金國汗書而還。其書稱「予此番多定物數，非係貪心，只將誠信以敦鄰好，而情意漸減，以貪利相欺，實乖予心，想貴國供奉南朝甚繁，使官往來，欺索無厭，此則何甘心，而獨於我些少之物，輒自懊恨耶。況貴國所遺之物，本非情惠，且非予之乞求，乃貴國無故助南朝侵我，天譴而賜之也。吾之定數，職此故耳。倘不能一年二次，則以一次爲約可也。但禮單及交易之物，漸少漸惡，甚不堪觀，如不允所言，可往來俱止，只相貿物耳。且向時兵擾，皆因貴國自啓兵端，匿我逃民，轉與毛文龍，予難隱忍，所以加兵。貴國言金銀段帛非土產云。與南朝市易不絕，予所悉知，貴國雖非，南朝豈無乎。曾助南朝侵我，今亦當助我攻南朝。又曾匿我逃民，予今欲征島，亦當借我大船三百艘於義州河內，誠如是，則貴國之心亦白矣。兵船禮物二事，若俱不從，則使价勿復往來。若依定數，則往來相通，不令使臣效南朝使臣欺索搶奪也。」⑳朝鮮每藉口兵燹之餘，兩西板蕩，物力匱乏，拒絕開市，金國竟指其咎由自取，語多恐嚇，必如願而後已。天聰七年（1633）二月初二日，朝鮮遣回答使金大乾齋國書前往金國，二月二十二日，至瀋陽。朝鮮國書指出金國與朝鮮兩國結爲兄弟，春秋信使往來如織，五六年間，少無異言，但於春秋互市時，金國商賈，不肯平價交易，以致朝鮮市民，爭相逃避。至於一通信使，而猶令互市，言外之意，已不難窺知，朝鮮商賈豈有肯赴市者。二月二十四日，皇太極致書朝鮮國王，令金大乾齋回。三月初六日，金大乾返回王京。金國汗書指出所謂止存互市者，乃因朝鮮禮物不肯加增，屈心往來，既無意趣，故欲停信使往來，惟恐伏兵端，所以存市道，約市期，並責朝鮮阻其市道，自啓釁端，「今王斷絕市道，是王自隳鄰好矣，向年兵釁已自啓於貴國，今日絕市，又

先發於王言，似此咎在王而不在我也。」㉛朝鮮爲避免兵端再啓，於五月二十六日按照金國新定禮單數目，遣使齎往瀋陽。

金國因衣食缺乏，故亟於開市，欲自朝鮮貿取，以救凶荒，其輸出貨物，則以人蔘爲大宗。但兩國每因米穀緞疋青布及人蔘交易而彼此爭執不已。天聰七年六月初六日，金國遣參將英俄兒代，備禦代松阿即大所乃率領每旗十人携私蔘及官蔘各一百斤，並齎國書前往朝鮮交易。六月十一日，至義州。書中開列三款，即：爲借糧於朝鮮；呈送禮物；義州開市。關於開市一款，皇太極指出「貿易事，謂我減價，不過王飾詞耳。貴國所市緞疋，不滿二丈，布疋不足十尺，且粗惡不堪。欲照前番二丈四尺者，不論精粗，一例索價，即王心以爲何如，想必不樂交易故耳。貴國緞布丈尺，果肯照舊，予之交易，亦向照舊。」㉜是年六月二十四日，金國將弁郎格、吳巴海率商賈由朝鮮會寧城交易市畢返回瀋陽，據稱其隨帶貿易銀子，皆不合會寧時價，止有寧古塔、喇發等部人所帶皮貨易牛一百十五頭，人蔘交易，朝鮮以胡蔘原非佳品，無所用處。金國商賈卻以高價出售，一斤人蔘以銀十六兩抑賣而去。朝鮮句管所官金垍亦啓稱金國國以八百斤人蔘抑勒販賣，雖稱買賣，其實無異白奪。朝鮮收購大量胡蔘，無路銷售，一年蠹食，盡歸虛棄，以致邊市重開時，朝鮮商賈雖迫之而不肯赴市。八月初一日，英俄兒代等市畢回至瀋陽後亦奏稱朝鮮並無易念，比前更加恭敬，銀兩照常交易，惟人蔘未曾交易，每斤售價僅出銀九兩，相差懸殊。據義州府尹等稱因人蔘係朝鮮所出，屢次多來，如依原價，朝鮮勢必無力貿取，與其日後相爭，莫若即定價九兩，以爲永遠不移規例，故拒絕交易人蔘，英俄兒代旋將人蔘留置安州。是年九月十四日，皇太極復遣英俄兒代齎書前往朝鮮，詰以「自兩國和好以來，予期一年四季交易，貴國不允，

定以春秋二季。後在義州相市，亦僅二次，又負前言，竟爾中止。參價原定一十六兩，貴國云，人參我國無用，作九兩則已，不然收回，非又負前言而減價值乎。既言人參無用，貴國年年出境，搆鬥是非，不識此掘此無用人參何爲也。」該書又云「貴國斷市，不過以我國無衣，因欲困我。我與貴國未市之前，何曾赤身露體，即飛禽走獸，亦各有羽毛，遼地雖然產綿，我國仗天庇佑，順理行兵，每每有獲，以爲固然，故不以紡織爲事，雖然亦每謂外國之物，豈可擬定，已勉令紡織，經今五年餘矣，絹帛雖粗，亦勉強織成，但因有妨織布之工，是以停止。我國紡織之事，向年放回麗官，皆所明知。」㉝朝鮮斷市，雖不足以困金國，但金國衣食窘乏，則係事實。天聰七年十月初一日，據朝鮮句管所官員崔惠吉啓稱，接見英俄兒代時，英俄兒代詢及安州留置人蔘如何定奪。崔惠吉覆稱朝鮮非不欲和買，因朝鮮物力已竭，累百斤人蔘，欲以官貨貿給，則國儲已竭，欲與皮島交易，則島中已不與明朝相通，其路已絕。英俄兒代怒責崔惠吉稱，兩國既已和好，惟朝鮮事事相阻，而有欲絕之意。英俄兒代甚至稱人蔘果無用處，則欲往安州，寧將其盡焚而去㉞。十月二十六日，英俄兒代齎朝鮮國王答書返回瀋陽。其書略謂「開市之請，敝邦非故欲相拒也。敝邦土產，只有絲麻粟米，爲百姓衣食之用，初非商賈轉販之資。青布彩緞，本出中朝，我國亦僅貿用，此貴邦所明知。近來中朝嚴禁物貨，不許出境，國內漢貨，今已乏絕，即開市亦無可交易者，誠恐貴國之人，冒險遠來，畢竟空橐而歸，從前不得曲循來意者，不過以此故耳。至於參價高下，亦非敝邦有所違負。古今物價，原無一定不易之理，或前貴而後賤，或舊乏而今饒，自然之勢也，此參價亦非我有意增損，不過視一時貴賤而定高下耳。」㉟金國與朝鮮互市，限於土產，青布彩緞，出自明朝，例禁交易。

朝鮮既係明廷封鎖金國的一環，則朝鮮拒市，實係奉行明廷封鎖金國的禁令。

　　天聰七年（1633）十一月十六日，皇太極遣英俄兒代齎書前往朝鮮。其書詰責朝鮮自丁卯盟誓後，背約失信者通共九款，其中有關互市者爲三款：第五款云「義州大市，一年二次，業有定議，又背前約，迄今通計止市二次。」第八款云「向訂盟時，令爾斷南朝往來，爾云交易南朝，貴國敝邦均有利益。今復更云，人參無用，南朝絕往還，無物充價，何以爲市，若果與南朝斷絕，即每勅銀止十一兩，豈肯相強，然南朝斷絕之言，實乃相欺之語耳。我國屢獲漢人，告我已悉，則爾之欺誑愈顯。」第九款云「若旅順新破，貨物稀少，稍延時日，猶覺近理。今觀來書語言，兩家通市已絕，此皆爾甘心結怨永絕之意也。況我斡爾哈、兀喇由會寧貢市綿紬布疋，牛隻等物，亦曾交易，是皆爾國所產，豈由南朝來耶。以常市之會寧，而今不准開，實爾國之變更。」十一月三十日，朝鮮國王答書金國汗時指出「自古兩國和好，必許互市，蓋地之所產，各有貴賤，苟能平價交易，以有易無，則此實兩國之人所同欲者，而本國商賈，無一人肯赴灣中，此實事勢之有所不便也，人情之所不願從，不可抑而行之。」㊱簡言之，隣國相交，有無相通，民亦樂爲，惟金國抑勒買賣，不肯平價交易，以致商賈不肯赴市。朝鮮國王爲表示和好之意，旋令春信使入瀋陽時酌帶商賈，以資通貨。惟金國將抑價勒買的原因歸咎於朝鮮商賈減貨欺市所致。天聰八年（1634）三月初二日，皇太極致書朝鮮國王，令朝鮮春信使李時英齎還。其書略謂「貿易乃兩國之益，當以公平交易爲美。今所市布帛，每以一疋斷爲二三疋，紙一卷減六七張。及詢其故，市商乃云皆明朝減之也。緞與青布，誠明朝所出，白布與紙，亦明朝所出耶。王其思之，以缺

半之物，務索全價，予謂估貨償值，恐王聞之，無乃疑予爲恃強脅市乎。不但價值難定，即兩國親愛之誼，亦少乖矣。今後貿易，王當遣臣嚴禁貨主令其勿欺，勿斷布帛，勿少紙數，庶公平相市，不第價值易定，而兩國之釁端亦可杜矣。」㊲朝鮮覆以紬布扯斷，係出於商賈私貨，客商譎詐，但圖一己之利，以欺隣國，實非部臣所知。是年春市重開，三月十八日，金國參將英俄兒代及馬福塔率商賈百餘名，持人蔘九百斤，銀萬餘兩，至朝鮮龍川交易，欲貿蟒緞、青天緞、青天紗、藍紗、甲絹、硼砂、水銀等物。朝鮮以人蔘一時決難換貿，請其備價留置安州或義州，於來年九、十月間遣人通知後取銀。英俄兒代則詰以帶來許多人馬，若空還則無以報其汗，如不得已，可將人蔘三分之二許賣，三分之一留置，以便從容換送。朝鮮句管所覆稱減分許賣固善，然絕不可換貿明朝物貨，限以上產木棉交換，人蔘一半發賣，一半留置。英俄兒代請以木棉，青布相間貿給。句管所答以青布係明朝物貨，難以措備，請以木棉或青布隨所有平價換貿。

　　金國與朝鮮信使往來，例帶員役携貨發賣，惟其數目未嚴格限制，爭執屢起。金國汗皇太極對外發展結果，歸附日衆，賞賜數量龐大，多仰賴朝鮮輸入緞布等物，朝鮮屢以物力缺乏，島貨斷絕，藉口防塞，惟朝鮮信使入瀋陽時，員役携帶綵緞青布，竟多達數百馱。爲杜弊端，以絕金國大慾，遂定信使入金國時所帶物貨，不得過三十馱。天聰八年十月二十九日，朝鮮遣兵部侍郎羅得憲齎書至瀋陽。書中指出除春秋信使外，金國差人持貨，頗無限節，因物力缺乏，難以供應，請自是年起，除信使外，其餘員役勿持貨物出來。且兩國使臣既於春秋交易二次，則會寧開市，不宜疊行。至於青布、蟒緞、大緞、倭緞、天青緞、閃緞、彩色等物，原係明朝所產，因禁令特嚴，絕難貿得，是以兩國互市，

以土產爲主，其他不出於朝鮮者，則隨所得交易。皇太極覽書不懌，拒見來使，亦不受方物，携來物貨，不許發賣。皇太極與諸貝勒共議，作書答覆。其書云「來書云，我國違背前約，使臣持貨物，責貿於邊，不知何處違背也。初時定約，除使臣外，一年四大市，於義州交易，予遵約發貨至義州，而貴國之物不至，是貴國弗踐前言，而壞此定約也。其後又約定一年二次，於義州交易，貴國不踐前言，而復壞之。後又約定，市物與春秋使臣同來，兩國遵行，至今未改。由此觀之，貴國違渝則有之，予實未也。又云，春秋使臣外，貴國遣人持貨，頗無限節。果予旋約而旋背，則王言固宜，不然無乃有謬乎。所言無限節者，何年月日，去幾次，姓名爲誰，明白開說可也。既不如此，徒以空言傷和好，果何謂耶。六月間遣使至貴國者，蓋取春市未完之價耳。去人或有貿易，不過爲兄弟之國，便使携些須必用之物，有無相易已耳，今竟執此以爲話柄。總之，不樂交與之心，更有何意乎。又云，會寧開市，不宜疊行，以貽弊端，此言或王誤記而偶言之耶。明明貿易，恐貽弊端，若與予民隱避竊市，獨不虞貽弊端乎。今王此言，不儼然上無青天，而一任爲欺詐者耶。果畏上天惜和事，豈有此言之理。貴國之人從慶興慶源撫俵阿吾地阿山乾源安源等處地方與予隱避居民竊市，已將貨物並我民與貴使面見，似此弊端，豈非自貴國貽乎。」[38]易言之，朝鮮違約斷市，蓄意欺詐，藉口推託。天聰八年十二月十二日，皇太極復遣戶部承政馬福塔、參政羅洛率員役一百十三人齎書前往朝鮮。十二月二十八日，至王京。金國汗書詰朝鮮「會寧交市，每逢使來，輒爲託詞。然此事不惟吾儕易曉，即無知小人，亦所明知。吾兩國以兄弟之義，常欲共相貿易，動言無貨，乃每每偷市，不知此貨更從何得耶。然會寧市與不市，有何關係。但既爲兄弟之國，明明交市而不許，

反與我逋逃之民偷爲貿易，此我所不解也。」朝鮮與金國既約爲
兄弟，和好往來，原欲藉互市以忘卻兩國舊隙，然而朝鮮動言無
貨，不背如期開市，是以皇太極屢責其不顧兄弟之義，患難不肯
相救。天聰九年正月二十八日，馬福塔等齎朝鮮國書返回瀋陽。
其書覆以北路地瘠民貧，故不宜疊行開市，至於奸商潛行圖利，
不過百千之一，其往來交易僅有些須貨物，苟有發覺，即殺無赦。
同時開市之際，因係官主其事，市民有不願赴市者，官員亦驅督
而就之，以致民情駭疑。因此要求只令兩國商民如約就市，以有
易無。無煩遠差，庶有相資之意，兩國均蒙其利，而無擾民難支
之弊。但金國汗皇太極以爲若任民交市，又恐無人統理，而滋事
生亂，最後議定反令邊上首領官就近監督統攝。

　　朝鮮邊民違禁越境私挖人蔘，深入建州，距天興城僅數十里，
遂成爲兩國重大紛爭。天聰九年（1635）九月初十日，朝鮮國
王致金國汗書中曾指出「敝邦商賈，未入民籍，隨意東西，見利
而趨，如恐不及，無利則違而去之，官家號令，不復及於此輩，
其來久矣。且從前與江北之人往返貿易，遂成積弊。年來江北恪
守貴國威令，不敢冒禁相通，此輩頓失生理，乃爲竊採資生之計。」
朝鮮商民見利忘生，越境採蔘，雖遇金國巡哨，猶不肯束手服罪，
反而力抗之。金國年年將人蔘傾銷朝鮮，惟朝鮮拒貿胡蔘，其邊
民竟潛入挖採，遂成口實，詰責朝鮮負約失信。朝鮮備局指出其
原因云「近來蔘商納稅少，而取利多，內地之人，爭相入往，潛
越之弊，終不可禁。」故啓請量加收稅，稍奪商利，以爲禁令一
助。天聰九年十月二十五日，金國汗皇太極遣馬福塔、木呼齎國
書往詰朝鮮違約失信，縱民潛入建州內地採蔘獵漁，且禁止商民
市賣佳貨於金國。是年十二月二十日，金國使臣馬福塔、木呼復
齎國書前往朝鮮，是月三十日，至王京。皇太極仍責朝鮮縱民越

邊，又與金國東邊避居逃民私易皮張。並指出人蔘初時每斤售銀
十六兩，朝鮮以明朝不用人蔘，而減價至於九兩。惟據所捉鐵山
漢人供稱，皮島漢兵，朝鮮曾給遼船五十隻，每年春秋二次助米
二萬六千包，每斤蔘價二十兩。朝鮮屢稱明朝禁令愈峻，每市禁
出好貨。但朝鮮遣往明朝船隻，自海上打落金國境，撈出沉水緞
疋，雖已浥爛，然皆佳貨，皇太極甚感憤怒，語多恐嚇。天聰十
年（1636）正月十六日，朝鮮國王致書皇太極，覆以人蔘售價
二十兩者，決無其事，米斛船隻之助，則係漢人謊說，奸商潛挾
暗換，間或有之，惟朝鮮從未吝惜好貨。丁卯議和後，朝鮮與金
國約為兄弟之國，十年以來，開市交易，欲藉互通有無，以維持
兩國和平關係，但因互市屢起紛爭，彼此不滿。通商貿易，為金
國大慾，惟朝鮮再三推託，皇太極屢遣使臣交涉，欲改善關係，
然而因金差員役商隊出入王京，意在偵探虛實，因此，朝鮮欲停
互市，以省將來的嫌隙，斷絕無限的糾纏。滿洲蒙古原以搶掠為
生，互市交易，既難饜其慾，皇太極遂決心以武力迫使朝鮮屈服，
終於導致第二次朝鮮之役。

六、丙子之役與滿鮮互市關係之改善

清太祖努爾哈齊時期，其國號凡五易，明神宗萬曆二十四年，
自稱女直國，萬曆二十九年，改書女眞國，旋稱建州，萬曆四十
七年，稱後金，天啓六年，改稱金㊴。太宗皇太極東服朝鮮、西
平蒙古，開疆拓土，兼得玉璽，遂於天聰十年四月十一日改國號
為大清，建元崇德。崇德元年（1636）五月三十日，皇太極派
兵征明，深入河北。十月初一日，撤還瀋陽後即定議於冬間向朝
鮮牧馬。十二月初一日，命鄭親王濟爾哈朗留守瀋陽，多羅武英
郡王阿濟格駐牛莊守邊。初二日，皇太極率和碩禮親王代善，和

碩睿親王多爾袞，和碩豫親王多鐸，多羅貝勒岳託、豪格、安平及固山貝子固山額眞等官統大兵於是日卯時起行，往征朝鮮，是日至沙河堡東山駐營。初三日，皇太極命戶部承政馬福塔等率兵三百名僞裝商人堵截王京城路，續令和碩豫親王多鐸率護軍一千名包圍王京。初九日，皇太極率禮親王代善及外藩蒙古王等及大兵行至鎭江三十里駐營。初十日，過鎭江至義州城南駐營。十二日，至郭山城外駐營，定州遊擊來援，不能抵敵，遂自刎，郭山城守官敗走，兵民皆降，俱令剃髮。十三日，過定州十五里下營，城中軍民俱降。十四日，皇太極命外藩蒙古貝勒各率兵循海縱掠。馬福塔至王京圍南漢山城。十五日，皇太極至安州城南山岡駐營，分兵兩路縱掠。兩國開始議和，翌年正月三十日，皇太極於三田渡行受降禮，二月初二日，開始撤兵。

　　丙子之役以後，清朝與朝鮮解除兄弟之盟，另結君臣之約，雙方互市依舊舉行。崇德二年（1637），敕定鳳凰城等處每年赴朝鮮義州市易春秋二次，春季二月，秋季八月，寧古塔每年赴會寧市易一次，庫爾喀每二年赴慶源市易一次。屆期由禮部差朝鮮通事官二員，寧古塔筆帖式、驍騎校各一員前往監督，定限二十日畢市即回㊽。各物中如貉獾騷鼠灰鼠鹿狗等皮准其市易，貂水獺猞猁猻江獺等皮不准市易。在朝鮮義州方面，由開城府及忠清平安二道監營分餉各邑，預齎農器鹽紙集中輸送義州灣上。至開市日期，差員及譯官等領往中江與鳳凰城通官章京定價相貿。會寧、慶源則由差員同地方官於客館監市，人馬牛馱皆有定數。甲丙戊庚壬年，會寧開市，稱爲單市，乙丁己辛癸年，會寧、慶源並市，稱爲雙市㊾。慶源一路係朝鮮六鎭咽喉，自茂山沿江以北，山勢高聳，初無人居，至慶源越邊，始有厚春、繕城二部落。慶源西北通烏喇，北通寧古塔。慶源公市每以會寧開市十餘日後

設下馬宴，然後開市。惟慶源買賣物貨，紛爭亦多，雙方小不如意，即彼此相毆，且開源公市規模遠不及會寧。然因慶源距厚春、鄂城二處不過十里，開市之日皆朝來夕往，男女童稚無不前往㊷。

　　丙子之役以後，清廷嚴禁潛商走私及邊民越境私販。崇德二年（1637）正月二十八日，清廷飭令朝鮮不得與避居清朝東境的兀良哈人互相貿易。至於貪利之徒，每乘信使往來之便，私相授受，亦當取締。崇德三年（1638）正月十六日，朝鮮國王引見右議政申景稹等，據稱聞前後信使入瀋陽，從往之人，藉口贖還，其實皆商賈之輩，回來之際，多有賣其馬匹於清人者，故下令禁止。是年六月十二日，因義州府尹林慶業潛送人馬於瀋陽，貿取物貨，與內官韓汝琦同謀，爲講院所發覺。朝鮮國王以其欺罔君上，貽辱國家，罪不可貸，俱皆定配。惟清朝王公大臣私販物貨者亦不乏其人。崇德四年（1639）九月十二日，八貝勒密送銀子五百兩在瀋陽私貿朝鮮棉布、豹皮、水獺皮、青黍皮、清蜜、栢子等物。潛商私販，或兩國之人私相授受，均應禁止，違者重處。按朝鮮律例，赴京及出使隣國之人齎定數外物貨者杖一百，潛商輕者杖一百徒三年，重者絞。崇德五年（1640）十一月十九日，朝鮮誅潛商兩人於義州。崇德六年（1641）十一月初九日，安州、宣川等地有潛商爲清人所執，另有潛商車忠良奉清廷禁令，囚繫於獄。天聰年間，潛商私販，已屢見不鮮，金國汗書屢請朝鮮飭禁，惟朝鮮多未予嚴辦，至是始遵奉清廷禁令嚴格執行。在走私物貨中，烟草係違禁物品，皇太極曾屢頒嚴旨查禁。惟潛商每以烟草携入瀋陽私販。當時稱烟草爲南草，南靈草、烟茶或烟酒。據朝鮮實錄記載，「南靈草，日本國所產之草也，其葉大者，可七八寸許，細截而盛之竹筒，或以銀錫作筒，火以吸之，味辛烈，謂之治痰消食，而久服往往傷肝氣，令人目翳。

此草自丙辰丁巳年間越海來，人有服之者，而不至於盛行。辛酉
壬戌以來，無人不服，對客輒代茶飲，或謂之烟茶，或謂之烟酒。
至種採相交易，久服者知其有害無利，欲罷而終不能焉。世稱妖
草，轉入瀋陽，瀋人亦嗜之，而虜汗以爲非土產，耗財貨，下令
大禁云。」㊸案丙辰即朝鮮光海君八年，相當於清太祖天命元年
（1616），辛酉即光海君十四年，天命七年（1622），自烟草
傳朝鮮不及十年即盛行全國，無人不服。朝鮮信使員役或商賈入
瀋陽時輒携烟草私販。清廷屢次移文詰責而不能禁。朝鮮商賈或
信使員役有以「獐皮裹南草」而被發覺者，甚至有置南草種子於
筆管中而持入瀋陽者。崇德二年七月十五日，據朝鮮戶曹啓稱，
世子居瀋陽館中，清人往來館所者絡繹不絕，因無物可贈，請送
南草三百餘斤，朝鮮國王許之。崇德三年五月二十六日，清將英
俄兒代等於瀋陽西館搜出一行烟草，當場火之於庭中，公私所輸
烟草，俱入回祿。清廷屢申禁令，買賣物貨，不許挾帶烟草。「
瀋陽狀啓」載崇德四年正月二十八日，清廷戶部承政馬福塔挾持
數塊南草，亦爲搜出。是年三月二十二日，據朝鮮憲府啓稱，尹
暉奉使時，轎中所藏南草竟爲鳳凰城人所搜出，而報知於瀋陽，
尹暉辱國無恥，故請飭有司囚禁。崇德五年四月十九日，據朝鮮
賓客李行遠啓稱「清國南草之禁，近來尤重，朝廷事目，亦極嚴
峻，而見利忘生，百計潛藏，以致辱國，請今復犯禁者，一斤以
上，先斬後聞，未滿一斤者，囚禁義州，從輕重科罪。」易言之，
自丙子之役以後朝鮮已遵奉清廷禁令，杜絕潛商私販流弊。

七、結　語

　　互市係在地域、風土、物產等自然條件，與習慣、制度、組
織等社會條件互異的兩國之間，以交換或買賣爲手段所進行的物

資交流現象㊹。滿洲與朝鮮兩地物產，各有貴賤，以有易無，實
兩國所同感需要。清太宗天聰元年丁卯之役以後，滿鮮議和盟誓，
約為兄弟之國，立場平等，兩國之間即以平等地位開市貿易，十
餘年間，朝鮮邊上公市，雖時啓時閉，然信使往來不斷，滿洲大
隊員役商賈携貨隨行，獲利甚豐，歲贈方物，為數亦夥。崇德四
年五月二十五日，皇太極御崇政殿，召諸王大臣等諭稱「太祖在
時，以人蔘與明國交易，止得粗惡紬緞。阿都又奏准不許私買好
者，私買者斬，所以不得好衣，爾衆豈不知之。朕嗣位以來，勵
精圖治，國勢日昌，地濶食豐。又用計講開各處貿易，所以得買
好紬緞，今諸王大臣所衣華麗衣服非歟。先時曾有此衣否，我為
衆開市，豈蕪益哉。英俄兒代、索尼，汝不見昔庫中十疋青布亦
無。朕以為人君苟修政行義，則天必垂佑，而財自充足，雖彼時
亦未嘗缺內外之賞。自朕修政以來，諸王貝勒貝子大人，俱享富
貴。」㊺誠如皇太極所云，滿洲積極發展對外貿易的結果，不僅
解救國內凶荒，且使諸貝勒大臣衣食豐足，俱享富貴，惟朝鮮物
力已竭，不堪其擾。且交易之際，稱物論價，抑勒攘奪，需索供
饋，貪得無厭。除差員商賈馬匹責令供饋米穀草豆之外，餘如宴
享饌物房妓驛馬等項亦越例恣意勒掯索取，罔有紀極。崇德七年
（1642）三月初二日，朝鮮國王奉書清廷，請飭令禁約，其書
略謂「竊照本國連歲旱蝗，上年荒歉，酷於前歲，北路饑饉，甚
於他道，前後差官之後，適當此時，供億之費，殊極悶迫。第戶
部官員，既以使臣出來，則一應迎接，理宜尊敬。至於買賣一節，
只是逐年例待之事，而差官之外，許多從人，商賈人等徵索米豆，
取討酒食，分外橫孥，莫敢誰何。六鎮一帶，蕩然殆盡，哀我邊
民，薦罹饑荒，塡壑之患，迫在朝夕，又值此行，剝盡罄骨。從
前商賈買賣之時，未有如此之事，大朝若聞此言，亦必惕然惻念，

有所變通矣。」㊻丙子之役，清朝第二次以武力迫使朝鮮屈服，解除兄弟之盟，另訂君臣之約，已非以平等地位從事互市活動，清人徵索橫挐，糾紛層出不窮。朝鮮表面上雖奉清朝正朔，與明朝斷絕關係，惟仍遵奉明廷禁令，滿洲所切求的青布、彩緞等物，不敢公然交易。滿洲與朝鮮的物資交流，並未能順利進行，兩國之間欲藉通商貿易以維持和平關係的努力終告失敗。

【註　釋】

① 李丙燾著，許宇成譯《韓國史大觀》（臺北，正中書局，民國五十年十一月），頁199。

② 《清太祖武皇帝實錄》（臺北，國立故宮博物院），卷三，頁10。

③ 李星齡編《春坡堂日月錄》卷一二上，廢光海君下‧萬曆四十七年四月初四日，引姜弘立胡中日記語。韓國奎章閣藏本。

④ 《清太宗文皇帝實錄》初纂本，卷一，頁7。重修本卷一，頁10，將此詔改繫於是月丙子。

⑤ 張存武撰〈清韓關係〉，《故宮文獻》，第四卷，第1期，頁17。

⑥ 《亂中雜錄》續雜錄，第二，頁31。清代官書共列七款罪責，據朝鮮官書記載，後三款金國兵至安州後所增。

⑦ 《舊滿洲檔》，第6冊（臺北，國立故宮博物院，民國五十八年八月），頁2563。案義州判官崔鳴亮，《亂中雜錄》作崔夢良。郭山郡守朴惟健，《大清太系文皇帝實錄》作朴由健。

⑧ 《清太宗文皇帝實錄》初纂本，卷一一，頁49。天聰七年六月二十七日，據諸貝勒大臣陳奏。

⑨ 朴趾源撰〈燕巖集〉，卷一一，《熱河日記》（韓國，景仁文化社，1974年4月），頁141。

⑩ 《春坡堂日月錄》，卷一三，頁31。仁祖六年八月二十八日，據回

答使鄭文翼所述。

⑪　《仁祖大王實錄》，卷一七，頁8。仁祖五年八月己酉，朝鮮國書。

⑫　《承政院日記》，第1冊（漢城，朝鮮國史編纂委員會，檀紀四六九四年六月），頁890。仁祖五年十月十一日，據李貴啓。

⑬　《仁祖大王實錄》，卷一七，頁38。仁祖五年十一月壬申，據張紳啓。

⑭　《清太宗文皇帝實錄》初纂本，卷二，頁54。天聰元年十一月十八日，朝鮮國書。

⑮　案朝鮮官私記載，英俄兒代作龍骨大，霸奇蘭作朴只乃。

⑯　《舊滿洲檔》，第6冊，頁2717。天聰元年十二月初九日，金國汗書。

⑰　《舊滿洲檔》，第6冊，頁2794。天聰二年正月二十八日，朝鮮國書。

⑱　《舊滿洲檔》，第6冊，頁2799。天聰二年二月初二日，朝鮮國書。

⑲　《承政院日記》，第1冊，頁966。仁祖六年五月十七日，據李民宬啓。

⑳　《舊滿洲檔》第6冊，頁2820。天聰二年五月二十八日，朝鮮國書。

㉑　《燃藜室記述》，卷二六。朝鮮鈔本，不著撰人。

㉒　《仁祖大王實錄》，卷一八，頁30。仁祖六年二月甲寅，據申景瑗啓。

㉓　《舊滿洲檔》第6冊，頁2807；《清太宗文皇帝實錄》初纂本，卷三，頁6；《仁祖大王實錄》，卷一八，頁30。仁祖六年二月甲寅，據備局啓。

㉔　《春坡堂日月錄》，卷一三，頁14。

㉕　《舊滿洲檔》第6冊，頁2836。天聰二年八月二十七日，朝鮮國書。

㉖　《承政院日記》，第2冊，頁84。仁祖七年二月二十七日，據李景

奭啓。

㉗　羅振玉輯錄《史料叢刊》太宗文皇帝致朝鮮國王書，《清史資料第
　　二輯》（臺北，臺聯國風出版社），頁5。

㉘　《仁祖大王實錄》，卷二七，頁14。仁祖十年九月壬子，金國汗書。

㉙　李光濤著《明清史論集》，上冊（臺北，臺灣商務印書館，民國六
　　十年四月），頁5。

㉚　《清太宗文皇帝實錄》初纂本，卷一一，頁6。《仁祖大王實錄》，
　　卷二八，頁3。天聰七年正月十五日，金國汗書。

㉛　《仁祖大王實錄》，卷二八，頁15。仁祖十一年三月丁酉，金汗答
　　書。

㉜　《清太宗文皇帝實錄》初纂本，卷一一，頁44；《仁祖大王實錄》，
　　卷二八，頁27。天聰七年六月初六日，金國汗書。

㉝　清太宗天聰七年九月實錄稿；《清太宗文皇帝實錄》初纂本，卷一
　　二，頁22。天聰七年九月十四日，金國汗書。

㉞　《承政院日記》，第2冊，頁848。仁祖十一年十月初一日，據崔惠
　　吉啓。

㉟　《清太宗文皇帝實錄》初纂本，卷一二，頁39。天聰七年十月二十
　　六日，朝鮮國書。

㊱　《仁祖大王實錄》，卷二八，頁57。仁祖十一年十一月戊午，朝鮮
　　國書。

㊲　《清太宗文皇帝實錄》初纂本，卷一四，頁2；《仁祖大王實錄》，
　　卷二九，頁10。天聰八年三月初二日，金國汗書。

㊳　《清太宗文皇帝實錄》初纂本，卷一六，頁36。天聰八年十月二十
　　九日，金國汗書。

㊴　黃彰健《奴兒哈赤所建國號考》，《中央研究院歷史語言研究所
　　集刊》，第37本，下冊，（民國五十六年六月），頁421。

⑩ 鑄版《清史稿》，下冊（香港，香港文學研究社），頁1646。

⑪ 周家祿撰〈朝鮮記備編〉，《朝鮮三種》，卷二，頁6。

⑫ 洪儀泳著《北關紀事》，見〈開市事宜〉條，朝鮮正祖七年，鈔本。

⑬ 《仁祖大王實錄》，卷三七，頁13。仁祖十六年八月甲午條。

⑭ 畑地正憲撰，鄭樑生譯〈北宋與遼的貿易及其歲贈〉，《食貨月刊復刊》，第四卷，第九期（民國六十三年十二月）。

⑮ 《清太宗文皇帝實錄》初纂本，卷三〇，頁54。崇德四年五月二十五日，上諭。

⑯ 《朝鮮國王來書》（北平，北平故宮博物院文獻館校印，民國二十二年二月），頁9，崇德七年分。

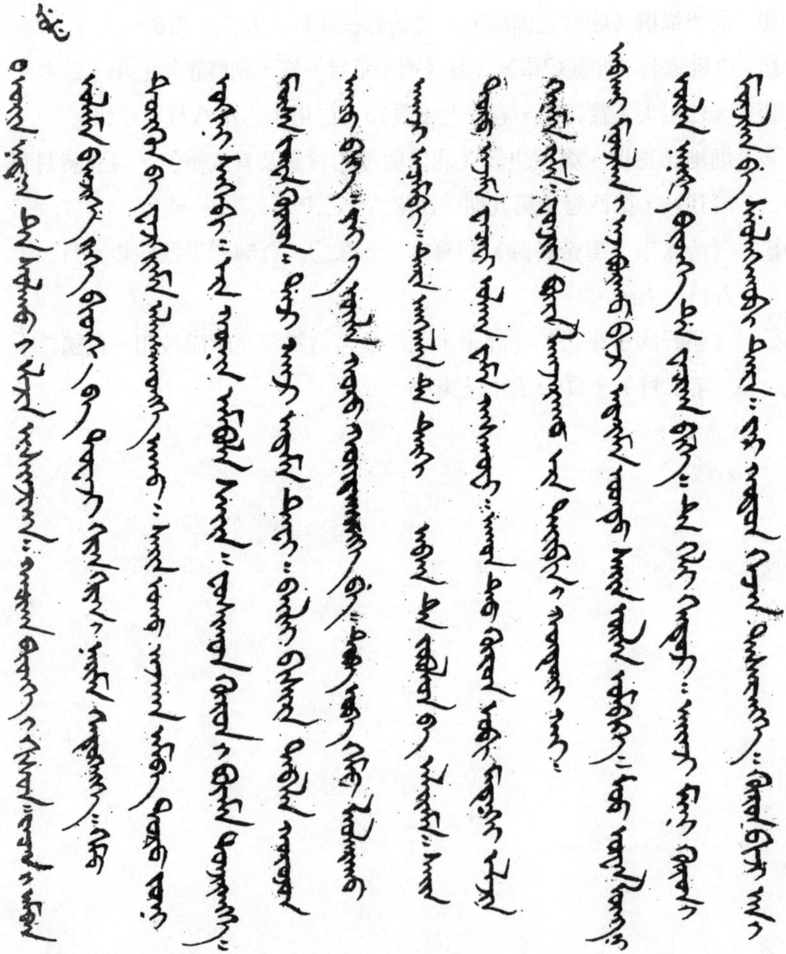

《舊滿洲檔》第六冊，天聰二年八月二十七日，朝鮮國書

從奏摺制度的沿革論清代前期
中央與地方的關係

一、前　言

　　明崇禎十七年，清順治元年（1644），清朝政府從瀋陽遷至北京，直至宣統三年（1911）辛亥革命，清朝覆亡，前後共計二六八年，習慣上稱爲清代史，清朝入關前的興起歷史，則稱爲清朝前史。在清代史上的順治、康熙、雍正、乾隆四朝，可以稱爲清代前期。其中康熙、雍正、乾隆三朝，正好是一百三十四年的盛清時期，佔了清代史的一半，其文治武功的成就，遠邁漢唐。攝政王多爾袞進入北京後，首先遭遇的問題，就是如何對待漢族以及如何調整政治結構的當前急務。他費盡心機，最後決定採用遼金時期的傳統辦法，在一個皇帝之下滿漢分治，滿族仍用八旗制度管理，漢族則沿明舊制，由地方行政機構省府州縣層層治理。中央機構也在關外舊制的基礎上參酌明朝制度，增設了一些新的行政機構，尤其是管理皇族和宮廷事務以及直接爲皇帝服務的幾個機構，如議政處、宗人府、十三衙門、內務府等等。內三院置滿漢大學士，後來更名內閣。六部仍爲中央行政機構，但改承政爲尙書，參政爲侍郎，理事官爲郎中，副理事官爲員外郎，使中央機構的設置，漸臻完善。後來又在文書制度方面，開始有因革損益。康熙皇帝，在他加強中央集權的許多措施中，有一項重要的創舉，他首先採行密奏制度，通過密摺陳奏，擴大了他的

視野，使他洞悉傳統本章中無從得知的施政得失及地方利弊，有
助於內廷和地方之間的信息溝通，加速了皇帝的決策效率及君權
的強化。雍正、乾隆時期進一步擴大密奏制度的使用範圍，提高
了行政效率，對於整飭吏治起了積極的作用。密奏制度是康熙皇
帝對文書改革中的一大發明，《清史稿‧聖祖本紀》論康熙皇帝
「雖曰守成，實同開創焉」①。就密奏制度的創舉而言，也是符
合歷史事實的。國立故宮博物院典藏《宮中檔》硃批奏摺將近十
六萬件，《軍機處檔‧月摺包》奏摺錄副將近十九萬件，都是直
接史料，也是新出現的文書。本文撰寫的旨趣，就是從文書的沿
革探討盛清時期中央與地方的互動關係。

二、密奏制度的由來

　　清初本章，沿明舊制，公題私奏，相輔而行。循常例行公事，
使用題本，鈐印具題；臣工本身私事，則用奏本，概不鈐印。京
外臣工題奏本章，均須投送通政使司轉遞。順治二年（1645）
七月，通政使李天經具奏：「舊制京官奏本，皆從臣司封進，至
外來本章，斷無不由臣司徑行直達者。近見本章，仍有不經臣司
者，乞嚴賜申飭，以後在外本章，不論滿漢，俱由臣司封進，庶
體統尊而法制一矣。」②李天經奏准直省題奏本章俱由通政司封
進後，本章有違式，或逾限者，通政使司即行題參。題本與奏本
是以公私事件為劃分原則，但向來辦理極不一致，嗣後曾劃分題
奏範圍，舉凡參劾屬官、錢糧、兵馬、命盜、刑名等例行公事，
俱照例使用題本外，其餘慶賀表文，各官到任接印，離任交印，
奉到敕諭，頒發各衙門書籍，代通省官民慶賀陳謝，或原題案件
未奉明旨回奏者，皆屬公事，俱用題本具題；至於臣工本身私事，
例如各官到任升轉，加級紀錄，寬免降罰，或降革留任，或賞賚

謝恩等，則使用奏本。密奏制度就是康熙皇帝沿襲傳統本章制度
而因革損益的一種新的文書制度。

　　清聖祖康熙皇帝親政以後，因鑒於傳統本章制度，積習相沿，
輾轉呈遞，易於洩漏機密，而且繁複遲緩，缺乏行政效率，臣工
進言，非壅則洩，下情不能上達。爲欲周知施政得失，地方利弊，
以及民情風俗等等，於是命京外文武大臣於露章具題之外，另准
繕摺具奏，一方面沿襲奏本的形式，而簡化其格式；一方面沿襲
密奏封進的傳統，逕達御前。奏本與題本的主要區別是在於事件
內容的公私問題，奏本限於臣工本身私事時使用，但奏摺與奏本
不同，摺奏內容，無論公私，凡涉及機密事件，或多所顧忌，或
有滋擾更張之請，或有不便顯言之處，或慮獲風聞不實之咎等等，
俱在摺奏之列。奏摺的款式，較奏本簡便，末幅不必書明紙張字
數，不用細字體書寫。爲求保密，臣工具摺時，必須親手書寫，
字畫粗大，不必按奏本用細字體書寫。奏摺繕畢，多由親信家丁
齎遞入京，不得擅動驛馬，不經通政司轉呈，而逕至宮門呈進，
或由皇帝親信大臣轉呈，不得至公門遞進，必須密達御前③。皇
帝披覽奏摺，亦親手批諭，或硃批，或墨批，一字不假手於人。
康熙皇帝自己就曾經對大學士松柱等人說道：

　　　　爾等但觀折本而已，其餘事件，實不暇覽。朕於各處奏摺
　　　　內，硃筆諭旨，皆出朕一手，並無代書之人。此番出巡，
　　　　朕以右手病，不能寫字，用左手執筆批旨。所以凡所奏事
　　　　件，惟朕知之，奏者知之，此外無有知之者。凡所批諭旨，
　　　　朕處並無底稿，證據俱在奏事之人。倘或語泄，亦係原奏
　　　　之人泄之。朕聽政年久，未嘗失信語人也④。

　　清初奏摺，無論在格式、傳遞過程與政治功能等方面，雖然
都與奏本不同，奏摺與明初以來通行已久的奏本，不能混爲一談，

但是清初奏摺是由傳統奏本損益而來的新文書，則是不容置疑的。

臺北國立故宮博物院典藏《宮中檔》，北京中國第一歷史檔案館典藏硃批奏摺，就是康熙朝以來歷朝御批的奏摺及其附件。其中康熙十六年（1677）十一月初十日，浙江杭州府於潛縣天目山獅子禪寺住持和尚行嶺叩謝御書文書一件，是遵照禮部所頒格式而進呈的奏本。其規格，縱二十六公分，橫十二公分，共六幅，每幅六行，一行二十四格，平行寫二十二字，抬頭二字，封面居中上方書一「奏」字，首幅頭行書明「浙江杭州府於潛縣天目山獅子禪寺住持僧行嶺」，疏密俱作一行書寫。法名下書明「謹奏爲袛承御書賜命恭謝天恩事」，「奏」字由第二行抬寫一格。末幅書明「自爲字起至至字止，計貳佰肆拾叁字，紙貳張」。其所書寫的字體爲奏本所用細字體，康熙年間開始採行的奏摺，就是按照部頒奏本的款式書寫。但不必受奏本繁瑣形式的拘束，爲求簡化文書形式及保持機密，康熙皇帝屢諭臣工具摺時，必須親手寫來，摺內字畫粗些好。奏摺通行以後，多不計字數紙張於末幅。

康熙年間採行之初，多使用「摺子」字樣，其含義不限於清單，例如引見姓名清單，習稱引見摺子，但奏摺也習稱爲摺子。在康熙年間的文獻裡，「摺子」字樣到處可見。例如康熙二十三年（1684）八月二十九日，《起居注冊》記載是日辰刻，康熙皇帝御門聽政，吏部題補戶部侍郎李仙根等，並所察貴州巡撫楊雍建降級摺子。因楊雍建有効力之處，奉旨將所降五級復還⑤。康熙二十四年（1685）十一月二十二日辰時，康熙皇帝御乾清門聽政。太常寺卿徐元珙疏奏北郊配位事，以九卿等會議摺子及內閣學士徐乾學等所議摺子一併啓奏。九卿又議覆總河靳輔等條奏河工等事及翰林院侍讀喬萊等公議摺子⑥。楊雍建降級摺子，

九卿、學士、侍讀等所議摺子，都是奏摺。康熙二十五年（
1686）三月初三日，康熙皇帝諭大學士等「各省晴雨，不必繕
寫黃冊，特本具奏，可乘奏事之便，細字摺子，附於疏內以聞」
⑦。晴雨摺子就是雨暘清單，以奏本細字體書寫。同年十月初四
日，《起居注冊》記載是日辰時，康熙皇帝御乾清門聽政，大學
士會同翰林院，以講官喬萊、孫岳頒員缺，選擇侍讀王尹方等十
一人，開列摺子引見⑧。引見摺子，就是引見清單。但是，無論
是清單或摺奏事件，多於御門聽政時處理。例如康熙二十七年（
1688）三月十二日，《起居注冊》記載是日辰時，康熙皇帝御
乾清門聽政，九卿等公議，下河海口宜開，高堰重提停築，俟海
口開通後，各閘壩應塞之處再議，以摺子啓奏⑨。摺子即奏摺，
摺子是當時口頭上的習慣用語。又如呈文，當時亦習稱呈子。例
如康熙五十四年九月十七日，《起居注冊》記載是日酉時，康熙
皇帝御中關行宮，大學士松柱具奏盛京刑部侍郎瓦爾達等將王任
太等所欠銀兩互相推諉，不行賠償情由題參，已經批發，其王任
太等叩閽呈子請旨交與何處？奉旨將呈子一併交與行宮刑部，會
同都察院審明具奏⑩。呈文，習稱呈子，奏摺亦習稱摺子。由《
起居注冊》的記載，在康熙三十年（1691）以前，奏摺的使用，
已經十分普遍，摺子的含義，已不限於清單，而是常指奏摺。

　　清世宗雍正皇帝為廣耳目，以洞悉地方利弊，頗借重於地方
微員，於藩臬兩司以下如知府、道員、副將、參將等微員，亦准
其用摺奏事。雍正皇帝擴大採行奏摺制度，放寬臣工專摺具奏特
權的主要用意，一方面固然鑒於傳統的本章制度，礙於體制，非
壅即洩，為求公聽並觀，亦令道員武弁等具摺奏事；一方面則欲
於上下內外之間，譬如督撫將軍提鎮與司道副參上下之間，內朝
與外朝以及中央與地方內外之間維持一種制衡作用，並以私奏輔

助公題的不足而採取的權宜措施。雍正元年（1723），查嗣庭
密奏時已指出：

> 臣於本年正月跪聆上諭謂欲每省設一御史，使與督撫彼此
> 相制，後其事竟不果行。蓋皇上深悉從前巡按每與督撫爭
> 權，反滋地方煩擾故也。臣以爲欲令督撫少〔稍〕知顧忌，
> 莫若令各省藩司亦得用密摺啓奏。夫今之藩司即古之方伯，
> 職在承宣，其任最重，凡民生利弊，屬員賢否，以及地方
> 公事，本不宜袖手旁觀。今既得便宜上聞，則與督撫雖無
> 相制之形，實有相制之勢，官既不煩添設，權亦不患獨操
> 矣⑪。

　　督撫爲封疆大員，向來獨操地方大權，准許藩司用摺密奏，
凡有聞見，俱得據實奏陳，以藩司等與督撫相制，則督撫必稍知
顧忌。御史原爲天子耳目，藩司既有摺奏特權，則與御史無異，
臣工繕摺具奏時有揭參及建白的特權。由於雍正皇帝放寬臣工專
摺密奏的特權，遂使皇帝的耳目遍佈於京外各地，直省臣工家丁
齎遞奏摺，絡繹於途。從康熙年間採行奏摺，經雍正年間擴大採
行奏摺制度，使奏摺在清朝政治舞臺上扮演了相當重要的角色。

三、從硃批奏摺看皇帝與地方大吏的關係

　　康熙皇帝採行密奏制度，不僅欲周知中外，了解地方情形，
即所謂明目達聰，公聽並觀而已。其原來用意，也是想藉奏摺的
批諭作爲君臣互相溝通，改善君臣關係，以及教誨臣工的工具。
康熙皇帝披覽奏摺時，常以爲官之道，勉勵文武大臣。江寧織造
曹寅具摺請安，原摺奉硃批：「知道了，但不可多事纔好。」⑫
江西巡撫郎廷極具摺奏陳江西兵糧，原摺奉硃批：「知道了，做
官之道無他，只以實心實政，不多生事，官民愛之如母，即是好

官。」⑬署理偏沅巡撫王度昭具摺奏報地方情形，原摺奉硃批：「這奏的是，前任巡撫做官雖有清名，眾論不服，所以如此，地方只以安靜，自然百姓受福。」⑭湖廣鎮筸總兵官張谷貞具摺奏聞苗情，原摺奉硃批：「此摺奏的是，須要小心，不可生事，繞〔擾〕害良民。」⑮浙江巡撫王度昭到任後具摺奏陳浙省地方情形，原摺奉硃批：「爾雖到任未久，覽其奏摺，治法頗好，凡事不可太急，從容更便。」⑯康熙皇帝屢諭封疆大吏，不可多事，他常勗勉文武職當各盡其力，以報效朝廷。他引古人的話說：「古人有言，文官不要錢，武將惜死〔不惜死〕，不怕天下不太平，信哉！」⑰

雍正年間，各省文武官員進呈的奏摺，每天少則二、三十件，多至五、六十件。雍正皇帝的批諭，大抵也是以教誨之旨居多。雍正皇帝擴大採行奏摺制度的一個重要原因，就是想利用奏摺作為訓誨臣工的工具。他在《雍正硃批諭旨》御製序文中已指出：「每摺或手批數十言，或數百言，且有多至千言者，皆出一己之見，未敢言其必當。然而教人為善，戒人為非，示以安民察吏之方，訓以正德厚生之要，曉以福善禍淫之理，勉以存誠去偽之功。」⑱雍正皇帝孜孜求治，同時他也一再訓誨臣工做好官，振作精神，為國家効力。護理山東巡撫黃炳具摺奏明盤查司庫，原摺奉硃批：「向來聞你聲名頗好，今覽爾奏摺甚詳細周到，朕今用你山東巡撫，爾可仰體先帝深恩厚德，可竭力報效朝廷。但山東一切事務費〔廢〕弛之極，必須著實勉力，務期萬全，不可生事，方不負朕此特用之恩也。」⑲地方大吏，不可生事，百姓就不致受害。十阿哥允䄉屬下楊琳補授兩廣總督後具摺奏明收受節禮，原摺奉硃批：「今日之皇帝，乃當年之雍親王也，大家今日只要共勉一個真字，一個好字，君臣之福不可量矣！」⑳大家共勉，君臣之

福就不可限量。安徽巡撫李成龍具摺奏報二麥收成情形,原摺奉
硃批:「知道了,向後一切吏治天年,總以實在為主,若仍以寬
慰聖懷,恐煩上慮,粉飾隱諱,以為忠能,倘被朕察出,必治以
重罪,德音是樣子,這還是三年之內輕處分。君臣原是一體,中
外何可兩視,彼此披露,毫無欺隱,自然上下相安,普天和氣,
正大光明,洪然之氣,自然召感天和,一切如意,萬姓蒙福也,
勉之,慎之。」㉑君臣一體,上下相安,正大光明,一切如意。
浙江巡撫李馥奏聞閩省地方情形,雍正皇帝覽閱奏摺後批諭云:
「覽奏深慰朕疑懷,君臣原係一體,中外本是一家,彼此當重一
個誠字,互相推誠,莫使絲毫委屈於中間,何愁天下不太平,蒼
生不蒙福。隱順最不好的事,朕只喜凡事據實,一切不要以慰朕
懷為辭,阿諛粉飾迎奉,切記!」㉒君臣一體,中外一家,互相
推誠,何愁天下不太平,蒼生不蒙福,雍正皇帝對天下太平,蒼
生蒙福的憧憬,充分表現在字裡行間。福建巡撫黃國材具摺時指
出:「臣年已六十四歲,精力日衰,邊海地方事務紛煩,惟恐思
慮不到,難免錯誤。」雍正皇帝覽奏後批諭云:「君臣中外原係
一體,只要公正真實,上下一德同心,彼此披誠即是,人非聖賢,
孰能無過,錯誤二字何妨乎?」㉓江西巡撫裴𧀰度奏明驛馬事宜,原
摺中有「不勝悚惕」等字樣,雍正皇帝批諭云:「畏懼即不是矣,
內外原是一體,君臣互相勸勉,凡有聞見,一心一德,彼此無隱,
方與天下民生有益也,莫在朕諭上留心,可以對得天地神明者,
但自放心,有何可畏。」㉔君臣之間,必須一德同心,一心一德,同
德同心,就是君臣一體,中外一家的具體表現,也是治國平天下
的最基本要求。雍正皇帝屢諭文武大臣打起精神,努力做好官,
好生愛惜老身子,好好為國家効力,多給皇帝出些年力,勉之又
勉。山東登州鎮總兵官黃元驤具摺奏聞海防事宜,原摺奉硃批:

「知道了，你去年來少覺有點老景，打起精神來做官，若以年老廢弛，使不得。」雍正皇帝還勗勉文武重臣竭力做一千萬年的人物，做一個好人好官，報答國家，垂之史冊。雍正皇帝雖然是一位理想化的政治完美主義者，但他期盼君臣是政治上的生命共同體，確實是他諄諄訓誨臣工的主要用意。雍正初年，湖廣總督楊宗仁因禁止富戶囤積，卻不期商販反而裹足不前。雍正皇帝披覽奏摺後批諭說：

> 人非聖賢，孰能無過，即顏回亞聖，也只得不二過，並非不過也，但不可自恃一點操守，任性好勝，則諸事攔隔，下情而不能通達矣。聞你尚氣些，凡不當動性而動者，皆屬肝病。天下事非可憐之人，即可笑之事，有何可用性處，遇忍耐不得者，自覺是病，則魔力不能行也。凡事以和平謙順爲主，順物事之性理，當寬則寬，非我寬也，當嚴則嚴，非我嚴也，若任一己後天血氣之性，爾身爲總督，威權之下比不得皇帝前，人或懷殺身成名之心，面諫庭諍以全令譽，在爾大吏前，誰樂爲此無名之舉，以取目前實禍，謙之下問，猶恐無取良心者，一自恃忍性，通省不過側目袖手笑觀而已，夫有何益？戒之勉之，和平公正四字，當爲終身誦，則邀眷不盡也，燈下隨手寫的㉕。

和平公正，可以成爲封疆大吏終身習誦的座右銘。雍正皇帝認爲凡有益於國計民生的政治措施，君臣都應互相推誠商酌而行，爲國家立千百年不可更改之政，方謂封疆大臣。雍正皇帝對封疆大臣的期望很高，他對封疆大臣的鼓舞士氣，確實立竿見影，吏治整頓，頗有表現。雲貴總督高其倬具摺請安，原摺奉硃批：「朕躬甚安，都中內外平靜，你好麼？今歲上蒼垂佑，直省等秋成可書大有，此皆仰賴皇考在天之靈，慈護之所致，朕實感喜不盡，

惟有朝乾夕惕，與諸臣共勉敬畏二字耳，特諭，賜你眼鏡兩個，
不知可對眼否？」㉖雍正皇帝在位期間，宵衣旰食，朝乾夕惕，
並與諸臣以「敬畏」二字共勉，用人施政，都應心存敬畏，雍正
皇帝確實深悉政要。

　　滿洲鑲藍旗人鄂爾泰，他自幼兼習滿漢文，深受雍正皇帝的
非常知遇，由員外郎在三年之內超擢爲布政使、巡撫、總督。雍
正皇帝信任鄂爾泰甚專，他說過：「朕有時自信，不如信鄂爾泰
之專。」鄂爾泰每具一摺，雍正皇帝必嘉其忠誠。鄂爾泰在江蘇
布政使任內，無時不以「報君恩，盡臣職」爲念，積極整頓吏治，
移風易俗，不遺餘力。雍正二年（1724）五月二十七日，署理
浙江布政使佟吉圖抵達江蘇，向江蘇布政使鄂爾泰口宣諭旨說：
「鄂爾泰自到江蘇，聲名甚好，毫不負朕恩，是天下第一布政。」
雍正皇帝諄諄訓誨，密諭治理地方之道。鄂爾泰具摺奏陳理財用
人事宜，原摺奉硃批云：

> 天下惟以用人一政爲本，其餘皆枝葉事耳。覽汝所論之文
> 武大吏，以至於微弁，就朕所知者，甚合朕意。但朕不過
> 就日下目力之所見，斷不敢保其必也。覽卿之奏，非大公
> 不能如是，非注意留神爲國家得人不能如是，非虛明覺照
> 不能如是，朕實嘉之。但所見如是，必明試以功，仍當以
> 臨事經驗，方可信任，便經歷幾事，亦只可信其以往，仍
> 留意觀其將來，萬不可信其必不改移也。上智之資，從古
> 難得。朕前批諭田文鏡言用人之難，有兩句：「可信者非
> 人何求；不可信者非人而何？」不明此理，不可以言用人
> 也。朕實如此法用人，卿等當法之，則永不被人愚矣。卿
> 等封疆之任，古諸侯也。闔省窺伺投其所好，百般千方，
> 厭〔掩〕其不善，而著其善，粉飾欺隱，何所不致，惟才

之一字不能假借也。凡有材具之員，當惜之教之。朕意雖
魑魅魍魎，亦不能逃我範圍也，何懼之有。既至教而不聽，
有真憑實據時，處之以法，乃伊自取也，何礙乎？朕意卿
等封疆大臣，只以留神用材爲要，庸碌安分潔己沽名之人，
駕御雖然省力，恐誤事。但用材情之人要費心力方可，若
無能大員，實不如用忠厚老成人，亦不過得中醫之法耳，
非盡人力聽天之道也。燈下隨手寫來的，可笑之文與字，
卻是家常茶飯，卿可以意會之㉗。

國家政治，確實是以用人一政爲根本，雍正皇帝對人材的分析，
雖然是家常茶飯，確是肺腑之言。雍正皇帝與鄂爾泰一種君臣相
得之情，不比泛常，雍正皇帝每歸於無量劫善緣所致，亦以此期
望鄂爾泰共勉精修。雍正四年（1726）二月二十四日，鄂爾泰
具摺覆稱：「自顧鈍根，實何修而得此，若不勉力精進，稍有墮
落，現在不作善因，未來定受孽果，既不敢亦不忍，惟願生生世
世依我慈父，了臣一大事，以求多福而已。」㉘雍正皇帝（1678
—1735），與鄂爾泰（1680—1745），生年相近，鄂爾泰事君
如父，雍正皇帝關懷鄂爾泰亦遠勝己子。雍正四年（1726）五
月二十五日，鄂爾泰具摺奏陳圖報君恩，原摺奉硃批：「聞你總
不惜力養精神，朕實憂而憐之，若如此則爲不知朕，負朕也。似
爾如此大臣，朕之關心若不勝朕頑劣之子，天地神明共鑒。」鄂
爾泰自己也說過，「臣之一身疾痛，疴癢呼吸之間，上關聖慮。」
同年十月初二日，雲南府知府袁安煜到任，口傳諭旨云：「你到
雲南，下旨與總督鄂爾泰，聞得他些須小事，每辦至二、三更天，
若是勞壞了時，不是欲報朕恩，反爲負朕矣，嗣後但辦大事，斷
不可如此。」鄂爾泰凜遵聖訓，加意調攝，並奏請雍正皇帝少就
暇豫，勿過於任勞。雍正皇帝日理萬幾，立志以勤先天下，直省

進呈奏摺在晚間批諭者十居八、九。鄂爾泰捧讀硃批，每當讀至
「又係燈下字，墮泪披覽」等語時，輒氣咽涕垂，無以自處。雍
正皇帝與鄂爾泰等人內外合作無間，君臣之誼如同手足腹心，硃
批奏摺對君臣的溝通，確實扮演了重要的角色。

　　清朝定鼎中原後，極力籠絡知識分子，其目的主要是在緩和
漢人的反滿意識，現存硃批奏摺也能反映滿漢的關係。雍正四年
（1726）十二月二十一日，鄂爾泰於〈欽遵聖諭事〉一摺抄錄
所奉到的硃諭，並具摺覆奏，其硃諭內容如下：

> 朕即位來，如此推心置腹待漢人，而不料竟有王曰期、查
> 嗣庭之輩，頑不可化者。今伊等悖逆不道之事，自然天下
> 共聞者。近因查嗣庭進上物件，記載一事，有旨凡漢人進
> 獻，朕皆不納，楊名時所進之物，朕亦引此旨不受發還。
> 諸如各省督撫之進獻，朕本不喜此事，但朕凡百槩遵守聖
> 祖成規而行，若止行此事，非今日之不是，即當日之非也，
> 所以於朕甚不便，今既有此一機，故發露之。但楊名時有
> 名人物，諸漢人之領袖，可勸他求上一疏或一摺，怪查嗣
> 庭之無人臣禮，引古君臣貢獻之儀，芹敬之道，若如此拒
> 絕，未免隔君臣之情，虧外臣之典之文奏一奏，則從來此
> 事皆是矣。楊名時迂拙，必委曲令爲此舉方好，密之，密
> 之，萬不可令楊名時知朕之諭也，欽此㉔。

楊名時，字賓實，江南江陰人，康熙三十年（1691），進士，
改庶吉士。四十一年（1702），督順天學政。五十三年（1714），
充陝西考官。五十六年（1717），授直隸學政。五十八年（
1719），遷貴州布政使。五十九年（1720），擢雲南巡撫。雍
正三年（1725），擢兵部尚書，改授雲貴總督，仍管巡撫事。
雍正四年（1726），轉吏部尚書，仍以總督管巡撫事務。楊名

時因題本內誤將密諭敘入，雍正皇帝嚴加斥責，命解總督任㉚。
查嗣庭私編日記，內載雍正皇帝諭旨，凡漢人進貢，雍正皇帝一
概不收，楊名時所進之物，雍正皇帝亦拒收發還。姑且不論事實
眞相，由前引硃諭可以反映滿漢畛域頗深，查嗣庭無人臣禮，楊
名時是漢人領袖，楊名時所進之物，雍正皇帝竟不納發還，倘若
不勸說楊名時進獻，未免有虧外臣之典，滿漢君臣情感的隔閡，
確實存在。雲貴總督鄂爾泰覆奏時，對滿漢問題，也表示他的看
法，原摺有一段內容說：

> 臣跪誦之下不勝憤恨，伏惟聖主推誠用恕，遠邇靡遺，凡
> 遇內外滿漢，莫不一視同仁，有耳共聞，有目共睹。乃查
> 嗣庭輩悖逆不道，暗肆譏諷，私載日記，以逞奸邪，此誠
> 自外生成，不容於天地者也。臣奉諭後隨札致楊名時，大
> 略謂齎摺家人自京來，聞奉聖旨，因查嗣庭日記一事，凡
> 漢人進獻，一概不受，而老先生貢物，亦遂未蒙賞收。竊
> 思五玉三帛，載在虞書，時享歲貢，紀之周禮，大禹來九
> 州之筐篚，成湯受萬國之共球，凡以通上下之情，洽君臣
> 之誼，二帝三王，未之有易，即漢唐以來，職貢有圖，方
> 物有錄，皆所以昭示海隅，並以秘藏篋衍也。今查嗣庭輩
> 以奸險之心，逞詭僻之智，致干聖怒，凡屬臣僚，莫不切
> 齒。但忠佞各殊，良楛迥別，雖百爾愛戴之誠，實結於儀
> 物未陳之始，而爰爰微末，用表寸忱，曝背獻芹，野老且
> 然，況大臣乎？即我聖祖仁皇帝，凡於大小臣工貢獻，皆
> 俾得達，其繆惇輩之誠，我皇上臨御以來，孝治天下，事
> 事仰承，而於內外臣子教育備至，體恤尤周。今以一、二
> 宵小之徒，槩拒內外臣工之獻，在群小罪不容誅，而諸臣
> 心難自已。老先生清正典型，爲聖主所眷注，務當敬抒誠

恤，援引大義，立具奏本，懇祈聖慈，則不惟聯中外臣下
之情，並以存千古朝常之體，所關甚鉅，又不獨爲老先生
一人計也。愚所見道理實應如是，萬勿少有顧慮等語。臣
料楊名時人雖迂拙，頗諳經義，應必痛切敷陳，懇乞慈鑒
也㉛。

清朝對民族政策的調整，有助於各兄弟民族的融合。雍正皇帝對
待內外滿漢大臣，也都一視同仁。但因滿漢畛域的存在，滿族皇
帝的努力，仍常遭漢族士人的批評，動輒得咎。楊名時是當時著
名漢大臣，籠絡楊名時，足以轉移漢人輿論，以塞查嗣庭等人之
口。由前引內容可知鄂爾泰接到諭旨後，即遵旨開導楊名時進獻
物品，楊名時接獲鄂爾泰信札後，即具本進獻方物。雍正四年（
1726）十二月二十六日，雍正皇帝諭內閣云：

朕即位以來，視滿漢臣工，均爲一體，時時訓誨，以君臣
之間，務敦元首股肱，一體聯屬之實心，而不在於儀文度
數之末。至於上之賜賚於下，下之進獻於上，不過藉微物
以表誠意之交孚，若誠意不孚，而徒事虛文，則大非君臣
一體之道也。朕三年以來，素服齋居，從未令進獻，至上
年八月，三年之期已滿。十月爲朕萬壽節，在廷諸臣，有
進獻書籍筆墨文玩之事。朕以諸臣之意，出於誠懇，若一
槩拒卻，恐無以聯上下之情，而成泰交之誼，故其物雖極
輕微樸陋，朕亦鑒其忱悃，收納一、二，此朕優待臣工，
曲體下情之深恩，並非因其進獻之物，可適於內廷之用而
收納也，旋已命停止群臣之進獻矣。朕之視爾諸臣，實不
啻家人骨肉，是以偶有食用之物，朕亦不論物之輕重，遇
便即行頒賜，如論語所記，賜食賜腥，古人早已行之，朕
實出於一片待下之誠心，豈藉此鼓勵，望其報効乎？向來

年節之時，聖祖仁皇帝以口外所進鹿豕雉兔之類，頒賜諸
王外，其餘止及於漢大學士及內廷供奉之翰林，則其優待
漢人者如此。朕踵而行之，徧及於在廷大臣，無非家人父
子，歲時伏臘，歡欣浹洽之意，不在微物也。乃查嗣庭私
編日記，譏訕朝政，而於賞賜進獻之物，則以無爲有，以
少爲多，將來散在流傳，必致人議論。即如楊名時、李紱、
何世璂、甘汝來等所進之物，奏單現在，李紱、甘汝來又
因不收，再三奏懇。觀其所獻，俱堪一笑，此亦非伊等今
日所進，偶涉菲薄，乃向日之例，大率皆然。我聖祖仁皇
帝六十餘年，諸臣進獻之物，不過如此，天下人所共知者，
蒙聖祖寬大包涵之度，鑒其微忱，不遺菲，所收率多筆
墨箋紙書冊之類，恩誼可謂至矣。假若有悖逆狂妄，如查
嗣庭之誣妄記載者，六十餘年之久，又不知如何訛言也，
不幾以聖祖恤下之弘仁，而反啓僉壬之訾議乎？朕事事率
由舊章，祇因查嗣庭之妄行訕謗，是以有禁止漢官進獻之
旨，即年節賞賜之事，朕意亦躊躇，蓋恐照舊行之，或啓
無知小人之議論。若將進獻賞賚，槩行停止，又將謂朕之
待下，過於嚴峻，無以聯上下之情，而不合於聖祖之政。
此雖細微之事，中有關係，朕不得不加詳愼，著將甘汝來
奏摺並李紱等進獻奏單，發與漢大學士九卿閱看議奏㉜。

雍正皇帝視滿漢臣工均爲一體，優禮漢臣，甚至於一再誥誡滿臣
不可越分，不可凌壓漢大臣，這些都是事實。但由引文內容，也
說明滿漢族群問題，到了雍正年間，仍然相當嚴重。雍正皇帝爲
了緩和漢大臣的情緒，防範漢人訛言散布，因此採取措施，准許
漢官進獻。漢大學士九卿等亦援據舊典，合詞具奏，懇請准許滿
漢臣工進獻，查嗣庭遂以謗訕朝政下獄。雍正五年（1727）五

月，查嗣庭卒於獄，仍戮其屍。

四、從耗羨歸公看中央與地方的財政劃分

中央與地方財政的劃分，主要是因國家政治體制的差異，而有所不同。大致而言，中央集權的國家，大都實行附加稅法（Additional tax），國家賦稅最高主權屬於中央，地方政府可在中央賦稅上徵收附加稅，以充地方經費。至於均權制的國家，則多採分成稅法（Shared revenue），全國稅收，由中央與地方政府按照一定成數分配。清初的施政方針，是力求以財政上的穩定效果，促成社會經濟的安定。因此，清朝定鼎中原之初，即按照萬曆年間的則例徵收賦稅，豁除明季遼餉、練餉、剿餉等加派，並沿襲一條鞭法的賦役制度。中央與地方財政收入的劃分，是屬於一種附加稅法與分成稅法兼行的混合制。

明清時期，國家正賦，主要是田賦與丁銀。對田地的賦課，稱為田賦，亦即地糧，土地所有者每年須按畝向國家輸納一定的稅額，就是土地稅；所謂丁銀，是按人丁的賦課，年滿十六歲以上至六十歲的丁男，每年須負擔人頭稅。田賦原來是交納糧食實物的，稱為本色；丁銀原來是服勞役的，稱為丁役。後來隨著商品貨幣經濟的發展，國家所需要的貨幣量日益增加，田賦除了徵收部分實物外，大部分是徵收銀和錢，稱為折色；丁役除了負擔部分徭役外，主要是徵銀，故稱丁銀。攤丁入地，地丁錢糧，都是國家的正項，成為中央政府最主要的財政收入。

耗羨是正項以外所徵收的附加稅，主要是正賦耗羨與雜賦羨餘。正賦的附加稅，包括錢糧折色火耗與糧米本色雀耗、鼠耗等。老鼠耗損米糧極重，耗子就成為老鼠的別稱。羨餘包括稅課、錫金、平頭等項，名目繁多。地糧本色徵收耗羨，由來已久，火耗

的徵收，則始於正賦徵銀以後。元寶是秤量貨幣，並非計數貨幣。民間完納地丁錢糧，大都是小錠碎銀，州縣解司，必須傾鎔，改鑄紋銀，中間不無折耗，銀色好壞，亦有差等，不良銀色，傾鎔改鑄時，損耗更多。其提解赴司，又有平頭腳費，沿途盤纏，俱由納稅花戶負擔。其初僅限於不良銀色徵收火耗，後來相沿成例，折銀交納時，一律徵收附加稅。

　　清初課稅方針，極力避免加徵正賦，同時嚴禁私派浮收。順治元年（1644）七月，天津總督駱養性啓請豁免明季加派錢糧，只徵正額及每兩加三分火耗。攝政王多爾袞以徵收錢糧每兩加收火耗三分，是貪婪積弊，而嚴行禁革，違者以犯贓論，審實論斬㉝。康熙四年（1665）正月，康熙皇帝因聞守令貪婪，於徵收錢糧時，暗加火耗，或指公費科派，或向行戶強取，藉端肥己，故令科道官糾參㉞。但因清初實行中央集權，全國賦稅，盡歸中央，由戶部支配，直省存留額數過少，財政過分集中，地方財政十分薄弱，又缺乏彈性，耗羨附加稅遂成為地方財政的主要收入來源。地方財政的脆弱及缺乏彈性，除了導致加派積弊叢生外，還直接造成直省錢糧的嚴重虧空。康熙皇帝也說過，「州縣有司無纖毫餘剩可以動支，因而有那移正項之事，此乃虧空之大根原也。」㉟康熙年間，地方大吏先後奏請加徵火耗，康熙皇帝俱不准所請。但因各省虧空嚴重，私徵火耗，以彌補虧空，相沿已久，山西、陝西虧空尤多。其主要根源，實因用兵期間，官兵經行之處，督撫藩司資助馬匹、盤費、衣服、食物繁多，倉卒之間，不得不挪用庫帑。虧空錢糧各官，經題參離任後，新任各官又不能代為完清，其虧空銀兩，終無著落。陝西巡撫噶什圖無可奈何，乃與川陝總督年羹堯會商，將民間火耗加徵墊補，密摺奏聞。康熙皇帝頒降諭旨，節錄一段內容如下：

陝西督撫題參虧空各官，奏請將此虧空銀兩追出，以充兵
餉，後追比不得，伊等無可奈何。巡撫噶什圖密奏，欲加
通省火耗，以完虧空，此摺朕若批發，便謂朕令加徵，若
不批發，又謂此事已曾奏明，竟自私派。定例，私派之罪
甚重，火耗一項，特以州縣官供應甚多，故於正項之外，
略加些微，以助常俸所不足，原屬私事，若公然如其所請，
聽其加添，則必致與正項一例催徵，將肆無忌憚矣，所以
將噶什圖奏摺，申飭批發㊱。

康熙年間採行奏摺制度以後，對傳統政治制度的因革損益，或財
稅制度的整頓，多利用密奏的方式，君臣協商，順利進行，充分
發揮了奏摺制度的功能。陝西巡撫噶什圖固然以奏摺密奏加徵火
耗，以彌補虧空，其他省分督撫亦先後密奏火耗不能省。康熙皇
帝深悉加徵火耗不可禁止，因此，州縣私自加添火耗，康熙皇帝
也只能默認其事實，不加追究。

　　直省州縣徵收火耗，輕重不同，山西火耗較重，正項一兩，
加徵耗銀三、四錢不等，即加徵百分之三、四十。陝西每兩明加
二、三錢，暗徵三、四錢。山東錢糧火耗加徵二錢七、八分至三
錢不等，漕糧卻加至七、八錢不等。河南火耗自一錢八分至二錢
不等。江蘇、浙江等省，火耗最輕，每完正項銀一兩，僅徵火耗
六分至八分不等。直省州縣徵收火耗，向來都是州縣自收自用，
視為成例，積弊叢生。雍正年間，君臣協商提解火耗，實施耗羨
歸公的決策，都以密奏、密諭的方式進行，從現存清宮御批奏摺
的內容，可以了解直省提解耗羨的決策過程。吏部左侍郎黃叔琳
補授浙江巡撫後，為裁減火耗，曾飭令所屬州縣於徵收錢糧時，
每銀一兩，概以五分為火耗。然而浙江有積年無著虧空、修理戰
船及歲解部費各款，向來都取自火耗。通省正項錢糧計二百六十

餘萬兩，以五分火耗合算，確實不能抵補前三項支出，其餘地方
公事，即使開捐助，亦不敷用。署理兩浙鹺政布政使佟吉圖將浙
江火耗不敷地方公用及抵補各款之處，繕寫奏摺密奏，指出浙江
裁減火耗之不當。雍正皇帝披覽佟吉圖密摺後痛斥浙江減耗爲黃
叔琳沽名更張亂舉之事。陝西甘肅布政使孔毓璞以江浙兩省向來
所徵火耗尚不及加一錢，江浙紳民猶以爲重，而紛請減耗，陝西
徵收重耗，小民受累，更甚於江浙地區，因此，孔毓璞亦奏請量
減陝西火耗。雍正皇帝覽奏後批諭云：「浙省火耗，直省如何比
較得，似此已久成之規，輕易不可沽名更張，但察其尤者可也。
況百姓受累，不在一、二成火耗也，若能令屬員不分外苛求科派，
百姓亦情願輸者，密之。」㊲州縣分外科派，民受其累，但徵收
火耗，由來已久，不可輕易更張，否則地方經費來源被裁革，確
實不可行。雍正皇帝密諭孔毓璞輕易不可沽名更張，也是爲地方
財政設想。雍正二年（1724）正月二十二日，河南巡撫石文焯
因通省虧欠未完銀七萬二千三百餘兩，未經題參，議定由州縣將
所有羨餘積累補苴，繕摺奏聞，節錄一段內容如下：

> 所有耗羨，各州縣輕重不等，以庫平計之，大概紳衿壹分
> 內外，民戶壹分叁肆厘不等，通盤合算，約有壹錢叁分有
> 零。統計全省額徵地丁銀叁百陸萬餘兩，約耗羨銀肆拾萬
> 有零，除通省各官酌量分別給以養廉及每年有各項雜用公
> 費，併賠墊之項，久邀睿鑒無遺，悉於耗羨內支應不復議
> 捐外，每年約可餘耗羨銀拾伍陸萬兩，解貯司庫，以爲彌
> 補虧空，抵還舊項，及辦公事之用，是舊有之虧空可以補
> 完，庫帑不致懸欠矣！州縣既不送上司之禮，又無公捐之
> 項，所給養廉，足資食用，不但永無虧空，抑可以砥礪廉
> 隅。至於上下各衙門，俱有養廉，皆可專心供職，實力辦

公，即有不肖上司希冀苛求，屬吏亦無所施其伎倆，是勒
索之事，亦可永絕矣。徵收錢糧，既委員拆封，耗歸公貯，
州縣更不能於額外加增，地方百姓自無重耗之累，所有虧
空，悉於所餘耗羨內劃補，無論新任舊任，皆無苦樂不均
之嘆矣㊳！

傳統題奏本章，缺乏彈性，不能暢所欲言，所有改弦更張的建議，
多使用奏摺密奏。河南巡撫石文焯密奏提解耗羨，存貯司庫，既
可彌補虧空，支給督撫等各官養廉，又可革除州縣加派積弊。可
以說是解除地方百姓重耗之累的澈底措施。雍正皇帝披覽奏摺後，
非常稱讚石文焯的建白。原摺奉夾批「以上妙不可言，這有得何
講」。原摺末幅尾批云：「此一奏纔落實了，非泛泛浮華之詞也，
封疆大臣原當如此通盤打算，如何留用？如何補苴？如何養廉？
屬員如何挪移公用？還朕一個行得通，作得去，人心服，事不誤，
朕自然說是的。」地方既無虧空，正項需解送中央，直省仍可以
附加稅作為地方經費的來源，可謂一舉兩得。

雍正皇帝雖然洞悉耗羨歸公確屬可行，但仍令內閣妥議具奏。
內閣遵旨會議覆奏，惟以州縣徵收火耗，由來已久，而奏請禁止
提解火耗。據內閣所議，只是禁提火耗，並非禁止徵收火耗。易
言之，州縣可取火耗於民間，上司卻不能提解火耗於州縣，私收
者仍任其為私，監司竟不許過問，內閣既體恤州縣，然而卻不許
監司分肥，是不澈底的見解㊴。內閣既未解決庫帑虧空，地方經
費困難的問題，又不能革除重耗累民的積弊，故所議俱不稱旨。
直省大吏閱看邸抄後，紛紛臚陳所見，繕摺具奏。山西巡撫諾敏
奏陳提解耗羨的具體辦法。雍正二年（1724）六月初八日，山
西布政使高成齡針對內閣的條奏，提出辯駁，繕摺奏請將通省耗
羨提解司庫，節錄原摺一段內容如下：

臣近閱邸抄，見內閣交出請禁提解火耗之條奏，竊不能無議焉。普天之下，莫非王土，王道之大，本乎人情，故正賦以供國用，耗羨以養廉員，治人食人，相維相繫。是此，耗羨者，百姓之銀錢，即朝廷之財賦，乃皇上體恤群臣通院司道府而酌盈劑虛，以補其常俸之不足，非嵓爲州縣而設也。今如條奏所云，竟以耗羨爲州縣應得之物，上司不宜提解。殊不知耗羨與節禮原屬相因，上司不提解耗羨，屬官必呈送節禮，自督撫司道府廳，量其權勢之重輕，定其規禮之厚薄，端陽、中秋、新年、生旦，名爲四節，四節之外又加表禮，表禮之外，又有土儀，土儀之外，又供時鮮。夫下既送節禮以媚上，則有所恃而生其挾制，必至肆行而無忌。上既貪節禮以取下，即有所聞，而礙於情面，亦將徇隱而不言，損名節，敗官常，朘民膏，虧國帑，實由於此。若禁止餽遺，一概不許收受，其不肖上司必將尋隙勒詐，別生事端，恐其無饜之求，即有淡薄自甘，思欲屏絕餽遺，而上司衙門別無出息，枵腹辦事，反不如州縣各官安享厚利，誰能堪此？故臣愚以爲州縣耗羨銀兩自當提解司庫，聽憑大吏分撥，以公眾耗羨爲公眾之養廉，天理人情之至，王法所不禁也。況耗羨提解於上，則通省遇有不得已之公費，即可隨便支應，而不分派州縣。上司既不分派，則州縣無由借端科索里甲，是提解火耗，亦可禁絕私派，豈非因時制宜，安上全下之要務乎？再閱條議謂提解火耗定限每兩若干，不得寓撫字於催科等語。近如山西一省，現將州縣火耗逐一詳查，逐一酌減，較之昔日，輕其大半。又欽奉上諭，舊欠錢糧分爲三年帶徵，民力寬紓，樂隨正項完納，若不限以一定之數，則小民將無所遵

依，而不肖州縣反得任意多徵。今既固封糧櫃，又較定分
數，州縣不能入己，誰肯多徵，是提解耗羨，即禁止濫加，
亦撫字之一法。至若年歲歉收，則正項且不能完，安問火
耗，此又不待智者而知也。又謂公取分撥，非大臣鼓勵屬
員之道。殊不知上司即清愼偍躬，亦必有請幕賓、養家口
之費，與其暗收餽遺，常懷貪贓之懼，何如明分養廉，共
拜聖主之賜，且既不受餽遺，則亦無所瞻徇，廉潔者薦之，
貪污者劾之，正大光明，嚴威整肅，未必非砥礪廉隅之道
也。又謂大州縣不過給銀千兩，中小州縣每兩僅存三分，
不能敷用等語。竊思州縣之分稍卑，則用亦儉省，不送節
禮，不出公費，惟在遵照定例，少帶家口，恪遵上諭，學
儉學廉，則所得養廉及雜稅盈餘，儘可以供衣食⑩。

將耗羨提解司庫，是以公衆的耗羨爲各官員的養廉，既可完補地
方虧空，解決當前急務，又可禁絕私派，尤可砥礪廉隅。因此，
高成齡繕摺奏請敕令直省督撫一律比照山西巡撫諾敏提解耗羨的
辦法，將通省一年所得火耗銀兩約計數目，先行奏明，俟年終之
日，將給發養廉若干？支應公費若干？留補虧空若干？造冊奏銷，
則州縣無人能侵吞。高成齡所奏耗羨歸公之議，姑不論是否出於
其本人之意，或出於雍正皇帝的授意⑪，但雍正皇帝充分發揮密
奏制度，則是事實，高成齡等密摺奏聞耗羨歸公的得失利弊，雍
正皇帝密諭授意，君臣協商既定，始迫使部院大臣接受既成的事
實。直省虧空纍纍，爲清理歷年無著虧空，提解耗羨，實已刻不
容緩。雍正皇帝披覽高成齡的奏摺後，就在奏摺封套上以硃筆批
諭：「總理事務王大臣、九卿、詹事、科道平心靜氣，秉公執正
會議具奏，少有一毫挾私尙氣阻撓不公者，則因此事必有一、二
人正法也，各出己見，明白速議具奏，如不能畫一，不妨兩議三

議皆可，劉燦仍著入議。」王大臣、九卿等遵旨議覆，以提解火
耗非經常可久之道，應酌定各屬火耗分數，州縣應得之項，聽其
如數扣存，不必解而復撥，並請令山西巡撫諾岷、布政使高成齡
等先於山西一省照其所奏試辦。雍正皇帝斥責王大臣等議覆，見
識淺小，並不稱旨。雍正二年（1724）七月初六日，雍正皇帝
頒降諭旨云：

> 高成齡提解火耗一事，前朕曾降諭旨，令爾等平心靜氣，
> 秉公會議。今觀爾等所議，見識淺小，與朕意未合。州縣
> 火耗，原非應有之項，因通省公費，及各官養廉，有不得
> 不取給於此者，朕非不願天下州縣絲毫不取於民，而其勢
> 有所不能。且歷來火耗，皆州縣經收，而加派橫徵，侵蝕
> 國帑，虧空之數，不下數百餘萬，原其所由，州縣徵收火
> 耗，分送上司，各上司日用之資，皆取給於州縣，以致耗
> 羨之外，種種餽送，名色繁多，故州縣有所藉口而肆其貪
> 婪，上司有所瞻徇而曲為容隱，此從來之積弊，所當剔除
> 者也。與其州縣存火耗以養上司，何如上司撥火耗以養州
> 縣乎？爾等奏稱各屬火耗，請將分數酌定。朕思一省之內，
> 州縣有大小，錢糧有多寡，地廣糧多之州縣，少加火耗，
> 已足養廉，若行之地小糧少之州縣，則不能矣。惟火耗不
> 定分數，儻地方遇差多事繁之時，則酌計可以濟用，或是
> 年差少事簡，則耗羨即可量減矣。又或偶遇不肖有司，一
> 時加增，而遇清廉自好者，自可減除矣。若酌定分數，則
> 將來竟為成額，必致有增無減，此火耗分數之不可以酌定
> 者也。又奏稱提解火耗，將州縣應得之項，聽其如數扣存，
> 不必解而復撥等語。現今州縣徵收錢糧，皆百姓自封投櫃，
> 其拆封起解時，同城官公同驗看，耗羨與正項同解，分毫

不能入己，州縣皆知重耗無益於己，孰肯額外加徵乎？是
提解火耗，既給上下養廉之資，而且留補虧空，有益於國
計。若將州縣應得之數，扣存於下，勢必額外加增，私行
巧取，浮於應得之數，累及小民，況解交督撫，則顯然有
據，扣存州縣，則難保貪廉，此州縣羨餘之不可扣存者也。
又奏稱巡撫諾岷，清勤敏幹，布政使高成齡操守亦優，應
令二人盡心商確，先於山西一省照所奏試行之。此言尤非
也，天下事，惟有可行與不可行兩端耳，如以爲可行，則
可通行於天下，如以爲不可行，則亦不當試之於山西。譬
如治病，漫以醫藥試之，鮮有能愈者。今以山西爲試行之
省，朕不忍也。且天下撫藩，豈盡不如諾岷、高成齡，而
謂二人獨能行之乎？又奏稱提解火耗，非經常可久之道。
凡立法行政，孰可歷久無弊，從來有治人，無治法，文武
之政，布在方策，其人存，則其政舉。朕謂有治人，即有
治法，法有因時制宜者，譬如人有疾病，因症投藥，病愈
即止。今提解火耗，原一時權宜之計，將來虧空清楚，府
庫充裕，有司皆知自好，則提解自不必行，火耗亦可漸減。
今爾等所議，爲國計乎？爲民生乎？不過爲州縣起見。獨
不思州縣有州縣之苦，上司亦有上司之苦，持論必當公平，
不可偏向。又朝廷之與百姓，原屬一體，朝廷經費充足，
民間偶遇歉收，可以施恩賑恤，百姓自無不足之虞，是清
補虧空，於國計民生均有益也。天下督撫，有如諾岷等，
不避嫌怨，實心任事，自能酌量行之，通省羨餘，絲毫不
能隱匿，又孰敢此外多取一錢以干罪戾乎？朕於臣下，期
望甚殷，即州縣官員亦冀其爲皋夔稷契，自此各加勉勵，
勿侵蝕國帑，勿貪剝小民，各省火耗，自漸輕以至於盡革，

　　此朕之願也㊷。

臣工奏摺是雍正皇帝集思廣益的新工具，他深悉州縣徵收重耗，累及百姓，積弊已深。他也明白地方經費的困難，一應公費，只能仰賴耗羨。他一方面力求減輕百姓重耗負擔，一方面又需籌措地方經費，於是決定將耗羨公開，提解司庫，統籌分配，使州縣不能加徵入己，既給上下養廉之資，而且又可留補虧空，地方公費也有來源，有益於國計民生，雍正皇帝的見解與魄力，確實遠出廷臣之上。耗羨歸公的措施，是把向來州縣據爲己有的耗羨提解各省布政使的司庫，經過這一轉移，使皇帝開始較能掌握地方的財政權力。耗羨歸公是改弦更張之舉，也是清代前期賦役改革及整頓地方吏治的重要課題，雍正皇帝發揮奏摺制度的功能，與地方大吏取得共識，使上下之間，俱得善全，也是明體達用的具體表現。廷臣所議，並未能解決地方積弊，無補於國計民生。

　　耗羨歸公之議既定，直省遵行提解耗羨，以辦理通省公務，支給各官養廉，以餘銀完補虧空。以山西爲例，通省公費，包括每年修理城垣衙署，修築汾河堤岸，義學束脩，沙虎口馬匹料草，倒斃馬匹，各衙門心紅紙張，書辦工食，布政司搬銀工價，以及提塘等項。布政使高成齡查明雍正元年（1723）分，山西各府州縣應徵加耗錢糧共銀二百八十六萬五千餘兩，其收耗實數，每正項銀一兩，有加一錢者，即加百分之十；有加一錢七、八分者，即加百分之十七、八；亦有加至二錢者，即加百分之二十，共應徵收耗羨銀四十九萬五千餘兩，扣除參革各官虧用未解耗羨銀五萬三千餘兩，及民欠未完銀一萬零四百餘兩外，實收耗銀四十三萬一千餘兩，內扣存司庫完補虧空銀二十萬兩，約佔百分之四十七；支給各官養廉銀十一萬零五百餘兩，約佔百分之二十五；給發各州縣雜項繁費銀一萬零一百餘兩，約佔百分之三；傾銷腳費

共銀三千餘兩，約佔百分之零點七；御塘馬匹加增料草共銀八千餘兩，約佔百分之二；通省公費共銀七萬一千餘兩，約佔百分之十七；尚餘剩耗銀一萬七千餘兩，約佔百分之四㊸。雍正五年（1727）六月，覺羅石麟抵達山西巡撫新任後，檢查舊案，尚有諾岷原摺並未開列，但確屬公務應動用公費之項，包括：修理學宮、解州關帝廟、貢院、書院、義學、營房、普濟堂，添備至聖誕日、女媧氏陵、湯王陵祭品，刊刷詔書、聖訓、上諭、文廟匾額、通省誌書工料紙張，齎送聖訓、詔書盤費，戶部飯食，刑部飯食，解京餉銀應解飯食，解京餉銀兌明短少補平，鄉試文武科場備辦供給不敷銀，鄉試正副主考盤費，買貯穀石，鄉試題名錄試卷解京盤費，各屬添造倉廒，各任院司新到任置辦案衣執事銀，發給山西候補守備藍翎養贍銀，解送威遠礄位腳費，加增五台山喇嘛茶麵，赴直隸、河南、山東、陝西等省交界招徠山西流民回籍盤費，以及賑恤等項，共用過銀二十六萬零五百餘兩，公務繁雜，俱應動用地方公費銀兩，亦即在司庫所存耗銀內動用。正項俱解中央，過於集中，地方公務只能動用附加稅，耗羨就成為地方公費的主要來源。

雍正二年（1724）三月十八日，田文鏡抵達河南布政使新任後，即開始大力整頓河南財政，提解耗羨，彌補虧空，藩庫逐漸充裕。同年十二月，補授河南巡撫。河南司庫自雍正四年（1726）正月起至同年十二月止，原貯各年耗羨共銀二十萬六千五百餘兩，扣除銀一萬五千六百餘兩，實存舊管銀十九萬零八百餘兩，新收各年耗羨歸還款共銀三十五萬八千四百餘兩，合計舊管新收共耗羨銀五十四萬九千三百餘兩，除動支過各官養廉及各項公費銀十八萬五千五百餘兩外，餘剩耗銀三十六萬三千七百餘兩，田文鏡繕摺奏明後，其原摺奉硃批：「嘉賞之外，有何可論，

但耗羨既如此堆積敷用，屬員養廉，當酌量令伊等寬容些，將來此項朕萬萬無用之理，而兼萬萬使不得，當知朕意，或整理倉璈〔廠〕，或有可理之水利，卿斟酌料理，若比此事再多，即招物論矣。」⑭雍正五年（1727）分，舊管新收兩項耗羨銀七十九萬四千六百餘兩，扣除起解各部添平案飯等項及各官養廉動支耗羨銀二十九萬四千二百餘兩外，實貯司庫耗羨銀五十萬零四百餘兩，田文鏡繕摺奏明。原摺奉硃批：「耗羨如許之多，要他何用？可想與地方公務應用者，不令存貯太過方是，或加恩與官吏，或施恩與百姓亦可。」⑮河南省由於田文鏡等員辦理妥協，司庫貯存耗羨銀兩逐年增加，由入不敷出的窘境轉爲堆積過剩的地步，地方經費的寬裕，可想而知。

雍正皇帝御極之初，財政上困難重重，直省庫帑虧空纍纍，上司津貼取給於下屬，州縣侵蝕耗羨，加派百姓，地方吏治，積弊叢生。雍正二年（1724），雍正皇帝准許各省比照山西省辦法實施耗羨歸公，提解耗羨公開化合法化以後，直省即以通省耗羨彌補無著虧空，定爲各官養廉及通省公用，上既不累官，下亦不擾民，安上全下，堪稱兩便。但所謂耗羨歸公，乃是將州縣耗羨提解司庫，以備地方臨時需用，是附加稅，是地方留用的經費，不同於正項，不是正賦，不可撥解中央。中央與地方，在財稅的分配上不容混淆。雍正二年（1724）正月二十二日，河南巡撫石文焯具摺奏明河南通省司道規例及府州縣節禮，概行裁革，共銀五萬五千八百六十兩，此項銀兩是否應行歸公，或解充西寧軍餉，或應作何公用之處具摺請旨。原摺奉硃批：「助餉之說，再不要提起，即歸公亦可作爾本省或補虧空，或修理城垣道橋隄岸兵馬器械賞勞之用可也，指此一項，應捐助之名，又在他處加倍虧空，成何規矩，此等有名無實之舉，朕不欲聞，若不便暗作，

恐朕不知，屬員不信，不妨將用處摺奏以聞，還使得，特諭。」
⑥雍正五年（1727）十一月，江蘇巡撫陳時夏奏請將司庫存貯的
耗羨銀兩，除動支地方公費及各官養廉外，其他餘剩耗羨聽候撥
解中央。雍正皇帝披覽奏摺後批諭云：「豈有聽候撥解之理，只
可完本省公事則可，將此若歸正項，不但可笑，眞妄爲胡說也。」⑦
地丁錢糧是正項，必須撥解中央，耗羨是正項以外所徵收的附加
稅，可充地方經費，不可撥解中央，倘若將耗羨撥解中央，則耗
羨即成正項。中央與地方財稅收入的劃分，不僅有內外之分，而
且也有公私之別。以耗羨作爲地方公費，所謂以公完公，只是地
方的公用，在國家朝廷的立場而言，仍屬私事。雍正五年（
1727）八月，山東巡撫塞楞額奏明以流抵虧空彌補將完，而應
解耗羨爲數尚多，即動支耗羨銀十四萬七千餘兩以挑濬徒駭、馬
頰二河。其原摺奉硃筆夾批云：「此項萬萬用不得耗羨。」挑濬
徒駭、馬頰河工費用理應動支正項，不是在地方附加稅項下動支，
耗羨與正項，不可混爲一談。塞楞額奏摺尾幅又奉硃批云：

> 以公完辦，非此等事也。各項虧空補足時，少〔稍〕留有
> 著之項，將來必有歸於無著者，或補此尚可。如地方修理
> 道路橋樑，或添補州縣買補存倉穀石，疏通溝洫之用。如
> 再有餘，此項原係地方官所得中物，當養廉內酌量增加，
> 令州縣從容些，極好之事。如果此等之需，盡皆豐足有餘，
> 則舉減耗之事，方萬全之事也。總言耗羨一項，公用萬萬
> 使不得，地方之公用，乃私用之公用，非國家之公用也。
> 詳悉朕意，一槩如此料理就是了，再無有令各省餘出耗羨
> 數百萬爲國帑之理，是何體也？若如此則是提耗羨一極好
> 之善事，成大笑話矣⑧！

所謂公用，有中央的公用，也有地方的公用，中央與地方財政的

劃分，不能混淆，地方的公用，就國家而言，只是私用中的公用，並非國家的大公用，雍正皇帝尊重財政體制，所謂耗羨歸公，並非中央爭奪地方稅源的措施，恰恰相反，耗羨歸公的實施，是雍正皇帝充實地方財政的一項重要措施。耗羨歸公，原爲一時權宜之計，其初意欲俟虧空清完後即停止提解耗羨。乾隆七年（1742），乾隆皇帝命廷臣議奏耗羨歸公的因革問題。同年十一月，廷臣遵旨議覆提解耗羨，法良意美，勿庸更張，可以久遠遵行。乾隆皇帝於所頒諭旨內亦云：

> 錢糧之有耗羨，蓋經國理民，事勢之必不能已者，未歸公以前，耗羨無定制，有司之賢者，兢兢守法，不敢踰閑；不肖者，視爲應得之項，盡入私囊，一遇公事，或強民輸納，或按畝派捐，濫取橫徵，無所底止，且州縣以上官員，養廉無出，於是收受屬員之規禮、節禮，以資日用，而上官下屬之間，時有交際，州縣有所藉口，恣其貪婪，上官瞻徇，而不敢過問，甚至以餽遺之多寡，爲黜陟之等差，吏治民生，均受其弊。我皇考俯允臣工之請，定耗羨歸公之法，就該省舊收火耗之數，歸於藩司，酌給大小官員養廉，有餘則爲地方公事之用，小民止各循其舊有之常，有輕減無加益也。而辦公有資，捐派不行，有司之賢者，固無所其矯廉，而不肖者亦不能肆其貪取，此愛養黎元，整飭官方之至意，並非爲國用計，爲此舉也。且以本地之出產，供本地之用度，國家並無所利於其間。然通天下計之，耗羨敷用之處，不過二、三省，其餘不足之處，仍撥正供以補之，此則臣民未必盡知者，此十數年中辦理耗羨之梗概也⑲。

提解耗羨，是以本地的財稅收入，供給本地的公用，耗羨不必解

交中央，耗羨歸公，並非爲國用計，中央並未爭奪地方經費，耗
羨歸於各省藩司，中央並無所利於其間，在集權政治體制下，中
央的正項，地方固然不能挪用，地方經費的附加稅，中央也不能
撥解，中央與地方的財政劃分，或社會資源的分配，仍然有它的
合理性。提解耗羨實施後，確實於地方有益，實行多年，上下相
安，不必更易。耗羨歸公的實行，的確是雍正皇帝充實地方財政，
整飭地方吏治中非常顯著的一項重要成就，而耗羨歸公之所以能
夠順利進行，不能忽視密奏制度的功能，奏摺制度有其彈性，臣
工可將地方利弊，因革損益的主張，繕摺請旨，君臣協商，廷臣
墨守成規，不能稱旨。在君臣協商提解耗羨，改弦更張的過程中，
硃批奏摺確實扮演了重要的角色。

五、從題奏制度看中央與地方的制衡作用

內朝與外朝的互動關係，是探討歷代政治制度中不可忽視的
重要課題。自秦漢統一政府正式出現以後，在傳統政治組織方面，
顯然保持著一個皇室與政府的劃分。在漢代，內朝指皇室而言，
外朝指政府而言。世襲的皇帝成爲國家的元首，象徵國家的統一，
宰相則擔負政府一切實際的責任。此後，內朝的皇室與外朝的政
府，始終保持其職權的劃分⑩。清朝中央政治組織，雖然不置宰
相，但依然保持內朝與外朝的劃分。就文書制度而言，清朝題本、
奏本等傳統本章是外朝內閣處理例行業務的正式文書，而奏摺則
爲內朝皇帝新創的通訊工具。清初諸帝以直省臣工爲股肱耳目，
君臣一體，臣工於循常例行業務使用本章外，尚須私下替皇帝充
當耳目，使用奏摺，逕向皇帝密奏。奏摺制度採行之初，准許用
摺密奏的大臣，主要是皇帝親信、內府人員、王府門下人，或內
廷行走的人員。例如康熙年間的江寧織造曹寅、蘇州織造李煦、

杭州織造孫文成等，都是康熙皇帝的耳目。譬如康熙四十七年（1708）三月初一日，曹寅具摺奏聞赴揚州會同李煦商議鹽務等事，原摺奉硃批：「知道了，已後有聞地方細小之事，必具密摺來奏。」⑤同年五月二十五日，曹寅具摺奏聞江寧洪武陵塚上西北角梧桐樹下陷蹋等事，原摺奉硃批：「知道了，此事奏聞的是，爾再打聽還有甚麼閒話寫摺來奏。」⑤曹頫接任江寧織造後，具摺請安。康熙皇帝批諭云：「朕安，爾雖無知小孩，但所關非細。念爾父出力年久，故特恩至此，雖不管地方之事，亦可以所聞大小事，照爾父密密奏聞，是與非朕自有洞鑑，就是笑話也罷，叫老主子笑笑也好。」⑤雍正初年，高斌由織造陞任浙江布政使後具摺奏明收兌錢糧事宜，原摺奉硃批：「好，勉之，奏摺不必頻多，比不得織造之任，無可奏之事，不必奏摺，若有應奏聞事件，不妨。」高斌是滿洲鑲黃旗人，初隸內務府，雍正元年（1723），授內務府主事，再遷郎中，管蘇州織造⑤。高斌在織造任內，隸屬內廷，為皇帝耳目，凡有所聞，皆得用摺奏聞。任蘭枝提督四川學政時曾具摺奏稱：「臣前來四川到任，於雍正元年十一月初一日恭請聖訓，曾經面奉諭旨，臣係小臣，本不敢援大吏自行封進之例，因蒙聖恩，念係內廷行走之員，許其差人奏摺。」⑤四川學政任蘭枝是以內廷行走人員的身分而享有使用奏摺的特權。直隸巡撫趙弘燮具摺奏陳永定河工緊要，請揀選能員。康熙皇帝批諭云：「知道了，爾等都有摺子，所以不曾召見。近日打聽閑事的甚多，奏摺亦須小心，一槩不叫人知道方好。」⑤

　　清初奏摺制度是屬於密奏制度，可以自行封進，但它不在形式上是否書明「密摺」字樣，或在內容上以重大機密事件為限。其所以稱為密奏者，在表面上固因奏摺是由特定人員直接上給皇帝本人的一種秘密報告，而不經內閣公開處理的文書。其實也是

由於奏摺只是皇帝和臣工私下秘密通訊的信函，而非外朝政府正式的公文。本章定例由驛馳遞，奏摺例應差遣親信家丁齎遞入京，不能擅動驛馬，擾累驛站，致妨公務。臣工具摺時，固應親手書寫，皇帝亦應親手批諭，康熙皇帝曾因右手腫痛，而改用左手批諭。雍正皇帝批摺尤勤，每摺手批數十言，或數百言，一字不假手於人。雍正皇帝日理萬幾，日則召見臣工，夜則燈下批摺，有時則墮泪披覽。署直隸總督蔡珽具摺奏聞鑲紅旗漢軍候選縣丞張鍾人品學問，原摺奉硃批：「白日未得一點之暇，將二鼓，燈下書字，不成字，莫笑話。」㊼雍正皇帝批覽奏摺多在夜晚，不僅是「以示勤政」，其實，一方面不令洩漏機密，一方面也是因為摺奏是私事，故於公務之餘，閱摺批諭。題本與奏摺，一方面有公私的分別，一方面也有內朝和外朝的不同。題本等本章是督撫等以行省首長的地位，於處理例行公務時呈遞君主的公文，而奏摺則為督撫等除正式公文之外，另以私人身分呈遞君主的書面報告。就文書性質而言，清初奏摺，尙非正式的國家公文，仍未取得國家法理上的地位，奏摺內容及硃批旨意，仍不可據為定案。臣工奏摺奉到批諭後，若欲付諸施行，自當另行具題，經過內閣部院議奏奉旨允准後始能生效。偏沅巡撫李發甲具摺請安，兼報各府中晚二禾收成，原摺內有「伏祈皇上睿鑒施行」等字樣，康熙皇帝批諭云：「朕安，所報知道了，奏摺中施行二字不合。」㊽奏摺不能取代題本，若欲施行，例應具題。康熙五十四年（1715）十、十一月間，直隸因夏秋雨水過多，直隸總督趙弘燮即飭令地方官暫動倉糧分別借賑，並繕摺具奏。原摺奉硃批：「就當具題纔是，奏摺不合。」㊾地方刑名錢穀等項，例應具本題奏。河南巡撫李錫具摺奏聞錢糧事宜，原摺奉硃批：「錢糧之事，該具題。」㊿康熙年間，外省流棍往往潛入貴州苗寨，勾通當地

玩法之徒，將苗民子女拐去四川等省販賣。貴州巡撫黃國材具摺奏請將為首之人即在犯事地方處死示眾，原摺奉硃批：「此係人命之事，須具題纔是。」⑥河南南陽府境內有鄉客聚眾搶取民間衣食，兵役拏獲黃忠等十餘人，河南巡撫楊宗義意欲盡法處治，繕摺奏聞，原摺奉硃批：「還該具題，聽部議纔是。」⑥經過部議後，始具合法性。地方有重大事件，或有改弦更張之請，必須先行具摺請示，是否具題，須俟批示後遵照硃批旨意辦理。東南沿海漁船常為洋盜運米運貨，江寧巡撫張伯行具摺奏請將營船刻營字，商船刻商字，漁船刻漁字，使彼此有所區別。原摺奉硃批：「此摺論船極當，朕欲交部，其中有不便句，爾再具題。」⑥地方公事經部議後始有憑據。

雍正年間，雖然擴大採行奏摺制度，放寬臣工專摺具奏的特權。但是雍正皇帝尚無意以奏摺取代傳統本章，應用本章題奏事件，倘若概用摺奏，則必失採行奏摺制度的本意。雍正元年（1723）正月，雍正皇帝諭內閣云：

> 現今封印，各部院應奏本章，不用印信，照常送入內閣，票簽進呈，其應用摺奏事件，著繕摺具奏。儻因封印之故，將應用本章具奏之事，概用摺奏，日後恐無憑據，將此通行曉諭⑥。

臣工呈遞奏摺奉硃批後即發還原奏人，並未存檔，日後必無憑據。摺奏未報部，亦不合處理例行公事的程序，不足為憑。黃廷桂在宣化鎮總兵官任內曾具摺奏報宣化城垣堤壩修補完工，原摺奉硃批：「朕安，所奏知道了，應報部者報部，應具題者題奏，摺奏不可為憑。」⑥四川提督岳鍾琪具摺奏報料理兵馬起程日期及支用錢糧數目，原摺奉硃批：「此事原在京密行的事，總未經部，又未動本，如今出二千兵，用錢糧，錢糧還可，出兵之事，不是

暗事，爾可著〔酌〕量借何辭，指何名，或摺或本來奏，發於或
議政或該部，過一過明路方好。」⑥兵馬錢糧，都是公事，密奏
不能了結，應使用題本。兵部左侍郎嵇曾筠在副總河任內曾具摺
謝恩，原摺奉硃批：「此亦當具本者，即明白回奏二摺，亦當從
外達部。今爾身膺地方責任，應本奏者，不可全用摺奏，比不得
先欽差散員之例也。」⑥雍正皇帝屢諭臣工應題者具題，不可因
已經摺奏而不具題，若以密奏了結，則無憑查核。地方公事，其
應咨部者，則須報部存案。何世璂在貴州巡撫任內，曾因題補知
府等員缺具摺請旨，原摺奉硃批：「知道了，應題者具題，不可
以為摺曾奏過也。」⑥法敏在四川巡撫任內曾具摺奏明委令大員
確估川省城垣，原摺奉硃批：「此非摺奏之事，儘收儘報，不盡
數報，權在爾等督撫，但有干係耳，若如此密摺了結，無憑察核，
則無干係矣，如何使得。」⑥河南巡撫石文焯曾具摺奏明河南省
駐防官兵歲需米豆草束價值核銷緣由，原摺內有「臣以事關多給
米價，未敢市恩遽題，理合備敘情由，繕摺具奏，恩出聖裁」等
字樣。原摺奉硃批：「未敢市恩具題，是何言歟？國家錢糧，亦
非朕市私恩之物，具本聽候部議。」⑦國家錢糧，不是皇帝個人
市私恩之物，就是對國家體制的尊重。

　　地方公事，有例可循者，必須使用傳統本章，具本題奏，否
則將受嚴旨斥責。副總河兵部左侍郎嵇曾筠具摺奏賀清軍進剿羅
布藏丹津捷音，原摺奉硃批：「此應具本之奏，為何摺來？」⑦
由來已久的制度成例，若有改弦更張的建白，必須先行繕摺具奏，
使用奏摺，奉到批諭後，再決定使用題本或不必具題，不可冒然
具題，驚動部院。清初以來，山東曲阜縣知縣，例由衍聖公咨部
題授。孔氏後裔孔衍澤於康熙五十一年（1712）由衍聖公保舉
補授曲阜縣知縣，雍正二年（1724）八月初四日，山東兗州府

知府吳關杰具摺奏請將孔衍澤調任他邑。原摺奉硃批：「此事當秉巡撫，所奏之事少越些，再與巡撫商酌，朕意其來久矣，不便更張。再者爾等撫司道府如果秉正無私，不瞻顧徇情，好者留，不好者去，保舉自然得人矣，倘遇尊長對理之事，不妨詳明另委員審理，亦未爲不可，再斟酌合詞具奏。」⑫雍正皇帝深恐部議格於成例，不准所請，所以屢飭臣工若有更張振興事宜，必須先行具摺奏聞，不可率爾具題。浙江巡撫法海抵達新任以後，凡見聞所及者，俱先行奏聞。原摺奉硃批：「知道了，向後地方非急務可緩者，或有所更張振作之事，先摺奏聞，商酌定後再具本，若照例通行之事，不必。」⑬君臣商酌，互相溝通，下情上達，有利於政務的推行，也可提高行政效率。浙江巡撫李衛抵任以後，具摺奏陳地方吏治，原摺內有「爲此先將大概情形繕摺奏聞，可否允臣因時變通，方敢分晰具題，遵照辦理」等字樣。原摺奉硃批：「因時變通料理，先摺以奏聞，不可率然具題。」⑭江西巡撫裴㑄度摺奏請嚴禁交盤指勒積習，原摺奉硃批：「此事幸爾摺奏，若具題，朕大怪你矣。此事李紱亦大槩類同奏過，朕備悉，已訓諭矣，著李紱密著與爾看。」⑮積習已深，不可率然具題更張。

　　尋常例行公事，既已具題，就不必繕摺瀆奏。副總河嵇曾筠具摺奏聞河南兩岸堤工事宜，原摺奉硃批：「此等奉部文具題事件，不必多此一奏，況又無請旨密奏預聞處。」⑯密奏預聞，提供皇帝決策參考的新訊息，是奏摺制度的重要功能。漕運總督張大有糧船漂沒緣由會同督撫具題外，又另摺奏聞。原摺奉硃批：「知道了，又非請旨，又不煩預奏，此等具題事，何必多此一番，無味之極。」⑰雲南巡撫沈廷正曾經具摺奏聞欽賜地理全圖，原摺奉硃批：「似此具題之事，何必又一番瀆奏，蠻不體朕，但知

自己庸愚下流之至。」⑱地方例行公事，如有密行請旨再題事宜，可以使用奏摺，密奏預聞，否則就是煩瀆聖聽了。

　　雍正皇帝雖然放寬臣工專摺具奏的特權，但他不許臣工濫用奏摺，司道固然不可藉摺奏挾制督撫上司，督撫上司亦不得藉摺奏挾制廷臣。廣西布政使劉廷琛具摺奏明各屬解司錢糧事宜，原摺奉硃批：「凡事不可越分，不可因巡撫是漢人，失兩司之體，主張分外之事，朕少〔稍〕有所聞，必重加處分也，若無緊要必奏之事，摺不可頻亂，特諭。」⑲福建布政使黃叔琬到任後，具摺奏報到任日期，原摺奉硃批：

> 雖許汝奏摺，不可因此挾制上司，無體使不得，若督撫有
> 不合義處，只可密密奏聞，向一人聲張，亦使不得，一省
> 沒有兩個巡撫之理，權不畫一，下重上輕，非善政也。爾
> 可凡事與督撫開誠，就爾所見，呈知上司，若有徇私不法
> 之舉，有實憑據之處，方是爾當奏之時。至於尋常地方事
> 宜，與督撫共見同行之事，非爾奏之任也，奏不可頻，恐
> 爾上司疑忌，於爾無益，爾但實心勉力，秉公效力，朕自
> 知也，特諭⑳。

「無體使不得」，就是要尊重體制，重視政治倫理，但是密奏也不可或缺。雲南楚姚蒙景鎮總兵官南天培具摺奏請聖訓，原摺奉硃批：「知道了，凡百越分之為皆不可，到〔倒〕是分外一切地方事宜聞見只管密以奏聞。如職分中之事務，必循規蹈距〔矩〕，不可攙越總督提督之責任以瀆奏，如前奏再不可。」㉑廣西提督韓良輔具摺謝恩，原摺奉硃批：「知道了，府道副參中如有借奏摺威嚇挾制上司者，密以據實奏聞。」㉒廣西分巡右江道僉事喬于瀛自京啟程赴任，將沿途見聞繕摺具奏，原摺奉硃批：「知道了，應詳上司之事，不可越分瀆奏，斷不可借此挾制上司，密奏

之事，一字露不得，干係一身之禍福，小心謹慎方好。」㊸雍正皇帝一面飭臣工不可假藉摺奏挾制上司，要尊重體制，一方面諭令臣工密摺奏聞，一字不得洩漏，靈活運用。太僕寺少卿須洲奉差前往山東賑濟，後來又奉命署理山東布政使，因山左連歲荒旱，諸事待舉，所以特准須洲使用密摺。須洲具摺奏報到任日期，原摺內有「臣本臺班，陞授卿貳，如有所見，仍懇皇恩容臣具摺條陳，恭請聖訓，倘邀批示，庶應行應止事宜，有所遵守」等語。原摺奉硃筆夾批：「置巡撫於何處？」尾幅奉硃批：「一省不便兩個巡撫，不可越分，可與巡撫黃炳一體同心，方可與地方有益，當奏者有何可不告巡撫者，如見得透必可行，而巡撫不依行處，或者間而一、二密奏，以出不得已之舉還可，無益、越分、頻奏、煩瀆、相爭、奪權，使不得。」㊹雍正皇帝為了維持政治倫理，所以不令藩臬等員動輒密摺具奏，以免被人議論一省吏治不專，竟置兩三個巡撫，有違體制。藩臬等員於分外一切地方事宜，凡有聞見，准其密摺奏聞。地方可行應行事宜，督撫欺君不行，亦當繕摺密奏，以示皇帝明察秋毫。惟其職分內例行公事，則不許越分頻奏，奪權相爭，攙越督撫職責。雍正皇帝在尊重傳統政治倫理的原則下，採行密奏制度，以輔助傳統本章制度的缺乏彈性，確實有助於行政效率的提高，奏摺就是體制外的一種文書。

　　藩臬道府固然不可藉摺奏挾制督撫，督撫也同樣不可藉摺奏挾制部院大臣。督撫奏摺既蒙批諭，許令具題，俱不得擅將密奏內容及硃批密諭引入題本內，兩司道府與督撫商酌具題事宜時，亦不得聲言曾經奏過。清初定例，提督、總兵、副將等員，俱不准在任所置產入籍，其參將以下等官任所置有產業，欲在當地入籍者，許令地方官報明督撫，准其入籍。河南河北鎮總兵官紀成斌，原籍陝西莊浪衛，因居住四川年久，所以具摺奏請准其入籍

四川成都府。原摺奉硃批：「知道了，具題來，具題時，不必寫如許情由，但將緊要數句上本就是，題到朕自有旨準〔准〕你。本上亦不必引此旨與摺奏。」⑧雍正皇帝屢諭督撫等員「不可借此引旨具本恐慌部院九卿，令人不敢開口。」楊名時在雲南巡撫任內曾因誤將硃批密諭敘入題本內而獲譴。督撫等員奏摺奉硃批准其具題後，還需將奏摺不得體及不當入本題奏的辭句刪略。直隸巡撫李維鈞具摺奏明鹽政積弊，原摺奉硃批：「甚好，將前引事不必，從臣思私販匪類起具本來奏。」⑧山西布政使高成齡具摺奏請將丁銀歸入地糧，以便徵收，原摺奉硃批：「此議甚好，現今山東朕諭舉行此事，可與巡撫商酌具本來奏，本內引直隸舉行甚益等意入奏。」原摺內有「富室田連阡陌，竟少丁差，貧民地無立錐，反多徭役，以致丁倒累戶，戶倒累甲，甲倒累里」等語，地方利弊，歷歷在目，危言聳聽。雍正皇帝於字裡行間批諭將「此等不當入本不得體之句刪去。」⑧署理湖南巡撫鍾保奏摺內有「看得湖南各屬苗人既入版圖，均係赤子，其中強悍者十居一、二，愚蠢者十居八、九，地方有司自應安其良善，化其兇頑，此愚蠢者之所俯首痛心，而強悍者之所怒目不平者也。」⑧雍正皇帝將前引原摺內「強悍者十居一、二」以下文句用硃筆抹去，並批諭云：「此論可嘉之至，將不便，刪去字句，另行妥擬具題請旨。」雍正皇帝屢飭封疆大吏，若遇意外地方不靖，必須安然鎮靜彈壓，若動止驚慌失措，不但自亂主見，而且搖惑兵民，所關甚鉅，所以具題時應將危言聳聽、搖惑人心之處，即所謂不便字句刪略，不得寫入本章內，以免驚動部院。

　　清代中央與地方的關係，主要就是皇帝、內閣部院廷臣與直省封疆大吏的互動關係。浙江巡撫李衛因奉到諭旨，所以具摺覆奏，原摺所錄諭旨內容有「督撫敕諭內有無兼理鹽務字樣，爾等

查明應否頒給之處議奏」等字樣。雍正皇帝批諭云：「此事朕著
實與廷臣講論過，與朕意原不甚相合，但朕今特諭不便，你不妨
再將此情由入本具題來得理之論也，朕準〔准〕行就是了。」⑧
廷臣議論，與雍正皇帝本意不相合，明諭又不便，雍正皇帝竟利
用奏摺密諭指示，援引封疆大吏的地方輿論，以轉移廷臣的決議。
直省督撫等員也因有專摺具奏的持權，而使封疆大吏在中央與地
方推行政令的過程中扮演了重要的角色。雍正皇帝擴大採行奏摺
制度，其目的不僅在刺探外事，提供資訊，以便集思廣益，同時
也嘗試發揮制衡的作用，意即在督撫與藩臬上下之間以及直省地
方大吏與中央廷臣內外之間維持制衡的關係。但是並非以奏摺取
代本章，更不許臣工濫用密奏，督撫權重，外重內輕，藩臬挾制
督撫，亦非長治久安之道。雍正八年（1730）七月，《內閣奉
上諭》詳盡地記載了奏摺制度的得失利弊，其內容如下：

> 虞書曰明四目，達四聰。先儒註曰廣四方之視聽，以決天
> 下之壅蔽也。蓋天下之患，莫大於耳目錮蔽，民情物理，
> 不能上聞，則雖有勵精圖治之心，而措置未必合宜，究難
> 成一道同風之盛，是以各省督撫大臣於本章之外，有具摺
> 之例。蓋國家之事，有不便宣露於本章者，亦有本章所不
> 能備悉者，亦有應用密奏請旨者，是奏摺之用，乃慎密周
> 詳之意。朕意又以督撫一人之耳目有限，各省之事，豈無
> 督撫所不及知，或督撫所不肯言者，於是又有准提鎮藩臬
> 具摺奏事之旨，即道員武弁等亦間有之，此無非公聽並觀
> 之意，欲周知外間之情形耳，並非以奏摺代本章。凡摺中
> 所奏之事，即屬可行之事也，是以奏摺進呈時，朕見其確
> 然可行者，即批發該部施行。若介在疑似之間，則交與廷
> 臣查議。亦有督撫所奏而批令具本者，亦有藩臬等所奏而

批令轉詳督撫者，亦有聽其言雖是，而不能必其奉行之無弊，則批令實心勉勵，還朕一是字者。凡爲督撫者奉到硃批之後，若欲見諸施行，自應另行具本，或咨部定奪；爲藩臬者，則應詳明督撫，俟督撫具題或咨部之後，而後見諸施行。若但以曾經摺奏，遂藉口已經得旨，而毅然行之，則如錢糧之開銷，官員之舉劾，以及苗疆之軍務，地方之工程，諸如此類，督撫皆得侵六部之權，藩臬皆得掣督撫之肘矣。行之日久，必滋弊端，爲害甚鉅，不可不防其漸也。且各省文武官員之奏摺，一日之間，嘗至二、三十件，或多至五、六十件不等，皆朕親自覽閱批發，從無留滯，無一人贊裏於左右。不但宮中無檔案可查，亦並無專司其事之人，如部中之有司員、筆帖式、書吏多人掌管冊籍，繙閱規條，稽察原委也。朕不過據一時之見，隨到隨批，大抵其中教誨之旨居多。今於教誨之處，則未見敬謹遵奉，而於未曾允行之事件，則以曾奏過三字，含糊藉口，以圖自便，有是理乎？況朕曾降旨，凡摺中批諭之處，不准引入本章，以開挾制部臣之漸，如此則奏摺之不可據爲定案，又何待言乎？著將此曉諭各省奏摺諸臣知之，若督撫提鎮等以此愚弄屬員，擅作威福，准屬員據實揭報，或該部，或都察院即行奏聞。若屬員等以此挾制上司，肆志妄行，著該督撫提鎮等即據實參奏，特諭⑨。

由引文內容可知康熙皇帝採行奏摺制度的用意，也能說明雍正皇帝放寬摺奏特權的目的。密奏制度是與本章制度並存不悖的，也是相輔相成的，可以彌補傳統本章制度的不足。臣工具摺時，各報各的，彼此不能相商，以便於皇帝集思廣益，並作爲皇帝決策的參考。督撫雖然不能挾制部臣，部臣也不能掣肘督撫；藩臬不

能挾制督撫，督撫也不能對藩臬擅作威福，內外以及上下之間，產生制衡的作用，一方面使行政效率提高，一方面也有利於君權的集中。

六、軍機處的設置與皇帝集權的形成

　　內閣與軍機處都是清朝的重要政治機構，在清朝的政治舞臺上都扮演了相當重要的角色。清朝內閣的起源，可以追溯到滿族入關前的文館。天聰三年（1629）四月，皇太極倣行明朝的政治制度，設立文館。天聰五年（1631）七月，又倣明朝中央政治組織，設立六部。天聰十年（1636）三月，改文館爲內國史、內秘書、內弘文三院，每院各置大學士、承政等員。臣工章奏，由大學士轉達，並與諸貝勒大臣共議國事，傳宣政令，內三院就是倣效明朝會典所載內閣與翰林院職掌雜揉而來的中央政治機構。順治元年（1644），內三院置滿漢大學士兼各部尚書銜，其下有學士。八年（1651），置侍讀學士。十五年（1658）七月，內三院更名內閣，別置翰林院官，大學士改加殿閣大學士，仍兼尚書。十八年（1661），恢復內三院。康熙九年（1670），內三院又改爲內閣，仍別置翰林院。順治、康熙時期，軍國機要，綜歸內閣，大學士官至一品，位列百僚之首，贊襄庶政，奉宣綸音，票擬本章，釐治憲典，意任隆密，位尊權重。

　　雍正七年（1729），因西北兩路用兵，爲密辦軍需，經戶部設立軍需房。其後，軍需房或稱軍需處，或稱辦理軍需處，或稱辦理軍務處，滿漢文的名稱並不一致，後來的辦理軍機處，簡稱軍機處，就是由軍需房或軍需處沿革而來，探討軍機處的成立，不能忽視軍需房的設置。所謂軍需房並非軍機處的前身，戶部軍需房沒有演變成爲軍機處的論證，仍有待商榷⑨。雍正十三年（

1735）八月二十三日，乾隆皇帝繼位後，以總理事務王大臣輔政。十月二十八日，乾隆皇帝以西北兩路大軍已撤，大小事件俱交總理事務王大臣辦理，於是裁撤軍機處。乾隆二年（1737）十一月，因莊親王等奏辭總理事務，且西北等處軍務尚未完竣，是月二十八日，命鄂爾泰等爲軍機大臣，軍機處恢復建置，其職掌範圍日益擴大，軍機大臣又以大學士及各部尙書、侍郎在軍機處辦事或行走，而逐漸吸收了內閣部院的職權，不僅掌書諭旨，辦理軍務，舉凡軍國大計，莫不總攬，終於取代了內閣的職權，而成爲清朝中央政令所自出之處。《清史稿・軍機大臣年表》原序云：

> 軍機處名不師古，而絲綸出納，職居密勿，何其隆也。初祇秉廟謨、商戎略而已，厥後軍國大計，罔不總攬，蓋隱然執政之府矣。自高宗後百七十年，威命所寄，不於內閣，而於軍機處，雖處之僚屬，百爾執事，且羡之憚之，而況乎所謂大臣者哉⑨！

從軍機大臣處理文書的種類，可以了解軍機處職掌的擴大。從軍機處處理摺奏事件的過程，進一步可以說明軍機處是內朝佐皇帝處理政務的機構，就是所謂的內廷，主要就是負責奏摺的處理，諭旨的撰擬。軍機處取代內閣的職權，中央政治權力由外朝內閣轉移到內廷軍機處，可以從廷寄制度的形成及軍機處處理奏摺等問題加以分析。

　　清朝皇帝所頒降的諭旨，有明發和寄信的分別。凡須宣示中外，曉諭臣民的旨意，多頒降明發諭旨，以內閣的名義頒發，並冠以「內閣奉上諭」字樣。至於奉旨密諭或速諭的旨意，則頒發寄信上諭，因由內廷遵旨寄出，習稱廷寄。趙翼著《簷曝雜記》記載說：

軍機處有廷寄諭旨，凡機事慮泄不便發抄者，則軍機大臣面承後撰擬進呈，發出即封入紙函，用辦理軍機處銀印鈐之，交兵部加封，發驛馳遞。其遲速皆由軍機司員判明於函外，曰馬上飛遞者不過日行三百里，有緊急則另判日行里數，或四、五百里，或六百里，並有六百里加快者，即此一事，已爲前代所未有。機事必須發而後由部行文，則已傳播人口，且驛遞遲緩，探事者可僱捷足，先驛遞而到。自有廷寄之例，始密且速矣。此例自雍正年間始，其格式乃張文和所奏定也⑬。

引文中所稱廷寄諭旨，即寄信上諭，簡稱廷寄。但所謂廷寄爲「前代所未有」，其格式爲雍正年間張廷玉即張文和所奏定，則有待商榷。其實，明發上諭初由內閣撰擬，軍機處成立後，始由軍機大臣撰擬。廷寄制度亦先於軍機處的設置而存在，其格式也不是張廷玉一人所能制定。康熙年間，康熙皇帝曾因二阿哥胤礽福金病危，行在總管遵旨頒發寄信諭旨，其內容如下：

行在處總管字寄王以誠等，今帶去上諭一事，倘二阿哥福金病勢甚危，死在目前，爾等同總管商量，可以不必說知，單給二阿哥看看。若比先好些，同二阿哥看了，該給看即看，恐福金添病⑭。

引文中的「字寄」，就是以寄信方式頒發的上諭。《中國歷史大辭典・清史》對「字寄」的解釋是：「即不經內閣明發，而以軍機大臣寄信的形式密發的上諭。其收文者，大都爲各地封疆大吏或欽差大臣和高級武職官員。」⑮其實，字寄的頒發，不必一定經過軍機大臣，可以由行在處總管密寄，也可以由內閣寄出。雍正初年，硃筆特諭，因不便明發，多封入摺匣內順寄，由驛馳遞。川陝總督年羹堯用兵於青海期間，雍正皇帝屢頒特諭，指授方略，

其中「字諭」，就是以寄信方式封發的字寄。雍正初年，寄信上諭或寄自內閣，或寄自親信大臣，間亦由部院寄出。傅宗懋著《清代軍機處組織及職掌之研究》一書已指出「廷寄雖係後世軍機大臣所專用以傳旨之文書，但起始並非密辦軍需或軍機事務王大臣所專用，且廷寄實已早有淵源，先於軍機處之設置而存在。」⑯原書的說法，是符合歷史事實的。

雍正年間，廷寄格式並未畫一，或書「字寄」，或書「寄字」。廷寄的封發，也不是全由兵部火票驛遞，或由齎摺家丁捧回，或隨封疆大吏奏事之便，封入摺匣內寄出。乾隆初年以降，軍機處恢復建置以後，廷寄制度日趨畫一，軍機大臣威權日重。擬寫諭旨是軍機大臣的主要職掌，自乾隆年間以來，不僅寄信上諭由軍機大臣撰擬，即明發上諭及奉旨事件，亦由軍機大臣撰擬，進呈御覽，經過述旨後，即交由內閣頒發。例如乾隆五十年（1785）正月初六日，軍機大臣等奏稱「臣等遵旨擬寫周煌致仕及紀昀等補授左都御史等缺諭旨進呈，俟明日周煌奏請開缺回籍摺遞到再行頒發，謹奏。」同日，軍機大臣擬寫上諭進呈御覽。次日，周煌奏請開缺奏摺遞到，當天即頒降明發上諭，其內容如下：

> 乾隆五十年正月初七日，內閣奉上諭，左都御史周煌奉職有年，小心勤慎。茲周煌年力就衰，病體未能痊癒，奏請開缺回籍，周煌著加恩以兵部尚書致仕，並加太子少傅銜，用昭優眷。左都御史員缺著紀昀補授，李綬著補授兵部侍郎，所遺湖北巡撫員缺，著吳垣調補，其廣西巡撫員缺，著孫永清補授，欽此⑰。

引文內「內閣奉上諭」等字樣，實錄刪略不載。內閣奉上諭即明發上諭，例應由內閣大學士撰擬，乾隆年間以降，已改由軍機大臣撰寫。周煌奏請開缺，例應具題，由內閣大學士票擬，乾隆年

間，此類文書，已經改題為奏，不經吏部，而由軍機大臣處理摺奏事件，並遵旨撰擬諭旨，經述旨後生效。

廷寄制度的發展，以及軍機處權力的強化，與軍機大臣處理摺奏事件有密切的關係。雍正年間，各省文武官員進呈的奏摺，一日之間，多至五、六十件，都是雍正皇帝親自覽閱批發，無一人贊襄於左右。繳回宮中的硃批奏摺，堆積懋勤殿，猶如汗牛充棟，並無專司檔案管理的人員。軍機處在隆宗門內，乾隆初年，軍機處恢復建置以後，軍機大臣每日入值於此。京中及各省臣工進呈的奏摺，奉硃批後，即發下軍機處，軍機處例應將每日所接奏摺及所奉諭旨登錄於隨手簿。據《樞垣記略》的記載，值日章京將本日所接奏摺，所遞片單，所奉諭旨，詳悉分載，硃批全載，諭旨及摺片則摘敘事由，其應發內閣者，注明「交」字；其應發兵部者，皆注明馬遞及里數，然後裝釘成冊，稱為隨手簿⑱，亦稱隨手檔，就是軍機處的公文收發登記簿，值日章京登錄諭摺等件，必須當日繕竣，其所以稱之為隨手者，即表示不可積壓之意。奏摺及片單登錄後，仍須抄錄副本，按月分包儲存，存放軍機處備查。軍機處抄錄奏摺的規定，《樞垣記略》記載頗詳：「凡抄摺，皆以方略館供事，若係密行陳奏及用寄信傳諭之原摺，或有硃批應慎密者，皆章京自抄。各摺抄畢，各章京執正副二本互相讀校，即於副摺面註明某人所奏某事，及月日，交不交字樣，謂之開面。值日章京將本日所接各直省原摺各歸原函，繳入內奏事處，謂之交摺。」⑲臣工奏摺錄副存查，並將原摺繳入內奏事處，然後發還原奏人。

臣工奏摺除錄副存查外，其奉硃批「另有旨」，或「即有旨」的奏摺，以及未奉硃批的奏摺，俟皇帝召見時，由軍機大臣捧入請旨，稱為見面。軍機大臣承旨畢，即遵旨撰擬諭旨，其後多交

由軍機章京撰擬繕寫，經述旨後，內奏事太監始傳旨散值。從《寄信檔》、《上諭檔》的記載，可以知道軍機處擬寫寄信上諭的過程。例如乾隆四十六年（1781）三月間，原任大理寺卿尹嘉銓遣其子至行在呈遞二摺：一摺為其父請諡；一摺奏請將其父從祀文廟。三月十八日，乾隆皇帝覽閱尹嘉銓為父請諡一摺，即批諭云：「與諡乃國家定典，豈可妄求，此奏本當交部治罪，念汝為父私情，姑免之，若不安分家居，汝罪不可逭矣。」乾隆皇帝接著覽閱尹嘉銓為父從祀孔廟一摺，即批諭云：「竟大肆狂吠不可恕矣。」⑩同日，軍機大臣遵旨將尹嘉銓所進二摺交行在大學士、九卿閱看，並查明尹嘉銓並未親身前來行在，而是遣其第三子候選教諭尹紹淳由京師到保定行在遞摺。軍機大臣隨即傳訊尹紹淳，據稱其父尹嘉銓已回博野縣原籍，其母及寡嫂仍在京師。軍機大臣即令直隸總督袁守侗派員將尹紹淳押往博野，將尹嘉銓鎖拏解交刑部治罪。除查抄原籍家產外，軍機大臣又擬寫寄信上諭交大學士英廉就近在京查辦。軍機大臣將查辦經過及所擬寄信上諭，奏呈御覽。軍機大臣所擬寄信上諭全文如下：

> 尚書額駙公福字寄大學士英，乾隆四十六年三月十八日上諭，本日據尹嘉銓遣子齎奏，為伊父尹會一請予諡法一摺，已屬干典妄求，然朕尚念其為父私情，因批諭姑從寬宥。及閱其第二摺，竟為伊父奏請從祀孔廟，則是大肆狂吠，不可不明正其罪。現已明降諭旨，將尹嘉銓革去頂帶，拏交刑部審訊，從重治罪，並將此二摺傳齊現在隨從行營之大學士、九卿，令其閱看矣。尹嘉銓曾為大員，乃如此喪心病狂，實屬大干法紀，所有伊博野原籍貲財，已令袁守侗專派大員前往查抄外，伊在京尚置有房屋貲產，且家屬現在京師，著傳諭英廉即速親往嚴密查抄，毋任絲毫隱匿

寄頓，將此由六百里傳諭知之，欽此，遵旨寄信前來[101]。軍機大臣將撰擬的寄信上諭進呈御覽後，於同日即三月十八日奉旨「知道了」，隨即交兵部限六百里封寄。軍機章京繕寫寄信上諭，例用五行格子，每行二十字[102]。軍機章京倘若繕寫錯誤，奉硃筆改正，則應請旨議處。軍機大臣等撰擬的諭旨常因不能稱旨，而奉硃筆改抹。乾隆四十七年（1782）十一月二十六日，尚書額駙公福隆安等撰擬諭旨寄信閩浙總督富勒渾，乾隆皇帝頗有微詞，他以硃筆批諭：「此旨即發往富勒渾，令其看軍機大臣所書之佳諭。」乾隆五十一年（1786）三月初六日，協辦大學士和珅遵旨擬寫寄信欽差尚書曹文埴諭旨一道，乾隆皇帝批諭云：「軍機大臣所書之旨，竟不能達朕意，可笑可愧，不辭多言，親書發往。」[103]軍機大臣所擬諭旨，辭不達意，乾隆皇帝竟親書頒發。

　　封疆大吏的奏摺，固然由軍機處錄副存查，擬寫諭旨，部院廷臣的奏摺，亦交軍機大臣閱看。直省督撫等摺奏事件，經部院議駁後，乾隆皇帝間亦令軍機大臣擬寫准行諭旨。例如乾隆五十年（1785）二月二十二日，陝甘總督福康安奏請將甘肅鎮原縣知縣胡紀謨調補中衛縣知縣一摺到京，經吏部議駁。乾隆皇帝以陝甘總督福康安到任未久，所題各缺係爲整頓地方起見，雖稍有不合例之處，亦應降旨允行。軍機大臣面奉諭旨後，即擬票准行諭旨進呈御覽。乾隆五十二年（1787）九月十七日，雲貴總督富綱等奏請將雲南順寧府知府全保調補普洱府一摺到京，奉硃批「該部議奏」。同日，軍機大臣面奉諭旨「如吏部議駁，即擬寫准行諭旨。」同年十月十一日，吏部具體，照例議駁，軍機大臣即遵旨擬寫准行諭旨云：「乾隆五十二年十月十一日奉旨，全保著照該督等所請行，欽此。」各部院衙門題本，例應先期一日轉送內閣，由大學士分別票擬，兼繕滿漢本簽。但內閣票簽，間亦

由軍機大臣呈覽，例如乾隆五十四年（1789）閏五月初二日，山東巡撫覺羅長麟奏請將陵縣知縣杜安詩陞署曹州府同知一摺，奉硃批「該部議奏」。同日，軍機大臣面奉諭旨「如吏部議覆即寫准行諭旨」。吏部將可否陞署之處奏請欽定，經內閣大學士票擬雙簽，軍機大臣即將其中「准其陞署」單簽進呈，並遵旨擬寫准其陞署諭旨。由於軍機大臣所處理的文書種類繁多，其中包括部院例行公事，遂使軍機處在行政方面，產生了重要的作用。傅宗懋著《清代軍機處組織及職掌之研究》一書已指出：

軍機處設立之始，即有藉之以便皇帝集權一身之目的。然而為達成此一目的則必須皇帝勤於政事，始不致大權為軍機大臣所竊據。且自史實觀察，清代諸帝大體均能恪守此一原則。而所謂皇帝勤於政事之一主要項目，即是逐日召見軍機大臣。就制度上言，為祛除明代通政使司享權太重之弊，於軍機處設置後改以接奏摺於宮門，使之直達御前。皇帝高居九重，日理萬幾，對臣工奏摺之猶必親覽者，實為防制大權旁落所不得不然，至於其處理，則必須就近交人承辦。在理論上，皇帝為天下主，臣工奏摺之交辦與否以及何時交辦似可憑己意而定奪，然事實上皇帝為保持其權力，卻難如理論上之可以任意措置。故皇帝在保持權力之目的下乃不能不將所覽章奏逐日發下，並於每日召見軍機大臣面商政事，此乃就皇帝在此一制度下須勤於政事而言。至於軍機大臣既居皇帝之近臣，又復日蒙召對，間或日數召對，承旨後即須親自擬旨或授章京撰擬，皇帝必於軍機大臣述旨後始令奏事太監傳令軍機大臣散直，且在撰擬未畢即累催述旨之情勢，在此諸因素下，本已難於怠忽。然果若軍機大臣仍有遇事遷延觀望，未經即日擬旨進呈之

　　情形，則將軍機大臣交部議處之事例又復早已有之，是其
　　必使軍機大臣勤於治事[104]。

清初沿襲明代舊制，題奏本章須經通政使司轉遞內閣，奏摺制度
採行之初，臣工奏摺即齎至宮門遞進，軍機處設置後，臣工奏摺
仍齎至宮門逕達御前，不經軍機處轉遞，可以袪除軍機處享權太
重之弊。在康熙、雍正年間，臣工奏摺隨到隨批，從無留滯。軍
機處恢復建置後，仍維持這種勤政傳統，隨手簿登錄摺片收發，
從未積壓；奏摺錄副，當日抄畢；皇帝一日數次召見軍機大臣，
軍機大臣面奉諭旨，撰擬諭旨必須即日繕畢述旨頒發，軍機處在
行政上確實發揮了機密、迅速、勤政的高度效率。軍機大臣是大
學士、尚書或各部堂官，也是皇帝的親信近臣，有裨於皇帝的諮
詢顧問。軍機大臣處於皇帝與部院之間，一方面具有溝通協調的
作用，一方面也有制衡的作用，便於皇帝的控制部院。軍機處是
內廷的政治機構，具有管理、服務、協調及顧問的作用，同時也
具備執行、參謀、輔助等機構的性質，軍機處的設置，確實有利
於皇帝的集權。乾隆初年以來，由於軍機處組織的逐漸擴大，職
權亦與日俱增。從奏摺的處理，諭旨的撰擬，例行公事的執行，
可以說明軍機處取代內閣職權的過程。軍機處從內廷的顧問機構，
演變成爲中央的政治機構，不能忽視奏摺的處理及諭旨的撰擬過
程，軍機處遂成爲皇帝集權的有力工具。

七、結　論

　　文書制度的沿革，從醞釀逐漸臻於定型，有其外在的需要，
也有它內在的用意，奏摺制度的採行及其發展，主要就是奏摺制
度適應當時實際需要的過程。傳統本章制度，繁複難行，非壅即
蔽，奏摺制度，簡易速覽，效率較高。康熙年間採行奏摺制度，

雍正年間放寬專摺具奏的特權，京外臣工多使用奏摺，奏摺遂多
於題本。各省文武官員齎遞到京的奏摺，一日之間，嘗至二、三
十件，多至五、六十件。以兩廣總督楊琳呈繳硃批奏摺爲例，他
於康熙五十年（1711）補授福建陸路提督時，面請聖訓，准用
奏摺請安，除歷年進獻土產各摺，向不批發，以及發閣交部不開
列外，他在提督任內奉硃批的奏摺計十七件，共十三封；廣東巡
撫任內奉硃批的奏摺計二十八件，共十七封；兩廣總督任內奉硃
批的奏摺計三十八件，共二十四封；自康熙五十六年（1717）
至六十一年（1722），未批發回的奏摺計四十四件，共三十六
封，合計一二七件，共九十封⑯。滿洲鑲藍旗人鄂爾泰，於雍正
元年（1723）擢江蘇布政使，准其用摺奏事，至乾隆十年（
1745）卒，前後二十三年間，奏摺數量更多，國立故宮博物院
典藏鄂爾泰奏摺共計三三四件。自從奏摺普遍通行以後，京外臣
工封章絡繹，以致引起部分臣工的疑慮。福州將軍宜兆熊具摺時
指出：

> 欽惟我皇上御極以來，勵精圖治，博採群言，每多下問。
> 竊臣愚見，以爲在京六部九卿科道諸大臣，在外督撫將軍
> 提督各臣，凡有事件，准其密奏。至於在京武職副統等，
> 在外總兵官等，似不宜准其密奏，恐言路煩雜，不肖者藉
> 此反生多事，以致妄瀆宸聰⑯。

宜兆熊鑒於言路煩雜，因此奏請將摺奏權稍加限制。但雍正皇帝
認爲「知道了，不妨，只遵朕旨而行，君臣之間，一點不必存形
跡。」雍正皇帝擴大採行密奏制度以後，使皇帝耳目遍及京外各
處，形成嚴密的通訊網，對於地方利弊，施政得失，多能洞悉，
其所頒諭旨，訓示方略，頗能措置咸宜，終於奠定清初盛世的基
礎。佐伯富教授已指出：

　　所謂奏摺，係臣工所上之報告，文官自布政使，武官自總兵官以上，凡有見聞，即職責之外者，亦得密奏。如地方衙門之政治、人事問題、官員貪污受賄問題、盜賊叛亂問題，以及天候變化、農作豐欠、米帛價格等經濟問題，胥在密奏範疇之內。此類奏摺臣下緘封直達御前，天子親拆親閱，旁人不得與聞。雍正帝每於燈下披覽，一日有多至數十通者，皆硃筆手批，發回具奏人，故雖深居大內，而於各地官僚之作為、政治、經濟及社會動態，無不瞭如指掌。又因此等奏摺來自四方，同一事有多人具告，如有錯謬、虛報，可立時察出，帝即嚴詞切責，毫不假貸，具摺者遂不得不報告真相，是以可信度甚高，雍正帝即據此施政，故稱之為奏摺政治[107]。

雍正年間，君臣藉著奏摺推行政治，就是一種奏摺政治。嗣後奏摺普遍通行，成為國家的重要文書，奏本制度已失去其功能。雍正十三年（1735）十一月二十二日，通政使司通政使蔣永祿奏請廢除奏本，以畫一本章[108]。乾隆十三年（1748）十一月二十六日，乾隆皇帝正式頒降諭旨，將向用奏本之處，概用題本，以示簡化文書之意[109]。明清時期通行已久的奏本制度，至此正式廢止，奏摺遂取代了奏本。嗣後不分公私，凡是投送通政司，俱使用題本，用印具題，奏摺逕達御前，不經通政司，概不用印。

　　密奏制度是皇帝和相關文武大員之間所建立的單線書面聯繫，皇帝和直省臣工可以互相溝通，建立默契，增進情誼，硃批奏摺的內容，頗能反映清代前期的君臣關係。當雲貴總督鄂爾泰具摺請安時，原摺奉雍正皇帝硃筆批諭說：「朕甚為欣慰，新正大禧，諸凡平安如意也。朕與卿一種君臣相得之情，實不比泛泛，乃無量劫善緣之所致，期共勉之。」[110]君臣相得，中外一體，有助於

政令的貫徹。雍正皇帝在整飭吏治中的一個主導思想，就是注重
人治，即所謂有治人無治法。因此，培養政治人材，教誨臣工，
進行政治教育，也是雍正皇帝擴大採行密奏制度的一個重要原因。
《雍正硃批諭旨》中勗勉各省文武大員打起精神做好官，垂之史
冊的硃批，佔了很大的篇幅。雍正皇帝雖然是一位理想化的政治
完美主義者，但他循名責實期盼君臣是政治上的生命共同體，確
實是他諄諄教誨臣工的主要用意。

清朝中央與地方財政收入的劃分，是屬於一種附加稅法與分
成稅法兼行的混合制，全國賦稅盡歸中央，財政過分集中，地方
財政十分薄弱，虧空嚴重。雍正初年，實施耗羨歸公，將州縣耗
羨提解司庫，以充地方公費，不必撥解中央。耗羨歸公的付諸實
施，的確是雍正皇帝充實地方財政，整飭地方吏治，劃分中央與
地方財政中非常顯著的一項重要成就，而財政改革之所以能夠順
利進行，密奏制度在中間確實發揮了重要的行政功能。部院廷臣
墨守成規，反對提解耗羨，雍正皇帝利用密奏制度，皇帝與直省
督撫布政使，通過協商，轉移廷議，使耗羨歸公付諸施行，硃批
奏摺充分發揮了制衡的作用。

密奏制度通行後，臣工具摺時，各報各的，彼此不能相商，
以便於皇帝集思廣益，有助於決策效率的提高和君權的強化。雍
正皇帝擴大採行密奏制度，目的在使督撫與藩臬上下之間，封疆
大員與中央部院之間，維持一種制衡作用。督撫權重，外重內輕，
日久難制，固非長治久安之道。但若地方事權不專，動輒掣肘，
亦於地方無益。因此，雍正皇帝屢諭督撫不得藉摺奏挾制部臣，
藩臬也不得藉密奏挾制督撫，目的在使密奏制度與傳統本章制度
相輔相成，並存不悖，並非以奏摺代替本章。

不斷分割內閣部院權力，逐漸由外朝轉向內廷，最後集權於

皇帝，是清代前期政治發展的顯著特色之一。順治、康熙年間，軍國機要，綜歸內閣，大學士位尊權重。御門聽政是皇帝視朝處理政事的一種形式。清朝皇帝在乾清宮等處面見大臣，處理題奏文書的儀式，表現最突出的，是在康熙一朝。御門聽政時，康熙皇帝召見大學士、學士、九卿等共同面商題奏事件，發閣交部的摺奏事件，亦與大學士等共同商議，內閣仍然是贊襄庶政的中樞機構。乾隆初年，軍機處恢復建置以後，其組織的擴大，軍機大臣職權的強化，都與摺奏事件的處理，有密切的關係。直省臣工奏摺奉硃批後發下軍機處登錄，錄副存查，撰擬諭旨，軍機處在行政上發揮了機密、迅速的高度行政效率，終於取代了內閣，軍機處遂演變成爲中央的政治機構，也是乾隆皇帝集權的有力工具。從此以後，內閣逐漸退處爲閒曹，大學士所票擬的題本也隨著失去其重要性，探討清朝政治權力的變遷及中央與地方的關係，都不能忽視奏摺制度所產生的作用。

【註　釋】

① 《清史稿校註》，第一冊（臺北，國史館，民國七十五年二月），聖祖本紀，頁295。

② 《清世祖章皇帝實錄》，卷十九，頁19。順治二年七月己巳，據通政使李天經奏。

③ 莊吉發：《清代奏摺制度》（臺北，國立故宮博物院，民國六十八年九月），頁19—24。

④ 《康熙起居注》（北京，中華書局，一九八四年八月），㈢，頁2203。康熙五十四年十月初四日，諭旨。

⑤ 《康熙起居注》（北京，中華書局，一九八四年八月），㈢，頁1218。

⑥　《康熙起居注》（北京，中華書局，一九八四年八月），㈢，頁
　　1400。

⑦　《清聖祖仁皇帝實錄》，卷一二五，頁3。康熙二十五年三月丁巳，
　　諭旨。

⑧　《康熙起居注》（北京，中華書局，一九八四年八月），㈢，頁
　　1545。

⑨　《康熙起居注》（北京，中華書局，一九八四年八月），㈢，頁
　　1748。

⑩　《康熙起居注》（北京，中華書局，一九八四年八月），㈢，頁
　　2196。

⑪　《宮中檔雍正朝奏摺》，第一輯（臺北，國立故宮博物院，民國六
　　十六年十一月），頁842。雍正元年十月十四日，查嗣庭奏摺。

⑫　《宮中檔康熙朝奏摺》，第二輯（臺北，國立故宮博物院，民國六
　　十五年六月），頁630。康熙四十七年三月十六日，江寧織造曹寅
　　奏摺。

⑬　《宮中檔康熙朝奏摺》，第二輯（臺北，國立故宮博物院，民國六
　　十五年六月），頁494。康熙四十九年四月二十日，江西巡撫郎廷
　　極奏摺。

⑭　《宮中檔康熙朝奏摺》，第二輯（臺北，國立故宮博物院，民國六
　　十五年六月），頁499。康熙四十九年四月二十日，署理偏遠巡撫
　　王度昭奏摺。

⑮　《宮中檔康熙朝奏摺》，第三輯（臺北，國立故宮博物院，民國六
　　十五年六月），頁24。湖廣鎮篁總兵官張谷貞奏摺。

⑯　《宮中檔康熙朝奏摺》，第二輯（臺北，國立故宮博物院，民國六
　　十五年六月），頁864。康熙五十年正月，浙江巡撫王度昭奏摺。

⑰　《宮中檔康熙朝奏摺》，第二輯（臺北，國立故宮博物院，民國六

十五年六月），頁456。康熙四十九年二月二十八日，江西巡撫郎
廷極奏摺。

⑱　《雍正硃批諭旨》（臺北，文源書局，民國五十四年十一月），世
宗御製序文，雍正十年三月初一日，硃筆上諭，頁3。

⑲　《宮中檔雍正朝奏摺》，第一輯（臺北，國立故宮博物院，民國六
十六年十一月），頁5。康熙六十一年十二月初四日，護理山東巡
撫黃炳奏摺。

⑳　《宮中檔雍正朝奏摺》，第一輯（臺北，國立故宮博物院，民國六
十六年十一月），頁121。雍正元年三月初八日，兩廣總督楊琳奏
摺。

㉑　《宮中檔雍正朝奏摺》，第一輯（臺北，國立故宮博物院，民國六
十六年十一月），頁215。雍正元年四月二十八日，安徽巡撫李成
龍奏摺。

㉒　《宮中檔雍正朝奏摺》，第一輯（臺北，國立故宮博物院，民國六
十六年十一月），頁350。雍正元年六月十八日，浙江巡撫李馥奏
摺。

㉓　《宮中檔雍正朝奏摺》，第一輯（臺北，國立故宮博物院，民國六
十六年十一月），頁260。雍正元年五月十四日，福建巡撫黃國材
奏摺。

㉔　《宮中檔雍正朝奏摺》，第一輯（臺北，國立故宮博物院，民國六
十六年十一月），頁669。雍正元年九月初一日，江西巡撫裴㣭度
奏摺。

㉕　《宮中檔雍正朝奏摺》，第二輯（臺北，國立故宮博物院，民國六
十六年十二月），頁75。雍正元年十一月十七日，湖廣總督楊宗仁
奏摺。

㉖　《宮中檔雍正朝奏摺》，第二輯（臺北，國立故宮博物院，民國六

十六年十二月），頁825。雍正二年六月二十九日，雲貴總督高其
倬奏摺。

㉗　《宮中檔雍正朝奏摺》，第六輯（臺北，國立故宮博物院，民國六
十七年四月），頁420。雍正四年八月初六日，雲南巡撫鄂爾泰奏
摺。

㉘　《宮中檔雍正朝奏摺》，第五輯（臺北，國立故宮博物院，民國六
十七年三月），頁646。雍正四年二月二十四日，雲南巡撫鄂爾泰
奏摺。

㉙　《宮中檔雍正朝奏摺》，第七輯（臺北，國立故宮博物院，民國六
十七年五月），頁180。雍正四年十二月二十一日，雲貴總督鄂爾
泰奏摺。

㉚　《清史稿校註》，第十一冊（臺北，國史館，民國七十八年二月），
列傳七十七，頁8834。

㉛　《宮中檔雍正朝奏摺》，第七輯（臺北，國立故宮博物院，民國六
十七年五月），頁181。

㉜　《清世宗憲皇帝實錄》，卷五一，頁30。雍正四年十二月二十六日，
內閣奉上諭。

㉝　《清世祖章皇帝實錄》，卷六，頁6。順治元年七月甲午，據天津
總督駱養性啓。

㉞　《清聖祖仁皇帝實錄》，卷一四，頁20。康熙四年正月壬辰，諭戶
部。

㉟　《清聖祖仁皇帝實錄》，卷二四〇，頁4。康熙四十八年十一月丙
子，上諭。

㊱　《清聖祖仁皇帝實錄》，卷二九九，頁10。康熙六十一年十月甲寅，
上諭。

㊲　《宮中檔雍正朝奏摺》，第九輯（臺北，國立故宮博物院，民國六

十七年七月），頁891。雍正六年十二月二十七日，陝西甘肅布政
使孔毓璞奏摺。

㊳　《宮中檔雍正朝奏摺》，第二輯（臺北，國立故宮博物院，民國六
十六年十二月），頁253。雍正二年正月二十二日，河南巡撫文石
焯奏摺。

㊴　孟森：《清代史》（臺北，正中書局，民國五十一年十月），頁
197。

㊵　《宮中檔雍正朝奏摺》，第二輯（臺北，國立故宮博物院，民國六
十六年十二月），頁733。雍正二年六月初八日，山西布政使高成
齡奏摺。

㊶　稻葉君山原著，但燾譯訂：《清朝全史》（臺北，中華書局，民國
四十九年九月），第四十六章，頁126。

㊷　《清世宗憲皇帝實錄》，卷二二，頁3。雍正二年七月丁未，上諭。

㊸　《宮中檔雍正朝奏摺》，第三輯（臺北，國立故宮博物院，民國六
十七年一月），頁822。雍正三年二月初八日，山西布政使高成齡
奏摺。

㊹　《宮中檔雍正朝奏摺》，第八輯（臺北，國立故宮博物院，民國六
十七年六月），頁381。雍正五年六月二十日，河南巡撫田文鏡奏
摺。

㊺　《宮中檔雍正朝奏摺》，第十輯（臺北，國立故宮博物院，民國六
十七年八月），頁508。雍正六年五月二十八日，河南巡撫田文鏡
奏摺。

㊻　《宮中檔雍正朝奏摺》，第二輯（臺北，國立故宮博物院，民國六
十六年十二月），頁252。雍正二年正月二十二日，河南巡撫石文
焯奏摺。

㊼　《宮中檔雍正朝奏摺》，第九輯（臺北，國立故宮博物院，民國六

十七年九月），頁231。雍正五年十一月初六日，江蘇巡撫陳時夏
奏摺。

㊽ 《宮中檔雍正朝奏摺》，第八輯（臺北，國立故宮博物院，民國六
十七年六月），頁767。雍正五年八月二十六日，山東巡撫塞楞額
奏摺。

㊾ 《清高宗純皇帝實錄》，卷一七八，頁18。乾隆七年十一月乙丑，
上諭。

㊿ 錢穆：《國史新論》（臺北，三民書局，民國五十八年一月），頁
35。

(51) 《宮中檔康熙朝奏摺》，第一輯（臺北，國立故宮博物院，民國六
十五年六月），頁610。康熙四十七年三月初一日，江寧織造曹寅
奏摺。

(52) 《宮中檔康熙朝奏摺》，第一輯，頁811。康熙四十七年五月二十
五日，江寧織造曹頫奏摺。

(53) 《宮中檔康熙朝奏摺》，第七輯，頁349。康熙五十七年六月初二
日，江寧織造曹寅奏摺。

(54) 《清史稿校註》，第十一冊（臺北，國史館，民國七十八年二月），
列傳九七，頁9102，高斌列傳。

(55) 《宮中檔雍正朝奏摺》，第二十六輯（民國六十八年十二月），頁
372。四川學政任蘭枝奏摺。

(56) 《宮中檔康熙朝奏摺》，第二輯，頁713。康熙四十九年九月十五
日，直隸巡撫趙弘燮奏摺。

(57) 《宮中檔雍正朝奏摺》，第二十七輯（民國六十九年一月），頁
602。署直隸總督蔡珽奏摺。

(58) 《宮中檔康熙朝奏摺》，第七輯（民國六十五年九月），頁209。
康熙五十六年八月，偏沅巡撫李發甲奏摺。

㊾　《宮中檔康熙朝奏摺》，第五輯，頁835。康熙五十四年十一月初十日，直隸總督趙弘燮奏摺。

⑥　《宮中檔康熙朝奏摺》，第五輯，頁342。康熙五十四年二月十六日，河南巡撫李錫奏摺。

㊶　《宮中檔康熙朝奏摺》，第七輯，頁394。康熙五十七年七月十三日，貴州巡撫黃國材奏摺。

㊷　《宮中檔康熙朝奏摺》，第七輯，頁620。康熙五十八年十一月十八日，河南巡撫楊宗義奏摺。

㊸　《宮中檔康熙朝奏摺》，第四輯，頁626。康熙五十二年十一月二十六日，江寧巡撫張伯行奏摺。

㊹　《清世宗憲皇帝實錄》，卷三，頁32。雍正元年正月壬辰，諭內閣。

㊺　《宮中檔雍正朝奏摺》，第六輯（民國六十七年四月），頁504。雍正四年八月二十九日，宣化鎮總兵官黃廷桂奏摺。

㊻　《宮中檔雍正朝奏摺》，第一輯（民國六十六年四月二十四日），頁206。雍正元年四月二十四日，四川提督岳鍾琪奏摺。

㊼　《宮中檔雍正朝奏摺》，第二輯（民國六十六年十二月），頁463。雍正二年四月初九日，副總河兵部左侍郎嵇曾筠奏摺。

㊽　《宮中檔雍正朝奏摺》，第五輯（民國六十七年三月），頁876。雍正四年四月二十九日，貴州巡撫何世璂奏摺。

㊾　《宮中檔雍正朝奏摺》，第六輯（民國六十七年四月），頁110。雍正四年六月初四日，四川巡撫法敏奏。

⑩　《宮中檔雍正朝奏摺》，第二輯，頁555。雍正二年閏三月十三日，河南巡撫石文焯奏摺。

⑪　《宮中檔雍正朝奏摺》，第二輯，頁464。雍正二年四月初九日，副總河兵部左侍郎嵇曾筠奏摺。

⑫　《宮中檔雍正朝奏摺》，第三輯（民國六十七年正月），頁11。雍

正二年八月初四日，山東兗州府知府吳關杰奏摺。

⑬ 《宮中檔雍正朝奏摺》，第三輯，頁763。雍正三年正月二十六日，浙江巡撫法海奏摺。

⑭ 《宮中檔雍正朝奏摺》，第五輯（民國六十七年三月），頁656。雍正四年三月初一日，浙江巡撫李衛奏摺。

⑮ 《宮中檔雍正朝奏摺》，第五輯，頁780。雍正四年四月初四日，江西巡撫裴徫度奏摺。

⑯ 《宮中檔雍正朝奏摺》，第四輯（民國六十七年二月），頁300。雍正三年五月初九日，副總河兵部左侍郎嵇曾筠奏摺。

⑰ 《宮中檔雍正朝奏摺》，第四輯，頁174。雍正三年四月十九日，漕運總督張大有奏摺。

⑱ 《宮中檔雍正朝奏摺》，第十一輯，頁709。雍正六年十一月初六日，雲南巡撫沈廷正奏摺。

⑲ 《宮中檔雍正朝奏摺》，第一輯，頁418。雍正元年六月，廣西布政使劉廷琛奏摺。

⑳ 《宮中檔雍正朝奏摺》，第一輯，頁569。雍正元年八月初五日，福建巡撫黃叔琬奏摺。

㉑ 《宮中檔雍正朝奏摺》，第三輯，頁118。雍正二年九月初三日，雲南楚姚蒙景鎮總兵官南天培奏摺。

㉒ 《宮中檔雍正朝奏摺》，第三輯，頁433。雍正二年十一月初八日，廣西提督韓良輔奏摺。

㉓ 《宮中檔雍正朝奏摺》，第三輯，頁427。雍正二年十一月初七日，廣西分巡右江道僉事喬于瀛奏摺。

㉔ 《宮中檔雍正朝奏摺》，第一輯，頁582。雍正元年八月初六日，署理山東布政使須洲奏摺。

㉕ 《宮中檔雍正朝奏摺》，第七輯（民國六十七年五月），頁453。

雍正五年二月初十日，河南河北鎮總兵官紀成斌奏摺。

⑯　《宮中檔雍正朝奏摺》，第一輯，頁634。雍正二年五月初三日，直隸巡撫李維鈞奏摺。

⑰　《宮中檔雍正朝奏摺》，第三輯，頁191。雍正二年九月十四日，山西布政使高成齡奏摺。

⑱　《宮中檔雍正朝奏摺》，第二十二輯（民國六十八年八月），頁695。雍正十二年三月十二日，署理湖南巡撫印務鍾保奏摺。

⑲　《宮中檔雍正朝奏摺》，第八輯（民國六十七年六月），頁196。雍正五年五月十一日，浙江巡撫李衛奏摺。

⑳　《起居注冊》（臺北，國立故宮博物院），雍正八年七月初七日甲戌，內閣奉上諭。

㉑　趙志強：〈軍機處成立時間考訂〉，《歷史檔案》，一九九〇年，第四期（北京，歷史檔案雜誌社，一九九〇年十一月），頁91。

㉒　《軍機大臣年表稿》（臺北，國立故宮博物院），原序。

㉓　趙翼：《簷曝雜記》（臺北，中華書局，民國四十六年，壽春白鹿堂重刊本），卷一，頁3。

㉔　《掌故叢編》（臺北，國風出版社，民國五十三年五月），頁10。

㉕　《中國歷史大辭典》（上海，上海辭書出版社，一九九二年十一月），清史（上），頁185。

㉖　傅宗懋：《清代軍機處組織及職掌之研究》（臺北，嘉新水泥公司文化基金會，民國五十六年十月），頁347。

㉗　《上諭檔》（臺北，國立故宮博院），方本，乾隆五十年正月初七日，內閣奉上諭。

㉘　梁章鉅：《樞垣記略》（臺北，文海出版社），卷二二，頁5。

㉙　梁章鉅：《樞垣記略》（臺北，文海出版社），卷二二，頁6。

㉚　《清代文字獄檔》（臺北，華文書局），第二冊，頁1。

⑩　《清代文字獄檔》，第二冊，頁3。乾隆四十六年三月十八日，寄
　　信上諭。

⑩　李宗侗：《二十世紀之人文科學，史學》（臺北，正中書局，民國
　　五十五年十月），頁348。

⑩　《寄信檔》（臺北，國立故宮博物院），乾隆五十一年三月初六日，
　　字寄。

⑩　傅宗懋：《清代軍機處組織及職掌之研究》，頁514。

⑩　《宮中檔雍正朝奏摺》，第一輯（臺北，國立故宮博物院，民國六
　　十六年十一月），頁26。雍正元年正月十八日，兩廣總督楊琳奏摺。

⑩　《宮中檔雍正朝奏摺》，第三輯（民國六十七年一月），頁519。
　　雍正二年十一月二十四日，福州將軍宜兆熊奏摺。

⑩　楊啓樵：《雍正帝及其密摺制度之研究》（香港，三聯書店，一九
　　八一年十一月），佐伯富教授序，頁2。

⑩　《宮中檔雍正朝奏摺》，第二十五輯（民國六十八年十一月），頁
　　435。雍正十三年十一月二十二日，通政使蔣永祿奏摺。

⑩　《清高宗純皇帝實錄》，卷三二九，頁33。乾隆十三年十一月丙子，
　　諭旨。

⑩　《宮中檔雍正朝奏摺》，第五輯，頁646。雍正四年二月二十四日，
　　雲貴總督鄂爾泰奏摺。

清代前期西藏與尼泊爾的歷史關係

一、前 言

　　西藏是青海滇蜀的屏障,在國防上處於重要的地位。自拉薩東行,可經西康而入四川、雲南,北行則可越青海、甘肅而達蒙古。隋唐以來,西藏與中原內地的歷史關係已極密切。清初屢平藏亂,西藏久隸職方。且西藏為歷輩達賴喇嘛與班禪額爾德尼住錫的聖地,素為唐古忒人及眾蒙古所崇奉。尼泊爾位於西藏西南,其疆土與西藏犬牙相錯,彼此之間的宗教信仰及商務關係極為密切。十八世紀以來,廓爾喀崛起之後,蠶食鄰部,統一尼泊爾。乾隆末年,廓爾喀兩次入寇後藏邊境,擾至札什倫布,肆行搶掠,而嚴重地威脅到中國領土主權的完整。乾隆皇帝以西藏為祖宗戡定之地,僧俗人眾,沾濡醲化,百有餘年。廓爾喀擾至札什倫布,若不痛勦,勢必得寸進尺,侵及前藏,漸成邊患,為求永綏邊境,於是命將統師,窮兵深入,廓爾喀終於乞降歸順,進表納貢,成為中國屬邦,雖至光緒末年,猶入貢清廷。本文撰寫的旨趣即在利用國立故宮博物院典藏《廓爾喀檔》、《宮中檔》、《軍機處檔‧月摺包》等直接史料,從宗教信仰、佛教藝術、商務糾紛、界務交涉等方面,分析清代前期西藏與尼泊爾的歷史關係,並探討乾隆末年清廷解決西藏與廓爾喀糾紛及其重新調整關係的過程。

二、尼泊爾的早期歷史

　　在廓爾喀（Gurkha）崛起以前,尼泊爾（Nepal）與西藏

已有悠久的歷史關係。西元前第六世紀，喬達摩佛陀（Gau-
tama Buddha）降生前後，在尼泊爾的加德滿都谷地（Kat-
mandu Valley），已有不少的居民定居於此。紐瓦爾人（
Newar）是較早定居於加德滿都谷地的一種民族，紐瓦爾人，清
代官方文書稱爲「巴勒布人」。巴勒布人富於組織能力，曾建立
良好的農業制度，且對尼泊爾早期的藝術與建築有過極大的貢獻。
在印度孔雀王朝時代（西元前323至185），尼泊爾隸屬於印度，
印度佛教文化已輸入加德滿都。阿育王（Asoka）在位期間（西
元前272至231），曾在加德滿都的南方建立了四座浮圖（Stupa），
加德滿都遂成爲北印度的藝術、宗教與學術中心。

　　西元335年，印度笈多王朝沙姆陀羅笈多（Samudragupta）
繼承王位後，黷武好戰，先後征服各鄰邦，尼泊爾也在印度保護
之下①。惟尼泊爾一詞是遲至西元後第四世紀始見諸記載，在印
度宗教聖地阿拉哈巴（Allahabad）石碑上所刻各屬邦呈獻給沙
姆陀羅笈多的頌詞中已列有「尼泊爾王」（King of Nepal）之
名。最早在加德滿都建立政權者，似爲基拉他（Kirata）王朝，
西元四世紀初，李查比（Licchavi）王朝起而代之。李查比人來
自印度東北的摩竭陀，使用梵文及北印度的Brahmi文字，在宗
教上和印度有密切的關係，後世保存最早的尼泊爾石雕和銅像，
就是李查比中期的作品②。六○六年，印度哈薩（Harsha）即
戒日王即位，於翌年征服尼泊爾後派遣總督前往治理，但不久後
即爲尼泊爾的土酋阿姆蘇瓦曼（Amsuvarman）所逐。六二○年，阿
姆蘇瓦曼控制了尼泊爾，自立爲王。他對科學、文學、藝術都有
濃厚的興趣，在他積極獎勵下，尼泊爾首次出版了梵文文法的辭
書，並建立了新貨幣制度。

　　十三世紀初，紐瓦爾族的阿瑞馬拉（Arimalla）統一加德滿

都河谷地區，建立了馬拉王朝。這一時期，由於回教徒侵入印度，印度人紛紛避居尼泊爾西部山區，先後建立了許多小邦，環繞加德滿都谷地一帶就有二十四部，位於加德滿都之西的廓爾喀，就是其中一部，勇猛驃悍。馬拉王朝傳至十五世紀，當賈雅夜叉馬拉（Jayayaksamalla）統治時期，定都於加德滿都谷地的巴德崗（Bhatgan），國勢鼎盛，其勢力範圍，東至孟加拉，南抵伽耶，西至廓爾喀。賈雅夜叉馬拉晚年把國土傳他的三個兒子，加德滿都谷地又再度分裂成三個國家，分別以加德滿都、巴德崗及巴內帕（Benepa）為都城。後來巴內帕併入巴德崗，巴丹（Patan）由加德滿都分出，加德滿都、巴丹、巴德崗鼎足而立③。《尼泊爾的文化及自然地理》（Nepal, A Cultural and Physical Georgraphy）記載說：「至十七世紀，尼泊爾仍然三國分立：一在加德滿都；一在兩哩外的巴丹；一在六哩外的巴德崗。」④加德滿都、巴丹、巴德崗，清代官書分別作陽布即雅木布、葉楞、庫庫穆即庫庫木。《衛藏通志》記載：「查巴勒布三罕：一曰布彥罕，住末作城；一曰葉楞罕，住莽哈巴城；一曰庫庫木罕，住吉拉魚卜城，三人共管百姓五萬四千餘戶。其他界址，正東自噶爾達地方至巴打罕，計程十日，正南至尼納詩特克國，計程七日，正西至廓爾喀地方，計程六日，正北至西藏所管之濟嚨城。」⑤三罕，即三汗（han），實即三部國王，布彥罕即陽布汗。在尼泊爾二十四部中，其與清廷關係較密切的就是巴勒布三汗。雍正十年（1732）八月，清世宗以雅木布、葉楞、庫庫木三汗遣使請安，進貢方物，道路遙遠，往返艱難，特敕諭三汗使臣即由西藏返國，令其汗與西藏貝勒頗羅鼐協力和衷，護持黃教，並賜緞疋、玻璃、磁器等物⑥。

　　十八世紀初年以來，在加德滿都西戶的廓爾喀開始崛起，鯨

吞齧食巴勒布三部。乾隆三十四年（1769），廓爾喀國王博赤納喇（Prthivv Nvrvyana Shvh），又作沙王，乘巴勒布內訌，舉兵征服巴勒布三部，遷都加德滿都，建立了沙王朝，取得尼泊爾的統治權⑦。自廓爾喀勢力崛起後，因連年戰亂，尼泊爾與藏印間的貿易頓趨衰落，英國東印度公司爲發展北印度的商業利益，曾應巴勒布的請求，派遣瓊斯（Captain Jones）率領一支遠征軍赴援，欲助平亂，但因瘴癘盛行，無功而返⑧。乾隆三十八年（1773），英國東印度公司又遣瓊斯領兵擊敗不丹，因而引起廓爾喀人的驚疑，廓爾喀國王遣使至後藏謁見班禪額爾德尼，指陳英人佔領不丹的嚴重後果。次年三月，班禪額爾德尼致書東印度公司居間調解。乾隆五十二年（1787），廓爾喀遣使赴藏呈請進表納貢，駐藏辦事大臣慶麟等因其表文言詞倨傲不遜，抑而未奏⑨。

　　廓爾喀與巴勒布，其種族、語言、風俗，彼此不同。當廓爾喀於乾隆五十三年（1788）入寇後藏時，駐藏大臣仍然僅知有巴勒布，而不知有廓爾喀。乾隆五十四年（1789），廓爾喀人退出後藏，駐藏辦事大臣巴忠經細心查詢後，對廓爾喀始有初步的認識，其原摺略謂：

> 現在投誠之科爾喀者，即係巴勒布地方，其部落在後藏西南一隅，幅員相距三千餘里，西南至緬甸界，西北至大西天，又通回疆，大小部落總共三十處，戶口二十二萬七百有零。由宗喀至該部落，皆係大山狹路，向來崇信紅教，其間惟有從前巴勒布之陽布、庫庫木、易隆三處番民尊奉黃教。科爾喀原係一小部落，因節次侵佔陽布等三處地方，勢力愈加，隨將附近之達納隆等小部落又共佔取二十七處⑩

巴忠奏摺所稱「科爾喀」，即廓爾喀；「易隆」，即葉楞，都是同音異譯。原摺開列廓爾喀本處及所屬二十七處居民戶數清單，其中陽布居民共一萬八千戶，庫庫木居民一萬二千戶，葉楞居民二萬四千戶⑪。巴忠雖然詢知廓爾喀與巴勒布不同，但對於廓爾喀的歷史與地理背景仍相當模糊。

　　金川分爲大金川與小金川，因河而得名。大金川，當地土語稱爲促浸，意即大川。小金川，稱爲儹拉，意即小川，因臨河一帶，傳說可以開礦採金，所以促浸習稱大金川，儹拉習稱小金川。促浸喇嘛文布於乾隆三十三年（1768）曾到巴勒布地方，據促浸喇嘛文布稱：

> 聞得雪山根剛哩是出佛地方，因前往瞻拜，共行走月餘，回程半月，始到巴勒布地方，巴勒布有磚城，係各色紅黃磚砌成，城內建有大廟，所供亦是藏佛，但並無黃教喇嘛，不似前後藏敬佛虔誠。該處向前後藏貿易者甚多，亦並未見與達賴喇嘛班禪施禮，及遞獻哈達等事。至該國王並未見過，惟見頭目一人，身穿黃錦，其餘俱穿白色衣服，服餘與藏內不同，有用白布纏頭者，亦有戴白布小帽者，房屋與內地相仿，並有樓居。其屬下人，多住草房。所種俱係稻田，出產則有珊瑚、水獺。看其人不甚勇悍，但鳥鎗弓箭等類俱能使用，時常操演，聞與別處打仗，每多得勝，惟馬匹最爲稀少。並聞巴勒布本有四部落：一名雅木布，一名庫庫木，一名葉稜，一名木共，現在科爾喀王尚有一弟，俱不知其名字，伊兄弟俱係雅木布部落管事之人，素性強橫，背伊王子，佔據科爾喀地方。後王子與伊打仗，被鎗身故，伊便佔據雅木布部落，又併吞庫庫木、葉稜、木共三處，將伊王之子及三處頭人，俱監禁雅木布城，並

將大西天兩處部落亦行侵佔，遂自稱爲科爾喀王⑫。
促浸喇嘛文布所稱「雪山根剛哩」，與岡里音相似。引文中對加
德滿都的民情風俗及廓爾喀征服馬拉王朝的叙述當可採信。

　　國立故宮博物院典藏謝遂《職貢圖》畫卷，共四卷，合計三
〇一圖，俱設色畫，其中第一卷，第四十四圖標爲〈巴勒布大頭
人並從人即廓爾喀〉，是清廷纂修《欽定巴勒布紀略》告成後增
繪裝裱的。該圖附有滿漢文圖說，其內容如下：

> 巴勒布爲厄訥特可克痕都斯坦之別部，在後藏之西，至京
> 師將二萬里。其地舊有四部落：一名颺布；一名郭卡木；
> 一名伊凌；一名木共，今闊爾喀王始併爲一。乾隆五十四
> 年，遣大頭人巴拉叭都爾喀哇斯、哈哩薩野二人入覲。其
> 俗奉佛教，人以紅帛纏頭，衣以錦爲之，額間塗香，圓徑
> 寸許，以致誠敬，有磚城居屋，與內地相似。多稻田，產
> 珊瑚、松石、金銀、獺皮等物。人極工巧，多有在藏地貿
> 易匠役者。其從人以紫布纏頭，衣褐紅白間道，腰束綠帶，
> 常手執手煙袋，以侍其頭人⑬。

圖說中「颺布」，即陽布，「郭卡木」，即庫庫木，「伊凌」，
即葉楞，都是同音異譯。圖說對尼泊爾的民情風俗，已有進一步
的描繪。

　　廓爾喀國王博赤納喇卒後，傳位其子西噶布爾達爾巴克，約
在乾隆四十四年（1779）左右，西噶布爾達爾巴克傳位給年僅
四歲的王子喇特納巴都爾，因沖齡即位，所以由其叔巴都爾薩野
攝政。據廓爾喀領兵將弁咱瑪達阿爾曾薩野於乾隆五十七年（
1792）供稱：

> 現在王子喇特納巴都爾的祖父博赤納喇做王子時，佔據了
> 巴勒布，搬到陽布地方居住，到如今二十多年了。博赤納

喇還佔搶過里雜布地方，為廓爾喀東界。及至喇特納巴都
爾的父親西噶布爾達爾巴克做王子時，不常與人打仗。現
在的王子喇特納巴都爾是四歲上就做王子的，如今十七歲
了，王子的叔叔巴都爾薩野管事，於上年八月又搶噶達哇
拉西里納噶一帶地方，為廓爾喀西界，約有二十天路程。
大約東西地界較南北更為寬長，這是我知道的。至廓庫木
王子一家，全被廓爾喀殺害，並無後嗣。其巴勒布王子及
葉楞的王子，俱被殺害，聞得尚有子孫，但不知流落在何
處⑭。

廓爾喀國王博赤納喇征服巴勒布三部後，其三部王子俱被殺害，
結束了馬拉王朝。博赤納喇遷都加德滿都即陽布後，並未大興土
木。西噶布爾達爾巴克繼承王位後，對外主和，不常用兵。乾隆
五十五（1790）十月，清朝都司嚴廷良自廓爾喀回藏後稟稱，
從後藏濟嚨到陽布有八天路程，陽布地方不及內地縣城，僅似一
村莊，周圍約有三、四里，王子喇特納巴都爾所住房屋，都是「
西洋式房屋」，連手下住居的人，約有二、三千人，上下「並無
體統」，廓爾喀地面東西約有八、九百里，南北約七、八百里⑮。四
川提標右營兵丁范忠駐防前藏，乾隆五十六年（1791），范忠
奉命前往廓爾喀送交諭帖。同年十一月十三日，從聶拉木行走，
十一月二十六日到達陽布，見了喇特納巴都爾。據范忠稟稱：

> 陽布係磚砌城垣，約有二丈四、五尺高，並無城垜，城門
> 洞是方的，幾個城門？一時記不清了，周圍約有十餘里。
> 喇特納巴都爾所住房屋係平瓦房，也有碉樓，亦不甚大⑯。

噶勒桑丹津等被俘往加德滿都，乾隆五十七年（1792），被釋
放返藏。據稱「他們所占之陽布、葉楞、庫庫穆三處原是巴勒布
地方，他的本巢穴在陽布之後，離陽布還有六天路程。聽見地方

甚小，目下王子同他叔叔都在陽布官寨居住，係平瓦房，陽布有
磚砌城垣，不甚高大。」⑰據咱瑪達阿爾曾薩野所供陽布的城垣
建築，叙述尤詳：

> 陽布地方舊有城垣，是巴勒布王子建蓋的，城是圓形，用
> 磚砌就。城牆約有二丈高，並沒垛口。週圍約寬十數里，
> 城門原有二十四處，如今屯砌了幾處，還剩十六、七個門。
> 各處的門有十個，門很大，容象出入，上有城樓，其餘的
> 門都不甚大，城外並無護城河，只有出水的溝眼。城南離
> 河有二里多路，城西離河不及一里，城東離河有五里，城
> 北離河更遠些。若囊、廓庫木兩處都有城垣，與陽布大小
> 相仿，其餘地方，我也不能全知道。至喇特納巴都爾與巴
> 都爾薩野同住官寨，頭人辦事的公所俱在官寨內，四面有
> 四個碉樓，南面高十一層，東西兩面都高五層，北邊高十
> 二層。官寨南面兩個門，係王子同辦事大頭人出入的，別
> 人不准行走。東面一個門時常關著不開，西面三個門，北
> 面沒有門。除官寨外，人戶約有一萬餘家⑱。

引文中「若囊」，即葉楞。陽布、葉楞、庫庫木三處城垣，大小
相仿，都是巴勒布馬拉王朝的建築物。咱瑪達阿爾曾薩野對廓爾
喀的政治及軍事組織也有很詳盡的供述，其原供稱：

> 巴都爾薩野總管一切，沒有官名。辦事的大頭人，最大的
> 叫做鄒達爾，只有一個，現係巴喇巴都爾薩野充當。又有
> 噶箕四個，如藏裡噶布倫一樣。噶箕之下有噶朗箕，管收
> 錢糧，並放賞項。又有達薩爾，管鑄銀錢。再下一等是喀
> 爾達爾，管辦王子的信字，並行文書等事。其餘寫字管賬
> 的叫做喀益斯達，管地方百姓審辦刑名的叫做杜阿哩。至
> 管兵的大頭目叫做噶布黨，又有薩爾達爾，也是管兵的。

薩爾達爾之下有九個蘇巴，每人各管兵丁自一千餘名至三
千餘名不等。蘇巴之下有五、六十個蘇必達，每人管兵自
二百名至三百餘名不等，分駐各處。〔蘇〕必達之下是咱
瑪達，再下一等是哈瓦達，再下一等是阿木爾達，不知道
數目。其噶布黨共有四個，一個名雜答爾興，一個名朗幾
爾幫烈，一個名廊烈，一個就是瑪木薩野。至薩爾達爾及
蘇巴等頭目，記不清名字了。陽布城裡給錢糧的兵約有三
千多名，不給錢糧的兵又有三千多名。東南西三面邊界都
有大頭人各帶兵丁前往把守地方，各處統共有兵六萬餘人，
遇有出兵的事就把各處的兵調到陽布來。分派兵丁的隊長
叫做果奔，各管一、二百兵不等，每果奔一名，即有噶幾
黨一名，教習兵丁技藝，果送哈哇達爾一名，運送兵糧。
奮勇的兵叫做第凌噶巴，奮勇兵的隊長叫做別哩哇爾。每
月錢糧多寡不等，也有給幾十個銀錢的，也有免交田地錢
糧的。初挑的兵丁每月不支錢糧，跟著頭人打仗出力的纔
賞銀錢，間或賞些地方百姓作為屬下，搶得別處地方時，
由噶布黨經理，稟明王子派人管理。至兵丁用的器械多有
鳥鎗、藤牌，亦有刀矛等，弓箭較少⑲。
巴都爾薩野是喇特納巴都爾的叔叔，以攝政掌管廓爾喀全國事務。
據送遞諭帖的兵丁范忠稟稱，王子召見范忠時，巴都爾薩野在旁
邊坐，相貌兇狠。從咱瑪達阿爾曾薩野的供述，可以了解廓爾喀
中央文武職官及其管兵將弁。

三、西藏與尼泊爾的宗教文化

尼泊爾地當印藏往來孔道，西藏與尼泊爾壤地毗鄰，故與尼
泊爾的宗教及商務關係，向來極為密切。尼泊爾加德滿都谷地在

地緣上毗鄰佛教區的比哈爾，因此佛教傳入加德滿都谷地實早於西藏，早在七世紀，尼泊爾就有銅像輸入西藏。唐太宗貞觀十五年（641），唐室以宗女文成公主下嫁西藏松贊干布。約在同時尼泊爾阿姆蘇瓦曼亦以其女妻之，因兩后都篤信佛教，松贊干布遂棄舊日本教，而皈依三寶。葛婉章小姐撰〈西藏金銅佛〉、〈尼泊爾金銅佛〉等文已指出，從松贊干布時代開始，西藏已開始建立寺廟，供奉造像。松贊干布和大唐的文成公主及尼泊爾的慈尊公主聯姻，兩位公主入藏的同時，都把佛像帶了去。其後由於朗達瑪王滅法，西藏本土的佛教、造像一度陷入停頓，幾至無匠可用。反之，尼泊爾等地，已經延續數百年未曾中斷的造像傳統，其金工技巧的精熟，實在是西藏所望塵莫及。十世紀末，隨著西藏佛教的中興，尼泊爾銅像再度輸入西藏。後世收藏十一、二世紀的西藏釋尊、度母及觀音，其實都是尼泊爾人的作品，或由尼泊爾輸入西藏，或在藏地的尼泊爾工匠所鑄造。尼泊爾造像，五官弧度含蓄秀氣，身體曲線柔和平滑，高度、姿態也較寫實，仍帶有笈多傳統的優雅氣質。

　　十三世紀是尼泊爾金工創作的巔峰時期，其鑄像造型，溫婉典雅，鑄工精巧，工藝華麗，裝飾細膩而富巧思。尼泊爾人不但在加德滿都臺地為西藏鑄像范金，更有不少尼泊爾人應聘赴藏，直接參與藏地寺廟繪鑄佛像，許多在藏地鑄作的佛像，其造像工匠是尼泊爾人。在達賴五世時，把西藏推向全面的政教合一，西藏佛教蓬勃發展，興寺活動極為頻繁，鑄像種類繁多，而同時期的印度及尼泊爾佛教早已沒落了。許多圖像既無早期輸入的同類鑄像可供模仿，也不可能再由佛教已經沒落的尼泊爾輸入，而西藏本土的金工在尼泊爾入藏藝匠的長期培植訓練之下，已有獨立作業的能力，西藏本土的特色逐漸鮮明的表現出來，甚至尼泊爾

的喇嘛造像，也受到西藏的影響⑳。

　　尼泊爾及西藏佛像多以紅銅鑄成，據清朝大學士軍機大臣阿桂奏稱，藏地不產銅，向來成造佛像，俱用尼泊爾巴勒布即紐瓦爾商人販來銅器銷爍鑄造，每觔價銀六錢，若有不敷，再赴裡塘西南二十日路雲南所屬的吉當地方收買熟銅，每觔值銀八錢，每年鑄佛收買吉當熟銅約四、五千觔，需銀三、四千兩㉑。

　　西藏與尼泊爾都崇奉佛教，相沿已久，駐藏辦事大臣巴忠具摺時指出廓爾喀風俗，尊崇紅教，從前有巴勒布的陽布、郭卡木、伊凌三處尊奉黃教㉒。留居西藏的巴勒布商人，多信奉黃教。清初以來，藏內喇嘛僧俗人等前往陽布等地朝山禮塔者絡繹不絕，例如乾隆四十八年（1783），有前輩班禪額爾德尼之弟二呼圖克圖前往陽布的地方朝塔，迄未返回藏內。紅帽喇嘛沙瑪爾巴與班禪額爾德尼是同父生的兄弟，乾隆四十九年（1784），班禪額爾德尼坐床時，達賴喇嘛、諾門罕都住後藏，沙瑪爾巴當面向達賴喇嘛告假，前往陽布去朝塔。達賴喇嘛亦每年遣人前往陽布刷塔一次，所謂刷塔，就是朝塔時抹拭白土的儀式。福康安具奏時亦稱，「布達拉差人赴陽布刷塔，係數百年相沿舊例。」㉓西藏僧俗人等固然常往尼泊爾朝塔、刷塔，尼泊爾、布魯克巴、哲孟雄、宗木等處入藏瞻禮者亦不乏其人，由此可知西藏與尼泊爾在宗教方面實有密切的關係。

　　除宗教信仰外，西藏與尼泊爾的商務關係，向來亦極密切。據廓爾喀大頭目噶登嘛撒海哈哩巴第哇等指出巴勒布人與唐古忒兩家本來即和好交通，在西藏傭工買賣的巴勒布人有千百人，在廓爾喀境內也有唐古忒人販運糧食、布疋㉔。咱瑪達阿爾曾薩野亦稱廓爾喀地方耕種米麥，各種豆子，春天收麥，秋天收稻㉕。加德滿都氣候適宜，物產豐富。駐藏辦事大臣巴忠具摺奏稱：

　　該處素無鹽茶，並無銀兩、馬匹，所產惟米、荳、牛、羊、
　　布帛、銅、鐵、珊瑚、瑪瑙、孔雀。其有象者即稱富戶，
　　然西藏素產鹽觔，及內地販運銀、茶，實爲科爾喀必需之
　　物，故向來藏屬夷民往來駝運，彼此通商，相安已久㉖。
因藏內物產稀少，一切日用所需，多仰賴廓爾喀，西藏所產食鹽
及運自內地的茶葉則由巴勒布人買回廓爾喀。廓爾喀貢使噶箕亦
稱，「廓爾喀本地並不產茶葉，每年所需茶葉，俱用的是藏內的。」
㉗除食鹽、茶葉外，如酥油等項，也是廓爾喀所不可缺少。福康
安具摺時亦稱：「西藏距內地甚遠，距外番較近，藏內出產本少，
一切日用所需，如布疋、米石、銅、鐵、紙張、藥材、海螺、果
品、蔗糖及藏番戴用之珊瑚、蜜蠟、珠子等物，皆係自陽布等處
販運而來，若一概禁貿易，實於藏番不便。」㉘
　　向來入藏貿易的外商，主要是巴勒布人及克什米爾人。在西
藏貿易的巴勒布商民，大多在藏內居住，祇差遣店夥往來營販貨
物，從廓爾喀運至藏內，自行販貨零賣，唐古忒人與巴勒布商民
交易，向無承攬開行之人，與內地行頭總收貨物代議價格者不同。
巴勒布商民賣貨所得銀錢，並不帶回廓爾喀，仍將所賣銀錢兌換
銀兩帶去。廓爾喀以藏地不能自行鑄造，而將廓爾喀新鑄錢在藏
地行用，加倍兌換金銀㉙。
　　濟嚨、聶拉木等邊境抽收稅課無多，向定則例，凡巴勒布商
民運米在邊界售賣者，每米一包，抽取一木碗，每年約收稅米一
百數十石，俱運交大昭，以備攢昭念經之用。唐古忒人在邊界零
售鹽觔，每包亦抽取一木碗，該管官又將所收鹽觔向巴勒布商人
易換製辦藏番的香料及紙張、果品等物，運交商上。
　　巴勒布商民販運入藏各物，除米石外，其餘物品，並不在邊
界納稅，祇由該管官記名包數稟知商上，貨物到藏，不論粗細，

每包祇納銀錢一圓，即使金花、緞疋、珊瑚、珠子、蜜噶、細軟物品，都是按包納稅，但紅花則不計包數，每克納銀一圓㉚。

　　廓爾喀地當印藏往來孔道，印度氣候炎熱，西藏唐古忒商人視爲畏途，廓爾喀人能適應高地嚴寒與印度酷暑的變化，所以印藏之間的貨物，多由廓爾喀人從中轉輸。廓爾喀商民既往來於藏印之間，以販運貨物，廓爾喀因此成爲藏印通商往來的橋樑。

四、西藏與廓爾喀的界務交涉

　　乾隆末年，廓爾喀兩次入侵後藏，第一次在乾隆五十三年（1788），第二次在乾隆五十六年（1791）。關於廓爾喀侵犯後藏的原因，諸書記載不同。魏源著《聖武記》一書稱：

> 初，後藏班禪喇嘛，以四十六年來朝，祝高宗七旬暇，中
> 外施舍，海溢山積。及班禪卒於京師，資送歸藏，其財皆
> 爲其兄仲巴呼圖克圖所有，既不布施各寺廟與唐古特之兵，
> 又擯其弟舍瑪爾巴爲紅教，不使分惠，於是舍瑪爾巴憤懟
> 廓爾喀，以後藏之封殖，仲巴之專汰，煽其入寇。五十五
> 年三月，廓爾喀藉商稅增額，食鹽糅土爲詞，興兵闖邊㉛。

乾隆四十五年（1780）七月二十一日，班禪額爾德尼抵達熱河行宮時，乾隆皇帝親自出迎，萬壽節日，班禪額爾德尼率領衆呼圖克圖等誦經祝釐。九月初二日進京，十月二十九日出痘，十一月初二日圓寂。乾隆四十六年（1781）二月十三日，百日誦經事畢，仲巴呼圖克圖護送班禪額爾德尼靈櫬回藏。《清史稿》有一段記載說：

> 初，第六輩班禪之歿，及京歸舍利於藏也，凡朝廷所賜賚，
> 在京各王公及内外各蒙邊地諸番所供養，無慮數十萬金，
> 而寶冠、瓔珞、念珠、鏤玉之鉢、鑲金之袈裟、珍慶，不

可勝計，其兄仲巴呼圖克圖悉踞爲己有，既不布施，各寺
番兵喇嘛等亦一無所與，其弟〔沙〕瑪爾巴垂涎不遂，憤
唆廓爾喀藉〔藉〕商稅增額，食鹽糅土爲詞，興兵擾邊㉜。

《清史稿》中「瑪爾巴」，當作「沙瑪爾巴」，又作「舍瑪爾巴」。
《清史稿》以仲巴呼圖克圖將班禪額爾德尼所得賞賜及遺產據爲
己有，沙瑪爾巴垂涎不遂，所以憤而唆使廓爾喀入寇後藏。福康
安入藏後具摺奏稱：

查上次廓爾喀滋事，全由沙瑪爾巴唆使，賊匪深知唐古忒
懦弱，明肆欺凌，稱兵犯界，而巴忠等所奏唐古忒多收稅
課，貿易私債不清，致啓釁端之處，竟係飾詞，不過欲歸
藏番，以便准其和息。臣等到藏後，隨時體察，實非因貿
易啓釁，亦無未清私債，賊酋屢次向臣福康安具稟，惟自
認聽信沙瑪爾巴唆使之罪，從未稟訴交易不公之事，今廓
爾喀懾伏天威，傾心向化，業已十分震懾，仰荷聖主好生
之德，准其投誠，今既查明起釁根由，不因貿易，若復絕
之太甚，轉恐無知外番，心懷疑懼㉝。

福康安認爲廓爾喀因聽信沙瑪爾巴唆使，所以滋擾後藏。乾隆皇
帝亦稱，「仲巴與沙瑪爾巴同爲前輩班禪弟兄，仲巴係札什倫布
商卓特巴，坐享豐富。沙瑪爾巴居住廓爾喀，未能分潤，唆使賊
人搶掠。」乾隆四十九年（1784），沙瑪爾巴藉朝塔爲名，前
往廓爾喀的經過，仲巴呼圖克圖叙述頗詳：

沙瑪爾巴與班禪額爾德尼他兩人是同父生的，我又是前父
生的，我們的規矩，同母生的就爲親弟兄。因沙瑪爾巴生
來即係紅帽呼圖克圖呼必勒罕，是以就爲紅帽喇嘛。因他
生性狡點，不服教訓，所以我們弟兄自幼俱與素不相睦的。
他向來就不與我們同住，總在達賴喇嘛所屬的羊八井地方

另有廟宇居住，平日亦無書信來往，惟四十九年班禪坐床
時，他到後藏道喜來過一次。那時達賴喇嘛、諾們罕都在
後藏，他當面向達賴喇嘛、諾們罕、阿旺楚勒提穆跟前告
假說要到廓爾喀去，彼處地方有塔一座，甚屬利益，要他
那裡朝塔去。達賴喇嘛就向說廓爾喀不是好地方，你要去
朝塔，可即速回來為是，不可在彼久住。我當下亦曾再三
攔阻過他，他總不肯聽我說話，隨即去了，總沒有回來。
他亦曾寫信來說因廓爾喀人留住，不叫他回來。及至上年
廓爾喀到後藏滋擾之後，九月內在營官寨地方有噶廈卓尼
爾拏獲小娃子名叫巴噪，訊問係沙瑪爾巴的跟役，據巴噪
供出沙瑪爾巴意欲叫人活拏我去，就不能活拏，要將我的
首級或手足割去之語，卓尼爾曾將此語告訴我過㉞。

在引文內已指出沙瑪爾巴生來就是紅帽呼圖克圖呼畢勒罕，所以
就成為紅帽喇嘛，《聖武記》所謂「擯其弟舍瑪爾巴為紅教」的
說法，是有待商榷的。但仲巴呼圖克圖與沙瑪爾巴弟兄不和，唆
使廓爾喀搶掠後藏，僅為一種導火線，並非真正的原因，將廓爾
喀入侵後藏歸咎於沙瑪爾巴的唆使，是不客觀的。

　　廓爾喀與後藏毗連，聶拉木、濟嚨等處距加德滿都甚近，是
通商要口，絨轄、定結、薩喀等處，亦與廓爾喀相通，雙方貿易
往來，易啓爭端。廓爾喀與後藏的糾紛，主要為界務與商務。乾
隆皇帝在〈寄信上諭〉中曾指出，「此次科爾喀滋事緣由，一因
唐古忒欠伊地租不清，一因西藏向俱行使科爾喀錢文，從前每銀
一兩，易錢九個，後科爾喀新鑄錢文，欲將舊錢停止不用，令唐
古忒行使新錢，噶布倫等未經妥為辦理，經鄂輝等飭交噶布倫定
議將新舊兼用，每銀一兩，易舊錢十二個，易新錢六個，達賴喇
嘛曾遣人到彼取具甘結，後來該處行使錢文，仍不按照議定數目

易換，致起釁端。」㉟所謂「地租不清」云云，是起因於界務的
糾紛。慶林在駐藏大臣任內，曾向公班第達詢問，據稱：

> 巴勒布地方，原分三部，周圍有二十餘小部落，現在科爾
> 喀並非巴勒布人，乃另一部落。自其祖父皆好兵戈，漸次
> 將巴勒布三部侵奪，周圍二十餘處部落，全行占據，即爲
> 巴勒布王。今嗣王雖幼，屬下頭目蘇爾巴爾達布，狡詐好
> 事。昨五月內據科爾喀寄與我噶布倫書，內稱藏內所用錢
> 文，皆我巴勒布鎔鑄，此後但用新鑄錢文，舊錢不可使用。
> 再我境接壞之矗拉木、濟嚨二處，原係我巴勒布地方，仍
> 應給還，倘有理論，可遣人來講約㊱。

廓爾喀恃強掠奪，以矗拉木、濟嚨二處爲其屬地，欲索還管理。
後來慶林等人又將廓爾喀起釁緣由向公班第達等詢問，據公班第
達等覆稱：

> 從前五輩達賴喇嘛時，巴勒布人等，曾搶奪濟嚨一次，我
> 等帶兵奪回，彼此講和，後於乾隆四十年間，第穆呼圖克
> 圖辦事時，巴勒布又來侵界。第穆呼圖克圖寄札於彼，善
> 爲開導，因仍遵原議和好，並經議定界址，立有文約㊲。

矗拉木、濟嚨二處雖然是屬於達賴喇嘛管轄的地方，但廓爾喀仍
多次搶奪。其後雙方雖經議定界址，立有文約，然而廓爾喀仍恃
強入侵藏界。乾隆五十三年（1788）六月，廓爾喀將領素喇巴
爾達布率兵三千名，搶佔矗拉木及濟嚨等處㊳。理藩院侍郎巴忠
熟悉藏情，通曉藏語，以御前侍衛欽差大臣名義，赴藏會辦藏務。
但在巴忠抵藏以前，藏內已先與廓爾喀私下進行和議，西藏薩迦
呼圖克圖及仲巴呼圖克圖差人與廓爾喀頭目說和，巴忠入藏後，
爲求速行完結，遂遷就和局。軍機大臣詢問丹津班珠爾議和經過
的供詞，詳載於《廓爾喀檔》，其供詞內容如下：

我年三十二歲，充當噶布倫九年了，隨父親班第達住在前
藏。向來藏裡與廓爾喀相好，交通貿易，一切買賣，俱用
廓爾喀銀錢。後來廓爾喀因新鑄銀錢比舊錢成色較好，要
把新錢一個當兩個使用，藏內人不肯依他，又因藏內向來
將食鹽易換廓爾喀粳米，廓爾喀人以藏內的鹽有攙雜土的，
說藏內買賣不公道，所以兩下不和的。五十三年，廓爾喀
王子寄信來，與噶布倫講論銀錢的事，另有稟帖與駐藏慶
大人、雅大人，那時兩位大人因不認得廓爾喀的字，就沒
有給他回字。我們寫了回信說銀錢的事，若一個當兩個使
用，我們太喫虧，不能依允的。六月間，廓爾喀就來搶佔
轟拉木、濟嚨、絨轄、宗喀等處地方。十月內，成提督帶
兵到脅噶爾，派我到定日地方堵禦防守，住了兩個月後，
因那裡雪大封山，諒廓爾喀不能前來，我就回明成大人，
以兵丁在脅噶爾防守，需用糧草等項，難以轉運，成大人
就叫我仍回到脅噶爾辦理。那時巴大人到藏，沙瑪爾巴帶
信與藏內噶布倫們說，廓爾喀王子聽見大人們帶領多兵到
來，情願與我們說和。噶布倫們就回了巴大人，請示作何
辦理？巴大人就兩次寄信與我，叫我快快將此事完結。我
於次年二月內就到宗喀住了些天，聽見沙瑪爾巴有到濟嚨
的信，那時班禪額爾德尼的父親巴勒丹敦珠布因藏內打發
他先到邊界講論，我於四月內也就前往濟嚨，住在邦杏地
方，同巴勒丹敦珠布見了沙瑪爾巴。他說如今要廓爾喀退
還地方，每年須給廓爾喀一千個元寶。我想唐古忒兵丁懦
怯，恐不能與他打仗，若要每年給一千個元寶，藏內又斷
給不起，當下沒有依他。隔了幾天，沙瑪爾巴又打發卓尼
爾並他親信的跟役格哩來說，你們若不肯給一千個元寶，

廓爾喀的人本來就要把你們拏到陽布去見王子，現在沙瑪爾巴已寫字與王子說情，看來此事每年總要給他七、八百個元寶不能少的。我當時也沒有依允，後來沙瑪爾巴再三說合，達賴喇嘛叔叔阿古拉前曾寄信叫我酌量辦理。我因廓爾喀不肯退還地方，唐古忒人又怯懦，巴大人在脅噶爾又連次寫信催我完結，我與巴勒丹敦珠布商量，想要速完此事，就講定了三百個元寶，沙瑪爾巴就寫了合同，用了圖書。合同上說的每年永遠給付，也是沙瑪巴作主寫的。我因每年要給三百元寶，力量實在不能，所以當下又替沙瑪爾巴商量。他說你如今只管應許，我另寫一張小合同，你只要再將三百個元寶分作三年交清了，我替你向廓爾喀王子說情，以後可以不必給付，我一時糊塗就應許的。那時慶大人、雅大人都已革職，我就一面稟知達賴喇嘛，一面就向穆大人、張大人稟過。兩位大人們說，你們與廓爾喀照舊相好，這合同上的事，你們怎麼講，我們也不能管了。我因沒有帶得銀子，若到藏內去取，又路遠趕不上，當下就向扎什倫布在宗喀做買賣的人湊了三百個元寶給付完事㊴。

廓爾喀疆土褊狹，戶口慕繁，十八世紀以來，廓爾喀勢力既盛，於是積極向外發展，而唐古忒人久不習兵，畏葸怯懦，當廓爾喀勢力受阻於錫金及英人後，遂轉而向西藏發展。西方史家柏爾（Charles Bell）曾云：「蓋國小民衆，繁殖甚速，幾與全藏人口相埒，其疆域既小，而人口反與相埒，自不得不發憤以冒險圖存。國內之民難於自給，亦必別覓出口，以便懋遷有無，西藏為其最好之出口。」㊵由此可知廓爾喀入寇後藏，不過為其「征服政策的運用與擴大」㊶，亦即廓爾喀「領土擴張主義者的天性」㊷。

巴忠入藏前，藏內呼圖克圖、噶布倫等主張和議，主要原因就是由於唐古忒兵丁怯懦成性，缺乏抵抗能力，內地距後藏窵遠，鞭長莫及，因此，廓爾喀兵遂得如入無人之境，先後搶佔聶拉木等處。

　　廓爾喀兵佔領聶拉木等地後，藏內公班第達之子噶布倫丹津班珠爾、班禪額爾德尼之父巴勒丹敦珠布、玉陀噶布倫札什敦珠布、濟仲喇嘛羅布藏卓尼爾、喇嘛敦珠布彭楚克、薩迦廟歲琫喇嘛索諾伊錫等人前往說和，尚未向巴忠等人預行稟明，而私與廓爾喀頭人商議許銀贖地，紅帽喇嘛沙瑪爾巴是廓爾喀方面的議和主要代表，代寫合同，雙方定議之人一一列名鈐用圖記，內開每年許給元寶三百個，合銀一萬五千兩，按年付給，倘有反悔，神佛必降咎災。丹津班珠爾等以年年給與元寶三百個，無力償付，復向沙瑪爾巴講論，沙瑪爾巴另寫合同一紙，自乾隆五十四年（1789）為始，給付三年後再行商議。丹津班珠爾即向札什倫布、薩迦呼圖克圖廟內及後藏貿易舖戶湊借元寶三百個如數交清。據仲巴呼圖克圖供稱：

> 上次廓爾喀搶奪轟拉木、濟嚨、宗喀以後，係達賴喇嘛噶廈處起意向彼說和，也與大人們說過，俱說是說和的好，又遣穆克登阿、張芝元先往邊界去講的。廓爾喀就每年要三百個元寶，方肯退地。丹津班珠爾等起初原因藏內無此多銀，不肯應允，後來班禪之父巴喇丹敦珠卜及薩甲卓尼爾他們出來說和，我也差了阿克巴卓尼爾一同去的，止圖一時了事，就許給他每年三百個元寶，回了大人們一同立給合同圖記，這是我知道的。阿克巴卓爾回來告訴我說，他雖然同去，這件事還有班禪的印字，並班禪之父及薩甲卓爾尼，並大人們一同辦的，其主意是眾人商量的⑬。

引文中已指出許銀贖地的主張是「眾人商量」的結果。據噶勒桑丹津供稱：

> 上次廓爾喀搶奪轟拉木、濟嚨、宗喀以後，係達賴喇嘛噶
> 廈處起意向彼説和，也與大人們説過。隨遣丹津班珠爾、
> 玉托噶布倫等前往邊界講論，廓爾喀定要每年給三百個元
> 寶，方肯退地，丹津班珠爾就寫信告知大人們。那時大人
> 們吩咐説，你們若願打仗，即便出兵，若要講和，亦須速
> 速完事，銀子是你們藏裡的，你們許銀與否，我都不管，
> 丹津班珠爾便照數許給他元寶，寫立合同一張，給與廓爾
> 喀，他們也寫了合同一張，交與商上，他們又與丹津班珠
> 爾寫立小合同一張，交在丹津班珠爾處，其合同上寫的話，
> 與大合同上相仿㊹。

由此可知丹津班珠爾、仲巴呼圖克圖、噶勒桑丹津所述供詞，彼
此是相符的。巴忠以欽差大臣名義赴藏查辦，為求從速完局，將
就了事，擅自允許西藏與廓爾喀私下解決紛爭，許銀贖地，置喪
失主權於不顧，而以廓爾喀向清廷上表朝貢為交換條件，此舉與
國史上的「歲幣」實無兩樣，巴忠辦理不善，實不能辭其咎，惟
起意議和者，並非巴忠一人。

　　因藏內未能如期付清元寶數目，終於又導致更大的紛爭。乾
隆五十五年（1790）秋間，廓爾喀差人至藏索取銀兩，因阿旺
簇爾提穆奉旨入藏辦事，不允續付，達賴喇嘛因而翻悔，並欲撤
回合同，永斷葛藤。據堪布卓尼爾供稱：

> 藏內人等希圖完事，定議許元寶三百個。五十四年所給銀
> 兩，不知細數，聞得尚未交清。五十五年秋間，廓爾喀差
> 兩個頭目前來，即係五十四年進京納貢之巴拉叭都爾喀哇
> 斯、哈哩薩野二人。伊等以查看銀錢為名，來到前藏，其

實索取未清銀兩，住至十一月尚未付清。聞得阿旺簇爾提
穆奉旨來藏辦事，即言此事不成體制，未清銀兩毋庸找給
⑮。

乾隆五十五年（1790）冬，達賴喇嘛打發卓尼爾敦珠布等前往
廓爾喀，說明不能再給銀兩，並要求撤回合同，廓爾喀不允。達
賴喇嘛又打發仔琫第卜、吉彌敦第帶了一百五十個元寶再去廓爾
喀。仔琫第卜等恐給了元寶仍舊不允撤回合同，而將元寶留在聶
拉木，欲俟說定撤回合同後，再行交給。廓爾喀以仔琫第卜職分
低微，指名由丹津班珠爾等至邊界講論。乾隆五十六年（1791），
達賴喇嘛差遣丹津班珠爾同扎什敦珠布等人攜帶一百五十個元寶
到聶拉木，連聶拉木留下的一百五十個元寶，湊足三百個，付給
廓爾喀，撤回合同，不意甫至聶拉木，丹津班珠爾等人即被廓爾
喀裹去。據噶勒桑丹津供稱：

> 仔琫第卜先帶了元寶一百五十個前往邊界，我隨與小噶布
> 倫丹津班珠爾、玉托噶布倫扎什敦珠卜、戴琫江羅解、第
> 巴博爾東、醫生擦隴帶了元寶二百個一同起身，還約會了
> 扎什倫布喇嘛第巴扎結巴、卓尼爾色爾圭巴二名，第巴湯
> 瑪一名，薩甲喇嘛策楞轍穆丕勒一名，各帶跟役，均於六
> 月初五日到了聶拉木，在那裡住了二十多天，並沒有見廓
> 爾喀的人來，亦無信息，因將元寶一百七十個寄存在脅噶
> 爾廟宇內，祇帶元寶一百八十個隨身，至六月二十八日，
> 我們接著沙瑪爾巴的信字，說他在錯克沙木地方，叫我們
> 去說話。我就帶了博爾東起身到了那裡見沙瑪爾巴，他向
> 我說你來了要把這些銀兩的事講明白了纔好。我說這件事
> 要回去與噶布倫們商量的。那一日晚間，我就回來，走到
> 半路上，忽有二十多個人趕來把我擎住去見瑪木薩野。見

了他也並沒說甚麼話，就把我關在房子裡，住了好幾天，
又將我搬在札木地方去，忽看見丹津班珠爾、扎什敦珠卜、
江羅解、博爾東、擦嚨、第巴扎結巴、卓尼爾色爾圭巴、
湯瑪、策楞轍穆丕勒並教習兵丁王剛、馮大成，一共十一
個人，連各家的小孩子都被廓爾喀的人拏住了。據小噶布
倫告訴，三十日這一天，廓爾喀的人說我們帶的人在山放
哨，又拆他們的橋索。其實我們並無此事，不由分說，就
同我們打仗，大家傷了些人，我們兵少都被他們拏住，隨
帶的元寶一百八十個也被他們搶去了㊻。

廓爾喀因西藏爽約，未能如期付給足數元寶，達賴喇嘛事後翻悔，
亟欲撤回合同，終因索欠不遂，而二次入藏搶掠。聶拉木、濟嚨
等處，原為藏中舊屬，因鄰近加德滿都，西藏與廓爾喀雙方又未
設立鄂博，並無明確界址，廓爾喀遂恃強搶佔。《廓爾喀檔》抄
錄軍機大臣奏稿，其中有一段記載說：「西藏邊界如濟嚨、聶拉
木、絨轄等處，向無界址，各該處均與廓爾喀道路相通。」㊼因
無界址，界務糾紛，遂層見疊出。

五、西藏與廓爾喀的商務糾紛

廓爾喀興起後，十分重視商業利益，積極發展對西藏的通商
貿易。廓爾喀與唐古態互相貿易，彼此牟利，易啓爭端。據西藏
札蒼喇嘛羅卜藏策登等指出廓爾喀侵擾後藏的主要原因是由於「
藏地自行鑄錢，不用廓爾喀錢文，並索諾木旺扎勒有加添稅銀等
事，是以來搶劫聶拉木、宗喀等處。」㊽西藏唐古忒習慣行使銀
錢，不用銅錢，其主要原因實由於藏地素不產銅，山上又缺乏林
木，即使偶有些微柴枝，卻因炭質脆薄，不能燒煉生銅，因此，
不易設爐鼓鑄銅錢。內地銅錢，祇行至打箭爐而止，自打箭爐直

至拉里，全係使用碎銀⑭。

　　藏中唐古忒人與廓爾喀人通商貿易，向來亦不用銅錢，皆鑄大小銀錢以便市鬻。所謂銀錢，就是以銀攙雜銅鉛的貨幣。在廓爾喀崛起以前，藏中所用銀錢，原係巴勒布人所鑄，其銀錢多攙雜銅觔。據廓爾喀人納朗密瑪供稱：「廓爾喀鑄造銀錢，向係令巴勒布商人自藏帶回元寶，攙雜銅錢鑄錢，復將所鑄之錢來藏易換銀兩，往來換兌，從中巧取重利。」⑮巴勒布舊鑄銀錢，每圓重一錢五分，九個銀錢共重一兩三錢五分，始換得銀一兩，成色過於低潮。後因廓爾喀新鑄銀錢改用純銀鑄造，其成色較巴勒布舊鑄銀錢爲高，故將一圓抵舊錢兩圓行用。乾隆五十三年（1788）初，廓爾喀國王曾寄信西藏噶布倫等講論兌換銀錢升值問題，欲專用新錢，而將所有舊錢全行停用。但西藏噶布倫等以一個當做兩個使用，吃虧太大，而堅持不允，廓爾喀遂藉詞尋釁。

　　藏內商上向不鑄錢，多賴廓爾喀運米易換，因成色較高，抬價居奇，藏人不用，致有爭執。廓爾喀日用食鹽，除加德滿都以南買食甲噶爾外，多資藏地，以米易鹽。商民心存牟利，彼此圖佔便宜，廓爾喀人藉稱鹽雜，藏內唐古忒人則指稱米貴，常啓爭端。丹津班珠爾在供詞中已指出藏內向來將食鹽易換廓爾喀粳米，廓爾喀人則以藏內食鹽攙土，指摘藏內買賣不公道，所以兩下不和。西藏濟嚨人倫柱，在後藏邊境充當烏拉，據倫柱稱，廓爾喀興兵犯藏的原因，「聞係前藏人不用巴勒布新錢，又因彼地乏鹽，常有人來藏買食，被藏民將不堪之鹽售給，故此不和興兵。」⑯所謂「不堪之鹽」，即指攙和砂土的食鹽。西藏札野元登卡擦噶地方出產鹽觔，其鹽是從山谷砂土之中刨出，隨從挖得背負行銷，本不潔淨，更有攙和砂土朦混者⑰，以致彼此不和。據廓爾喀大頭目噶登嘛撒海等稱：

　　　我巴勒布之人遠在邊外，與唐古忒本是和好，常來西藏營
　　　生，彼此交易。近因西藏的人將我們不照先年鄰封看待，
　　　凡販來貨物，任意加收稅項，並以食鹽內攪和砂土與我巴
　　　勒布地方百姓多有不便。他們噶廈之人又嫌我們銀錢低潮，
　　　駁回不用。我們管事頭人屢次與西藏寄信講理，他們都不
　　　以為事，我巴勒布邊野無知，故此侵犯藏地㊻。

藏內將廓爾喀販來貨物，任意加收稅額，因而引起廓爾喀的不滿。
軍機大臣提訊札蒼喇嘛羅卜藏策登等四名，俱供廓爾喀滋擾後藏，
「係因藏地自行鑄錢，不用廓爾喀錢文，並索諾木旺扎勒有加添
稅銀等事，是以來搶劫聶拉木、宗喀等處，此次實為從前許銀退
地，又不按限給他們銀兩，藉此來起釁的。」藏內加添稅銀，引
起廓爾喀的不滿。欽差大臣巴忠亦奏稱：

　　　查出巴勒布因噶布倫索諾木旺札勒，平日苦累商人，聶拉
　　　木地方第巴桑噶，私行加稅，鹽內攪土，又不用彼處錢文，
　　　心懷嫌怨，及五十二年向慶林等告稱納表進貢，而索諾木
　　　旺札勒恐其抗告伊等，遂捏稱表內言不遜，慶林被其欺瞞，
　　　未經具奏，巴勒布無處申訴，致有侵擾邊界一事㊼。

藏內苦累商人，私行加稅，遂啟爭端。鄂輝等在〈酌籌善後事宜〉
一摺亦稱：

　　　聶拉木、濟嚨、絨峽三處，均與巴勒布連界，為往來貿易
　　　衝衢，其抽稅之事，非獨藏地為然，即藏民營販至彼，亦
　　　皆按貨抽收。現在巴勒布來藏買賣匠工人等，亦有該處頭
　　　人在藏收取稅銀。邇來販運日多，巴勒布馱載貨物來藏貿
　　　易者，第巴等收稅竟加至十分之一，易致爭執㊽。

藏內第巴多索稅銀，致起釁端。銀錢升值，食鹽攪土，多索稅銀，
就是商務糾紛的主要問題，益以界務糾紛，許銀贖地，不能按限

付清，終於導致廓爾喀的二次入寇後藏。乾隆五十六年（1791）
八月初二日，廓爾喀分路進犯藏界，一路由濟嚨進口，圍攻宗喀；
一路由烏嚨地方前進，滋擾定結。廓爾喀滋擾藏界，固然是由於
巴忠等辦理不善所致，但清朝駐藏大臣等認爲主要是因紅帽喇嘛
沙瑪爾巴從中唆使挑撥而入藏搶掠。八月十六日，因廓爾喀兵已
逼近春隊地方，相距札什倫布祇有四日路程，於是將班禪額爾德
尼由羊八井即陽八井一路移送前藏。仲巴呼圖克圖在札什倫布廟
內留守，但廟內衆喇嘛於八月十八日一聞廓爾喀兵將到之信，即
連夜逃散。八月二十日，濟仲喇嘛羅卜藏丹巴等在吉祥天母前占
卜，寫作「打仗好」，「不打仗好」兩條，將糌粑和爲丸，放入
磁碗求卜，結果占得「不打仗好」龍丹一丸，以致衆心惑亂，紛
紛離去。是日，廓爾喀兵由聶拉木、薩迦溝一帶進逼札什倫布。
八月二十一日，廓爾喀兵輕易攻佔札什倫布，將札什倫布廟內供
奉器具及鑲嵌物件搶掠一空。

六、清廷與廓爾喀關係的調整

　　乾隆皇帝認爲廓爾喀人若因貿易細故，或在邊界滋擾，不侵
略中國領土，則清廷尚無意興問罪，不值大辦，惟當廓爾喀大隊
兵丁侵佔後藏札什倫布肆行搶掠時，不僅侵犯宗教聖地，而且更
威脅到中國領土主權的完整。乾隆五十六年（1791）十月，乾
隆皇帝頒諭云：

> 此事初起之時，朕並非必欲大辦。如賊匪祇因索欠啓釁，
> 搶掠聶拉木等處邊境，尚可爲之剖斷曲直，責令清還欠項。
> 朕之初意，原不欲勞師遠涉，今賊匪肆行侵擾，竟敢搶佔
> 扎什倫布，是其罪惡貫盈，不得不聲罪致討，大示創懲，
> 非彼乞哀可完之事。若因賊匪已遁，遽思就事完結，使賊

> 匪無所畏懼，將來大兵撤歸，賊匪復來滋擾，又將作何辦
> 理，豈有堂堂天朝轉爲徼外番賊牽制之理，此事勢在必辦，
> 竟無二義⑯。

乾隆皇帝爲求一勞永逸，永杜邊釁，遂決心對廓爾喀大張撻伐。
大學士福康安等奉命統領滿洲勁旅，長驅深入，收復後藏失地，
進逼加德滿都，廓爾喀王子喇特納巴都爾乞降納款，恪修職貢，
廓爾喀正式成爲中國的一個屬邦。

當福康安等入藏後，即查抄沙瑪爾巴在陽八井廟內存貯的什
物，《上諭檔》內詳載解京物件清單，包括：大小黃教、紅教佛
像六百六十四軸及依什甲木參名下十五軸；緞鑲佛像一軸；黃教、
紅教經七百五十三卷及依什甲木參名下二十五卷；佛牙二個；噶
布拉二十個；噶布拉手珠二掛；噶布拉鼓七面；野獸角五件；獸
腦一個，小珍珠二顆（重四分）；藥珠二串；珊瑚大小枝塊顆粒
（共重一百零六兩八錢）；碎小油松石（共重一百二十兩零一錢
二分）；大小塊蜜蠟（共重五十六兩五錢）；藍田玉圭二小件，
又圈一件，又杯一件；五佛冠二頂上嵌小金佛、小珊瑚珠；龍泉
窯碗一個；碎珠珊瑚蜜蠟纓絡一串（重十七兩）。沙瑪爾巴在廓
爾喀所保存的珍寶，其數量更可觀，廓爾喀奉命繳出，其解京物
件包括：玉鈴杵一分；碧玉如意一柄；玉三足爐一件；玉夔龍洗
一件；青玉洗一件（缺壞）；白玉瓶一件（有蓋缺一耳）；玉壺
一件（無蓋）；玉四足方爐一件（缺二足）；鑲玉如意一柄；滇
玉鼻煙壺一個；琺瑯金瓶一對（鑲嵌不全，脫去獸面一個，耳環
兩個）；點翠金合六件（鑲嵌全行脫落）；鏨金龍鳳圓合一件（
鑲小珍珠一顆）；金鑼四十個（每個重五兩共重二百兩）；金錢
五個；鑲松石金佛頂一個（週圍珠網全）；米珠帽一頂（鑲松石
珠子脫落不全）；珠披肩一件（珠子脫落不全）；喇嘛帽一頂（

紅寶石帽頂一個，珠子十一顆，鑲嵌不全）；鍍金銀小如意一柄
（鑲嵌不全）；鍍金鈴杵一分；鍍金銀漱盂一件；鍍金銀把鍾一
件；鍍金銀壺一件；鍍金碗托一件；珊瑚枝一件，又一塊；鑲松
石珊瑚耳墜一個；小珊瑚珠一顆；桃核念珠一串（小珊瑚間珠六
個）；藍玻璃瓶一個；紅玻璃瓶一個；綠玻璃瓶一個；白玻璃大
小盤四個；黃玻璃碗兩個；白玻璃小把盃一個；藍玻璃香爐一個；
三稜玻璃一塊；鑲嵌金星玻璃匣一個；畫玻璃掛屏一件；大小玻
璃掛屏兩件（邊框脫落）；顯微鏡一個；噶布拉念珠一串；噶布
拉五塊；犀角兩個；大小海螺六個；螺鈿盤子一個（損缺）；小
千里鏡一個，龜殼一個；鳥鎗兩桿；小手鎗四桿；銅砲一個；大
小銅佛五十二尊；擦擦佛九尊；噶布拉佛一尊；畫佛像二十四軸；
廓爾喀銅錢三千四百圓。由前面開列兩項清單，可知沙瑪爾巴所
藏什物，不僅名目繁多，而且數量龐大。當喇特納巴都爾乞降時，
福康安提出多項議和條件，其中一條要求廓爾喀須將搶去札什倫
布各種物件全行交還。廓爾喀呈繳札什倫布什物內，其奉旨解京
物件包括：金四足圓爐一個（鑲嵌脫落）；金三足鼎一個（無蓋
鑲嵌脫落）；金四足方鼎一個（鑲嵌脫落）；金茶壺一件；金盒
二個（鑲嵌不全）；金盤一個；塹花金爐一個；大小金架几二件；
金碗蓋碗托二件（鑲嵌脫落）；金碗托一個；金海燈一個；金纍
絲茶盤一個（鑲嵌不全）；金纍絲如意一柄（鑲嵌不全）；小金
如意二柄（鑲嵌不全）；金片子一塊（重二十三兩）；金納木結
貢布一件（鑲嵌不全）；小金圈三個（上有珠子一顆）；金喇嘛
帽頂一個（鑲嵌脫落）；金記念二十顆（上有小金圈二個）；玉
如意一柄；玉噶布拉鼓一個（鑲嵌不全，大珊瑚一個）；噶布拉
鼓一個（珠子五串，共十八顆，大珊瑚一個）；玉把碗一個；碎
玉石一塊；珠子二串（計三百二十三顆）；米珠九串（計六百六

十顆）；碎珠一包（重五兩八錢）；碎珠一包（重十八兩）；大
小珊瑚（共五千六百五十顆，外有珠子三十一顆）；小珊瑚一串
（三百零七顆，內米珠七十九顆）；碎珊瑚枝十三件；珊瑚簪一
枝；碎珊瑚一包（重四兩二錢）；倭緞鑲珠五佛冠一頂（脫落米
珠三顆）；倭緞鑲金五佛冠一頂（鑲嵌脫落）；鑲嵌蚌殼五佛冠
一頂（上有珠九十五顆，珊瑚五顆）；大小松石十塊；鑲嵌大小
松石十八塊；珊瑚松石米珠吊掛五件（重二十二兩）；珊瑚米珠
繡帶一條；鍍金鑲玉片鞍板一副（脫落鑲玉一塊）⑰。查抄沙瑪
爾巴什物及廓爾喀呈繳札什倫布掠奪物件奉旨解京後，有的入了
京師清宮，有的存貯於避暑山莊，豐富了清朝文物的收藏。沙瑪
爾巴已經病死燒化，廓爾喀遵照福康安檄諭，送出沙瑪爾巴骨殖，
呈繳大小合同共二份，聲明聶拉木邊外扎木地方，雖係巴勒布之
地，五輩達賴喇嘛時曾劃歸藏內管轄，從前私立合同內所寫札木
歸廓爾喀之語，實屬「不知分量」，「情願仍屬西藏」，不復提
及。濟嚨地方向來須供應廓爾喀鷹馬，廓爾喀表示嗣後永遠不敢
索取，不敢妄生釁端。

　　福康安與軍機大臣阿桂等遵旨妥籌西藏問題善後章程，自乾
隆五十七年（1792）七月起先後議定一百餘款，包括政治、軍
事、財政、外交、司法及宗教等方面，其中涉及對廓爾喀關係的
改善，頗值得重視。可將其中重要款項列舉於下：

　　㈠西藏地方與廓爾喀、布魯克巴、哲孟雄、宗木等處壤土相
　　　接，向來外人來藏布施，講論事務，喇嘛發給書信，原無
　　　禁例，惟立言不能得體，故遇外國稟請事件，均應由駐藏
　　　辦事大臣主持，與達賴喇嘛商同妥辦，其餘關於通問布施
　　　書信，亦應報明駐藏辦事大臣查驗。

　　㈡西藏喇嘛赴各外番朝山禮塔領票之處及唐古忒人前往加德

滿都朝塔抹拭白土一節，概不准所請。

㈢西藏與廓爾喀道路相通，惟兩國邊界，向無界址，易啓爭
端，福康安等遵旨奏定於濟嚨外熱索橋，聶拉木外扎木地
方鐵索橋、絨轄等處設立鄂博，釐定疆域，廓爾喀商人及
藏民零星負販不許私相往來，所立鄂博，隨時派人堆砌石
塊。

㈣藏內商上鑄造銀錢，純用紋銀，每圓重一錢五分，另鑄重
一錢之銀錢一種，正面用漢字，背面用唐古忒字，鑄「乾
隆寶藏」四字。商上所鑄之錢，與廓爾喀之錢，同係紋銀，
商上銀錢出入，應照新定數目畫一收放，每紋銀一兩，易
換新鑄銀錢六圓，易換商上舊鑄錢文及巴勒布舊錢八圓，
公平收放，不得稍有浮多。

㈤廓爾喀五年一貢，每遇貢期，其國王將貢使跟役數及行經
路線，預行稟報駐藏辦事大臣後，即委糧員一名，會同定
日守備，親赴邊界，查明人數，預備烏拉，送至前藏，由
駐藏辦事大臣酌派文武官員護送入京。

㈥廓爾喀定期入貢，每遇貢朝，除呈進表文外，尚有遞呈駐
藏辦事大臣稟帖等文件，駐藏辦事大臣衙門應添設認識廓
爾喀文字人役一名，通曉廓爾喀語言通事一名，另派唐古
忒藏民三、四名，令其學習廓爾喀語文，以備將來充補應
役。

善後章程不僅鞏固清廷在西藏的統治權，擴大駐藏大臣的職掌，
同時對廓爾喀的關係，也進行了調整，建立了永恒的友誼關係。
乾隆五十七年（1792）八月初八日，廓爾喀國王喇特納巴都爾
差遣辦事大頭目噶箕第烏達特塔巴等四名齎表進京，並備樂工、
馴象、番馬、孔雀、甲噶爾番轎、珠佩珊瑚串、金、銀、絲緞、

金花緞、氈、呢、象牙、犀角、孔雀尾、鎗刀、藥材等二十九種
貢品，隨表進呈。十二月二十三日，廓爾喀貢使團抵京，除貢使
四名外，還包括隨員三十名，樂工十三名。次日，在西苑門外朝
覲乾隆皇帝，賞賜頂帶衣物。三日後，重華宮朝覲時，乾隆皇帝
賞給喇特納巴都爾王爵，賞給巴都爾薩野公爵銜，並賜錶二個、
念珠、瓷器、玻璃、東西等物。

七、結　論

　　尼泊爾與後藏壤地相接，在廓爾喀興起以前，巴勒布與西藏
的關係，已極密切，在宗教信仰及佛像鑄造方面，互有影響，藏
內喇嘛僧俗人衆固然常往加德滿都朝塔或刷塔，巴勒布人入藏瞻
禮者，亦絡繹不絕。巴勒布人不但在加德滿都爲西藏鑄像范金，
更有不少巴勒布人應聘入藏，直接參與藏內寺廟繪鑄佛像，許多
在藏內鑄造的佛像，其造像工匠就是巴勒布人。西藏本土的金工
在巴勒布工匠的長期培訓下，已有獨立鑄像的能力，西藏本土的
特色逐漸鮮明的表現出來，加德滿都等地的喇嘛造像，也受到西
藏造像藝術的影響。

　　除佛教信仰及造像藝術外，西藏與尼泊爾的商務關係，更是
息息相關。尼泊爾氣候適宜農作物的種植，春天收麥，秋天收稻，
藏內民食，多仰尼泊爾，其餘日用所需如布疋、銅鐵、紙張、藥
材、海螺、果品、珊瑚、蜜蠟等物，多從加德滿都販運入藏。尼
泊爾不產茶葉、食鹽，每年所需鹽、茶，都由巴勒布人販運返回
尼泊爾，在藏內傭工貿易的巴勒布人就千百之衆，在尼泊爾境內
也有唐古忒人販運糧食布疋，互通有無，向來相安無事。

　　十八世紀以來，由於廓爾喀的崛起，恃強侵略，蠶食鄰封，
覬覦藏邊，以聶拉木外扎木等地爲尼泊爾所屬，肆強掠奪，於是

界務糾紛，爭執不休，後藏許銀贖地，更遺後患。廓爾喀遂藉口
藏內不用其銀錢，食鹽攙土，地租不清，在紅帽喇嘛沙瑪爾巴的
唆使下兩次入寇後藏，佔領聶拉木、濟嚨等，搶掠札什倫布。乾
隆皇帝為護衛黃教，永綏邊境，於是命福康安等統率勁旅，大張
撻伐。廓爾喀悔罪投誠，進表納貢，確立邊界，扎木歸還衛藏管
理，明定五年一貢。福康安知進知退，允降班師，無意勦滅廓爾
喀，此即清軍自衛的行動。清廷乘戰勝之餘威，在大軍尚未全部
撤出西藏之時，即澈底改革藏政，一方面提高了駐藏辦事大臣的
地位及權力，確立清廷在西藏的完整主權，一方面對廓爾喀的關
係，重新調整，解決邊務及商務紛爭，建立永恒的友誼關係，清
廷處理西藏與廓爾喀問題的成功，是可以肯定的。

【註　釋】

① 周祥光著《印度通史》（九龍，自由出版社，民國五十二年二月），
頁108。

② 葛婉章撰〈尼泊爾金銅佛〉，（上），《故宮文物月刊》，第六卷，
第十期（臺北，國立故宮博物院，民國七十八年一月），頁33。

③ 葛婉章撰〈尼泊爾金銅佛〉，（下），《故宮文物月刊》，第六卷，
第十一期，頁98。

④ Prodyumana P. Karan, "Nepal, A Cultural and Physical Georg-
raphy, "Lexthgton," p.5.

⑤ 和寧修《衛藏通志》（臺北，文海出版社，民國五十四年二月），
卷一五，頁12。

⑥ 《清世宗憲皇帝實錄》，卷一二二，頁12。雍正十年八月庚午，據
軍機大臣議奏。

⑦ 柏爾（Charles Bell）原著，宮廷璋譯《西藏之過去與現在》（

Tibet, Past and Present）（上海，商務印書館，民國十九年九月），
頁29；李惟果撰〈英國侵略西藏之肇端——薄格爾的使命和成績〉，
《中山文化教育館季刊》，春季號，（民國二十四年一月），頁
228。

⑧ W.B.Northey, "The Land of the Gurkhas," p.48. Cambridge, 1937.

⑨ 《明清史料》（臺北，中央研究院歷史語言研究所，民國四十七年
四月），庚編，第九本，頁818。

⑩ 《宮中檔乾隆朝奏摺》，第七十三輯（臺北，國立故宮博物院，民
國七十七年五月），頁212。

⑪ 《欽定巴勒布紀略》（臺北，國立故宮博物院，乾隆年間內府朱絲
欄寫本），卷二五，頁8。

⑫ 《欽定巴勒布紀略》，卷二，頁22。乾隆五十三年八月十四日，據
大學士和珅等奏。

⑬ 莊吉發校注《謝遂「職貢圖」滿文圖說校注》（臺北，國立故宮博
物院，民國七十八年六月），頁127。

⑭ 《廓爾喀檔》（臺北，國立故宮博物院）。乾隆五十七年五、六月
分，頁127，六月三十日，咱瑪達阿爾曾薩野供詞。

⑮ 《廓爾喀檔》，乾隆五十七年二月分，頁30，二月初六日，嚴廷良
稟詞。

⑯ 《廓爾喀檔》，乾隆五十七年四月、閏四月分，頁200，閏四月二
十四日，范忠稟詞。

⑰ 《廓爾喀檔》，乾隆五十七年七月分，頁52，七月二十六日，噶勒
桑丹津供詞。

⑱ 《廓爾喀檔》，乾隆五十七年五、六月分，頁129，六月三十日，
咱瑪達阿爾曾薩野供詞。

⑲ 《廓爾喀檔》，乾隆五十七年五、六月分，頁130，咱瑪達爾曾薩

野供詞。

⑳　葛婉章撰〈西藏金銅佛〉，《故宮文物月刊》，第六卷，第五期，頁92；〈尼泊爾金銅佛〉，《故宮文物月刊》，第六卷，第十期，頁32。

㉑　《廓爾喀檔》，乾隆五十七年十二月初七日，頁45，阿桂奏稿。

㉒　《欽定巴勒布紀略》，卷二五，頁9。

㉓　《廓爾喀檔》，乾隆五十八年二月十三日，頁161，軍機大臣奏稿。

㉔　《宮中檔乾隆朝奏摺》，第七十二輯（民國七十七年四月），頁78。

㉕　《廓爾喀檔》，乾隆五十七年六月三十日，頁133，咱瑪達阿爾曾薩野供詞。

㉖　《宮中檔乾隆朝奏摺》，第七十三輯（民國七十七年五月），頁213。

㉗　《廓爾喀檔》，乾隆五十七年正月十九日，頁51。

㉘　《欽定巴勒布紀略》，卷四六，頁22。乾隆五十七年五月二十日，福康安等奏摺。

㉙　《廓爾喀檔》，乾隆五十八年正月初二日，頁5。

㉚　《廓爾喀檔》，乾隆五十八年正月二十一日，頁70。

㉛　魏源著《聖武記》，（臺北，世界書局，民國五十九年六月），卷五，頁158。

㉜　《清史稿》，列傳三百十一，藩部八，西藏，頁9。

㉝　《欽定廓爾喀紀略》，卷四六，頁21。

㉞　《廓爾喀檔》，乾隆五十七年四、閏四月分，頁211，仲巴呼圖克圖。

㉟　《廓爾喀檔》，乾隆五十六年九月二十八日，〈寄信上諭〉，頁49。

㊱　《欽定巴勒布紀略》，卷一，頁1。乾隆五十三年七月二十七日，據駐藏大臣慶林等奏。

㊲　《欽定巴勒布紀略》，卷六，頁2。乾隆五十三年九月十一日，據
　　駐藏大臣慶林等奏。

㊳　《宮中檔乾隆朝奏摺》，第六十九輯（民國七十七年一月），頁34。

㊴　《廓爾喀檔》，乾隆五十七年十、十一月分，頁203，十一月二十
　　一日，噶布倫丹津班珠爾供詞。

㊵　《西藏之過去與現在》，頁150。

㊶　〈英國侵略西藏之肇端〉，《中山文化教育季刊》，春季號，頁
　　228。

㊷　Alastair Lamb, "Britain and Central Asia, The Road to Lhasa,
　　1767 to 1905," London, 1960.

㊸　《廓爾喀檔》，乾隆五十七年四、閏四月分，頁214，仲巴呼圖克
　　圖供詞。

㊹　《廓爾喀檔》，乾隆五十七年七、八月分，頁41，噶勒桑丹津供詞。

㊺　《欽定廓爾喀紀略》，卷一八，頁6，乾隆五十七年正月二十日，
　　據福康安奏。

㊻　《廓爾喀檔》，乾隆五十七年七、八月分，頁44，噶勒桑丹津供詞。

㊼　《廓爾喀檔》，乾隆五十八年正月二十一日，頁62。

㊽　《廓爾喀檔》，乾隆五十七年四、閏四月分，頁117，札蒼喇嘛羅
　　卜藏策登供詞。

㊾　《廓爾喀檔》，乾隆五十七年十二月初八日，頁46，阿桂等奏稿。

㊿　《欽定廓爾喀紀略》，卷二五，頁4。乾隆五十七年三月二十三日，
　　據福康安奏。

51　《宮中檔乾隆朝奏摺》，第七十輯（民國七十七年二月），頁195。
　　乾隆五十三年十一月初十日，鄂輝等奏摺。

52　《明清史料》（臺北，中央研究院，民國四十七年四月），庚編，
　　第九本，頁825，內閣抄出鄂輝奏摺。

(53)　《宮中檔乾隆朝奏摺》，第七十二輯（民國七十七年四月），頁78。

(54)　《廓爾喀檔》，乾隆五十七年閏四月初十日，頁118。

(55)　《乾隆朝上諭檔》，第十五冊（北京，檔案出版社，1991年6月），頁53。

(56)　《廓爾喀檔》，乾隆五十六年十月初六日，頁64，寄信上諭。

(57)　《乾隆朝上諭檔》，第十七冊，頁291。

廓爾喀使臣圖像《職貢圖》畫卷

薩滿與跳神驅祟

一、前　言

　　薩滿是從原始的巫覡脫胎而來，薩滿信仰就是以巫術為主體和主流發展起來的複雜文化現象，是屬於巫覡文化的範疇。薩滿原本是一個自然醫療者（Nature healer），後來魂靈出竅及守護神靈開始起著重要的作用。薩滿跳神作法後進入催眠狀態時的精神異狀，或反常因素，不論是習慣性的人格解離，或神靈附體，都使宗教心理學家及宗教歷史學者在探討薩滿信仰的起源時感到極大的興趣。薩滿信仰被當作一種宗教的原因，主要是西方學者所使用的術語，認為薩滿信仰是人類對天與自然及靈魂崇拜中相當古老的一種特殊的宗教形態。但有些學者卻很少使用「薩滿教」這個術語，而是常用「神靈附體」（Spirit possession）一語，認為北亞及中亞正統的薩滿信仰，其靈魂崇拜，主要是指個體能產生一種心靈解組的狀態，而把這種狀態解釋為神靈附體。薩滿信仰就是盛行於北亞草原地帶，以貝加爾湖附近及阿爾泰山一帶較為發達，表現最為典型。我國北方少數民族和滿族、蒙古、赫哲、鄂倫春、索倫、達呼爾、錫伯等族都崇奉過薩滿信仰，薩滿信仰的盛行，就是北亞草原社會的一種文化特質。分析北亞草原社會的薩滿跳神驅祟禳災活動，有助於瞭解古代儺文化的多元性及其文化特質，本文僅就北亞草原族群的薩滿跳神驅祟儀式的差異進行比較，並探討巫術文化的特徵。

二、薩滿信仰的文化特質

薩滿，滿洲語讀如「Saman」，是阿爾泰語系通古斯語族稱呼跳神巫人的音譯，在通古斯族的語言中，薩滿一詞是指能夠通靈的男女，他們在習慣性的催眠，或自我暗示後，在跳神的儀式中，薩滿能夠按照自己的意志，把魂靈引進自己的體內，使神靈附體，而產生一種超自然的力量，遂具有一套和神靈溝通的法術。據《多桑蒙古史》的記載說：

> 珊蠻者，其幼稚宗教之教師也，兼幻人、解夢人、卜人、星者、醫師於一身。此輩自以各有其親狎之神靈，告彼以過去、現在、未來之秘密。擊鼓誦咒，逐漸激昂，以至迷罔，及至神靈附身也，則舞躍瞑眩，妄言吉凶，人生大事，皆詢此輩巫師，信之甚切。設其預言不實，則謂有使其術無效之原因，人亦信之①。

通古斯族相信人生的禍福，宇宙的各種現象，都有神鬼在冥冥之中主宰著，人與神鬼之間必須設法溝通，薩滿就是在相信泛靈論的環境中與神鬼溝通的靈媒，是連繫人的世界與神鬼世界的橋樑，也是介於人世問題與超自然解決方法的仲裁。薩滿藉助於祝禱、占卜、念咒等法術，得知人們的吉凶禍福，爲世人消災除病。

薩滿降神作法的儀式，是屬於一種原始的跳神儀式，薩滿口誦祝詞，手擊神鼓，身穿怪異服裝，頭戴神帽，腰繫神靈，札立助唱神歌，手舞足蹈，音調配合，薩滿受到自我暗示或刺激後，開始產生一種人格解離與精神意識的變化，身體開始顫抖，神靈附體，鼓聲和舞步越來越快，薩滿達到忘我境界，進入一種昏迷或催眠狀態後，便開始代神說話，或傳達神諭，也可以使自己的魂靈出竅，過陰追魂，產生一種超自然的能力，而達成起死回生

或消災除禍的使命。薩滿的精神異狀，或反常因素，不論是習慣性的人格解離，或神靈附體，都使宗教心理學家及宗教歷史學者在探討薩滿信仰的起源時感到極大的興趣。薩滿神靈附體，主要是指個體所產生的一種昏迷及心靈解組的狀態，是薩滿信仰最顯著而普遍的共同特徵。

我國北方少數民族多崇信薩滿，到近代仍多保存薩滿信仰及其活動。清代滿族薩滿，分爲宮廷薩滿和民間薩滿，東北寧古塔、璦琿等地的民間薩滿，一直保持到二十世紀四十年代。民間薩滿分爲管祭祀的氏族薩滿和收取報酬的職業薩滿。赫哲族找薩滿跳神，多待以酒飯，一般不給以報酬，已無專以收取報酬的職業薩滿。在達呼爾族的社會裡，薩滿信仰是傳統文化的一個側面，每個莫昆都有一個叫做雅達千的氏族薩滿。薩滿作爲替族人消災除病的解救者和熟悉本族社會的智者，而受到族人的崇敬②。索倫族的多神信仰，最集中的體現在薩滿身上，額爾古納旗索倫族的薩滿，不僅是氏族的巫師，而且在社會上也有很高的威望，族長或頭人一般都由薩滿來充任，一切鬼神、吉凶和疾病的來源，都由薩滿解釋③，但無職業薩滿，跳神驅鬼，亦無報酬。在祖先崇拜興起以來，人們都把人畜的平安及生產的豐收寄託在祖先的神靈上。鄂倫春人相信薩滿就是祖先神靈的代表，他們希望薩滿能免除人間的疾病。錫伯族西遷新疆以後，仍舊篤信薩滿，人們因久病不起或欲免除天災人禍，多請薩滿跳神。其功能很廣泛，凡民間的疾病，婚喪喜慶，出獵祭祀，慶祝豐收等事，都由薩滿主持。隨著社會的發展，伴隨著宗教信仰的日益分工，薩滿內部開始分化，出現多種派生薩滿，各司一職。例如錫伯族的派生薩滿鬥琴，專司鬥妖怪，相通專司醫治狐仙病，而原來的專職薩滿所掌管的只是跳神治病和娶親時的祭天事宜④。

　　薩滿信仰有一個共同的思想基礎，相信萬物有靈，從自然崇拜開始，而發展到圖騰崇拜、祖先崇拜，因此，薩滿信仰就是一種多神崇拜的文化現象，這就決定了它不排斥其他外來宗教的特點，佛教、道教盛行後，薩滿不但不排斥佛教、道教，甚至在薩滿自己的祭壇上還爲佛教、道教預留一席神位。例如佛祖釋迦牟尼、觀世音菩薩、玉皇大帝等神祇都躋身於薩滿諸神之列。關帝是佛、道二家共同崇拜的神祇，很快被滿洲、錫伯等族所接受，關帝廟到處可見。薩滿信仰的天穹觀念，從多層意識發展到三界觀念，主要是受到佛道思想影響而演化形成。薩滿信仰原始的地界觀念認爲地下生活，並非地獄。自從佛道教義傳入北方草原社會後，薩滿信仰也雜揉了輪迴、酆都城、十殿閻羅等觀念。那種認爲下界爲惡魔所居，亡魂在地獄忍受煎熬，惡人打入酆都城接受種種酷刑，歷經苦難的地獄觀念，顯然是受佛道等外來宗教的影響。

　　人類在求生存的過程中，經常遭遇到種種困難與挫折，例如天災、人禍、疾病、傷亡，亦即生老病死等問題，其中死亡是人生過程中所遭遇的最具破壞性的挫折。大自然是人類生存的環境，從人類存在開始，便把環境分爲兩類：一類是吉、善、福；一類是凶、惡、禍。由這兩類互相對立的抽象概念又產生了對待他們的兩種不同態度：一種態度是消極安慰自己以求得心理的平衡；一種態度是力圖積極控制它們。這兩種概念和態度形成了彼此交叉重疊的原始宗教意識和巫術意識的兩種不同意識場。原始宗教是由吉、喜、福的概念和消極安慰自己的態度所構成的意識場爲核心而發展起來的信仰觀念；巫術是以凶、惡、禍等概念爲基礎及人類企圖以自己的力量直接控制它們的態度所構成的意識爲核心而衍化出來的文化現象⑤。

　　在初民社會裡，都產生過巫覡現象及巫術活動。巫術來源於人類對自己能夠控制和掌握自然的自信力，他們相信只要知道方法便能控制自然。巫術在它發展的初級階段，巫覡即努力尋求一種超自然的能力，企圖以超自然的能力，例如使用符咒等法術來駕馭自然，迫使風雨氣候及動物等等遵從自己的旨意，達到呼風喚雨的目的。在初民社會人們的眼中巫覡充滿著各種超自然的能力，或者把巫覡看成自然現象的代言人，因此他們對巫覡的態度就像對未知的神秘大自然那樣敬畏⑥。

　　薩滿是從原始的巫覡脫胎而來。薩滿為族內或族外病人病畜跳神驅鬼逐祟，占卜吉凶，消災除禍，送魂除殃，求子祈福，禱祝生產豐收等一系列活動，薩滿普遍運用巫術，而增加其神力，其中巫術觀念，巫術原理，多貫穿於其中⑦，巫術觀念及巫術活動等巫術因素，在北亞草原社會中的薩滿信仰，都有十分顯著的呈現。薩滿既用巫術祓除災禍、驅祟祛病、預言休咎，因此，薩滿信仰就是以巫術為主體和主流發展起來的複雜文化現象，是屬於巫覡文化的範疇。薩滿信仰被當作一種宗教的原因，主要是歐美等學者所使用的學名，認為薩滿信仰是人類對自然崇拜及靈魂崇拜中相當古老的一種特殊的宗教形態。

三、薩滿信仰與儺文化的異同

　　雲貴地區的苗傜等少數民族，向來信鬼，例如貴州省貴筑龍里等處東苗，每年中秋日，以牡牛祀祖，邀集親屬，延請巫師，循序而呼教鬼的名字，歷時一日一夜始停止。廣順大定等處龍家苗，每逢春日，立竿於曠野，男女繞竿擇配，俗稱「跳鬼竿」，女子得所悅，即隨人而去，其親屬以牛馬贖回後，始通媒妁。大定府威寧州㑪儸，男子以青布纏頭，短衣大袖，婦女辮髮，亦以

青布纏頭，銀花貼額，耳垂大環，拽長裙三十餘幅。男子性悍喜
鬥，尚鬼的習俗很普遍，其鬼，習稱「羅鬼」，有黑羅鬼、白羅
鬼兩種。貴定都勻等處，在歷史上中被稱爲「蠻人」的少數民族，
男子披簑衣，婦女繫花裙，當地習俗，以十月初一日爲歲首，每
逢過年大節，必殺牛祭鬼。由於雲貴苗僚等少數民族篤信鬼神，
因此儺文化的發展，與當地歲首迎鬼的活動有密切關係。《職貢
圖》畫卷〈廣順貴筑等處土人〉記載說：

> 廣順、貴筑、貴定等處東西龍家、平伐、補籠、狆家諸苗，
> 以類聚處，土人蓋亦苗之一類也。男子以貿易爲生，婦人
> 則勤於耕作，每種植時，田歌互答，清越可聽。歲首迎山
> 魈，以一人戎服假面，眾吹笙擊鼓以導之，蓋亦古大儺之
> 意。其起居服食，俱有華風，計畝而稅，同於編戶⑧。

引文中的「山魈」，滿文讀如「alin i hutu」，意即山谷間的「
山鬼」，相傳爲獨足鬼，《抱朴子·登步》記載說：「山中山精
之形如小兒，而獨足走向後，喜來犯人，人入山，若夜聞人音聲
大，語其名曰蚑，知而呼之，即不敢犯人也。」⑨漢文「儺」，
滿文讀如「fudešembi」，意即「跳老虎神送祟」。其跳老虎神
送祟的巫人，滿文讀如「Fudešere saman」，意即「跳老虎神
的薩滿」，由此可知薩滿信仰和儺文化，都是屬於巫術文化的範
疇。

　　廣義的薩滿信仰，可以包括雲貴等地區的儺文化。金輝先生
撰〈論薩滿裝束的文化符號意義〉一文已指出薩滿文化與儺文化
有其共同性，這兩種文化都由原始宗教發展而來，經歷了同樣的
社會發展階段，起源於共同的世界觀。而且這兩種文化的社會功
能、人格結構和職能，基本相同，均有特定的宗教人物擔任神與
人的使者，有特定的法器，目的都是爲人消災除病。金輝先生同

時從流佈地域、發展嬗變、傳承方式、文化標誌等方面分析這兩種文化的差異⑩。

　　薩滿信仰與儺文化，雖然都是從原始宗教信仰發展而來，都是屬於巫覡文化的範圍，但其分佈地域不同，生態環境有差異，而形成兩個系統的民間信仰。典型的薩滿信仰，出現於北亞的草原社會，以貝加爾湖及阿爾泰山一帶較爲發達，表現最爲完整。我國北方各草原漁獵民族，例如阿爾泰語系的各民族，都崇奉過薩滿信仰，由於北亞大草原的流動性較大，而使薩滿信仰產生了氏族的保護神，祖靈在氏族社會中扮演了保護神的重要角色。儺文化主要分佈於我國南方的農業民族，由於農業社會的相對穩定性，而決定了儺文化並不強調保護神的角色。西南雲貴地區的苗傜等少數民族，其社會、文化等背景，與漢族不同，其巫術色彩較爲濃厚，雲貴等邊遠區的巫師，在儺文化的活動，仍保持較高的社會地位，在迎山鬼的活動中，巫師扮演了重要的角色。

　　薩滿信仰在形成及發展過程中，由於受到外來宗教文化的影響，其基本信仰產生了很大的變化。佛道思想普及於北方草原社會後，薩滿信仰也雜揉了輪迴、酆都城、十殿閻羅等觀念，那種認爲下界惡魔所居，亡魂在地獄忍受煎熬，歷經苦難的觀念，顯然是受佛教、道教等宗教文化的影響。薩滿過陰進入下界所見地獄景象及牛頭馬面無常惡鬼等角色，與原始的薩滿信仰，已經相去甚遠，亡魂所到的下界，也不再是像北亞人間獵場或漁場那樣美好的另一個奇異世界，這種轉變，反映了佛道思想觀念在北方草原社會的普及化。雖然如此，但薩滿信仰在基本上仍然保留著自然崇拜、圖騰崇拜、祖先崇拜等特點。儺文化中的儺儀、儺舞，在其初期，純屬巫術的驅鬼逐疫活動，但當中原文化發展以後，其巫術意識與作法，已逐漸淡化⑪。內地漢族社會的儺文化，受

到佛道等宗教文化思想的影響，以及朝廷提倡崇儒重道的文化政
策，使儺文化在發展遞嬗過程中逐漸向娛神、娛人的方向發展，
儺戲的娛樂性，就是一個典型的例子。儺文化從驅鬼逐疫的功能，
發展到儺戲的娛樂階段，巫術的影子就越來越消失了。南方儺文
化的自然崇拜、圖騰崇拜，只能在西南少數民族社會中看到較清
晰的影子。

　　儺文化的傳承方式與薩滿信仰的領神儀式，不盡相同。儺文
化的傳承，主要是以口耳相傳，對學習者並無特殊條件的限制。
薩滿有氏族薩滿與職業薩滿的分別，氏族薩滿是由本氏族的成員
充任，職業薩滿不限於氏族內部成員。但無論氏族薩滿或職業薩
滿都不是世襲的，薩滿的產生是憑薩滿神的附身來選擇的，他們
成爲薩滿須經過領神的儀式。在松花江下游的赫哲族裡流傳著克
木土罕領神的故事，當他十二歲時，因曾祖父的薩滿神作祟，而
身罹重病。經額卡哈薩滿降神作法，使克木土罕領了曾祖父的薩
滿神，又傳授神術，經過領神的授神儀式訓練後，克木土罕正式
成爲新的薩滿，從此身體壯健，常替村民療治疾病⑫。

　　儺文化的明顯標誌，是巫師的戒服假面。所謂假面，滿文譯
作「dere be ijumbi」，意即「塗抹臉面」。除抹臉外，較常見
的是戴上假面具。巫師戴上面具或塗抹臉面後，其本人的個性隨
之消失，所表現的是神，而不是人。因面具是儺文化的顯著特徵，
所以儺文化又被稱爲面具文化。東北索倫等族也有帶面具祭祀的
儀式，有些地區，面具變爲假面，例如布里雅特人曾以皮革、木
材及金屬等製成假面，因此將薩滿信仰稱爲裸面文化，並不準確。
但就大體而言，面具或假面，並不普遍。薩滿信仰最顯著的特徵
是在於它的神衣神帽及神鼓等法器，缺乏這些，薩滿就無所施展
其神術。薩滿在平時，與普通人並無不同，神來附身時，薩滿即

失本色，各因所憑依的神而肖之。「如老虎神來則猙獰，媽媽神來則噢咻，姑娘神來則靦覥。」⑬薩滿信仰與儺文化的最大差異，主要是在驅祟治病的社會功能方面。

四、薩滿與自然崇拜

在初民社會裡，人們不僅把某些動物從一般動物中分離出來，同時也把自然力分為有利於人的自然力和有害於人的自然力兩個部分，對於前者的敬畏和對於後者的祈求結合起來，便產生了自然崇拜⑭。自然崇拜是薩滿信仰的基本表現形態，他們不僅相信自己有靈魂，同時也相信一切植物都有靈魂，人與動植物是統一的，他們的靈魂可以互相轉化，從這種萬物有靈的觀念出發，而把自然物和自然力視作具有生命、意志及能力的對象加以崇拜⑮。

散佈在廣大山林地帶的北方各少數民族，從遠古時代起過著游獵生活，他們對自然界的變化及其現象產生了萬物有靈的自然崇拜，他們相信在冥冥之中都有神靈主宰著，整個自然界都充滿著神靈，上自天空中的日月星辰，下至山林草原上的鳥獸蟲魚，都被人們神化而成為崇拜的對象。萬物有靈的觀念導致了多神崇拜的信仰，一種溝通人與神之間的薩滿便應運而生，在阿爾泰語系各少數民族共同崇奉的薩滿就是代表人向神靈祈福、禳災、祛病的媒介。

天是自然物象，是初民社會崇拜的神靈之一。最初的祭天，與祭山川日月一樣，是屬於萬物有靈觀念的範疇。北方諸民族的薩滿信仰，對天的崇拜是從大自然崇拜轉化為天神的信仰，同時使天神的神格逐漸上升到至高無上的位置。在蒙古社會裡，向來都由薩滿祭天，其祝唱神歌中有的把天分層，有的按照方向分成

若干天，例如爲了禳災除病，就要呼請東南方向的天，叫做「銀白色的天」，同時唱誦祈禱禳災的祭天歌。除春秋大祭外，還有爲個人求吉免災而舉行的祭天儀式⑯。鄂倫春族每年八月十五日都要供奉月亮神。如果打不到野獸時，就在仙人柱外面放置一個清潔的盆子，向月亮叩頭，祈求月亮神使他們打到野獸。哈薩克族每當新月初升時也有爲子女祈福的活動。鄂倫春族認爲北斗七星是七姐妹，是主管倉庫的女神。祭星是滿族薩滿信仰中的一種古老觀念，含有很濃厚的巫術成分，滿族薩滿有祭星禳災除崇的活動。先由薩滿剪紙人若干個張掛起來，然後對著七星祈禱，藉七星神的力量，將附在病人身上的惡鬼驅逐，嫁禍於紙人。赫哲族把七星視爲禳災除病的吉星神。赫哲人患外科重症時，便認爲是觸犯了七星神，要在星光月色下祭祀七星神，祈求庇護。

雷神是北方諸氏族狩獵、畜牧生產活動的重要保護神。黑龍江上游的索倫族薩滿信仰中曾把雷神描繪成一隻巨鳥，當薩滿魂靈出竅漫遊天界時，保護薩滿魂靈的神祇就是雷鳥，薩滿還能驅遣雷鳥攻擊惡魔。蒙古族遇有雷神擊斃人畜或打中蒙古包時，要請薩滿祭雷神禳災，驅魔避邪。赫哲族認爲閃娘司掌閃電，她與雷公同行，閃電是閃娘用她的一面鏡子照妖魔，雷公正是借閃娘的照妖鏡來看準鬼怪後而以霹雷擊打妖魔⑰。

北方諸民族都崇拜過火神，他們認爲火是聖潔的象徵，可以去污禳災，祓除不祥。成吉思汗時代蒙古各部的貢品，必須從火上燎過，才能呈送宮中。外國使臣謁見蒙古皇帝時，也要從兩堆火中間穿過，他們認爲這樣才能消弭可能帶來的災禍。在科爾沁蒙古薩滿信仰中，還保留著年祭和月祭兩種祭火儀式。臘月二十三日舉行年祭火神時，由薩滿誦祭火經。正月初一日清晨，還要到各三叉路口舉行祈福禳災的儀式。每月初一、初二等日舉行月

祭火神儀式，由薩滿唱誦祭火神的神歌。對於遷徙無常，四處漂泊的游牧民族來說，火永遠起著驅祟禳災和庇佑保護族人的作用⑱。古代哈薩克人有一種習俗，客人看望病人，必須於進門時跨過火，以免給病人帶來更大的不幸。牲畜發生瘟病時，要在畜圈四周燃起篝火，借助火神的威力驅趕病魔。當牲畜轉場時，須燃起兩堆篝火，有兩個「巴克斯」站在火堆旁，口誦「驅邪，驅邪，驅除一切邪惡！」，同時讓牲畜從火堆中間過去⑲。在薩滿信仰中，火神賦予了人格化，可以除寒邪，庇護生靈。北方少數民族的火祭習俗，流傳廣泛，頌讚火的薩滿神詞、神諭、神歌，也佔了很大的比重，他們崇拜的火神神祇亦極眾多，而且具有濃厚的北方文化特徵，形成獨具特點的崇火習俗的文化傳播圈⑳。

　　薩滿信仰最早的崇拜觀念包括對地祇的崇拜，在遠古社會的人們的意識中，宇宙是多層的，天上有無數層，地下也是奧秘無窮的。山區地帶多溫泉、山洞，由於溫泉能治病，山洞能禦寒，被人加以神化後，成了膜拜的對象。哈薩克族曾流傳一個故事，傳說古代有一個叫做「庫爾善」的神，在一處溫泉旁的岩石上睡過覺，以後那處溫泉就能醫治百病。《阿勒帕米斯》是十一世紀的哈薩克族敘事長詩，詩中敘述一個名叫巴依布熱的人，他一直沒孩子，他就帶著自己的妻子到「聖人之洞」過夜，祈求得子，後來果然得了一男一女㉑。薩滿信仰中也視地爲神，神諭中的「巴那吉額姆」就是地母。滿族薩滿認爲地母大神訥媽媽喜歡靜謐，總是萬物睡覺時始在大地上走動，所以薩滿祭祀地母大神時要夜祭，要祭星，必須要在星辰出滿天空的黑夜舉行。地神崇拜日益具體化後，逐漸固定爲某一座山林、岩洞、石壁的崇拜。

　　北方少數民族生活中不可或缺的動物，被認爲是神靈的化身。經過薩滿信仰神化過的動物，大致有虎、熊、豹、野豬、鹿、狼、

狐、貂、貓、馬、牛、駱駝、狗、豬、鷹、鳩、天鵝、鴨、烏鴉、喜鵲、鰉魚、龜、蛙、蛇、蜥蜴等，這些動物大多由薩滿製成了神偶，跳神時加以膜拜。在薩滿信仰中，關於虎神的崇拜可以說是北方民族最神聖的動物崇拜。達呼爾、索倫、鄂倫春等族都非常崇拜山神白那查，實際上白那查的本體是老虎，他們非常尊敬虎神，認爲虎神是山中的主人，他們把老虎神化後，白那查成爲一位鬚髮銀白和藹慈祥的老人，山裡的野獸都是他所養的家畜，如果引起他的不悅，打獵將一無所獲[22]。北方草原民族不把虎作爲獵取的目標，反而把虎視爲幫助打獵豐收的神祇。滿族薩滿有跳虎神的祭祀儀式，據調查，遼寧新賓滿族自治縣中還有薩滿傳人能表演完整的跳虎神舞。近年來，科爾沁草原上的薩滿也有請神「巴日昂道」，模仿虎形張牙舞爪跳虎神舞的表演[23]。蒙古族薩滿對山神崇拜的用意，也是爲了多打到獵物。在使鹿部的社會裡，認爲山神不僅保護狩獵，而且還保護馴鹿群，他們在春夏秋舉行拜山神的儀式，主要是在祈求山神保佑馴鹿免疫去病。赫哲族長期以捕魚爲生，其魚神崇拜佔有重要位置，例如黑額恩木熱神是以鯨魚形爲偶體，珠昆神是以水獺爲偶體，珠爾瞿力阿金神是以鰉魚形爲偶體。赫哲族社會相信這些魚神能幫助薩滿在水中潛行，可以施展法術[24]。赫哲族薩滿信仰中的鷹神、鳩神等，都是魂靈在陰間冥府的領路神。此外，也有跳鹿神消災祈福的活動。他們相信自然崇拜的各種對象，都是一種神靈物，每一種神靈都是平等的，各司一事，沒有居於統治地位的神靈和被統治神靈的劃分。

五、薩滿與圖騰崇拜

　　圖騰（Totem）是原始社會用作民族、部落、家族象徵的標

誌或符號。圖騰崇拜是氏族制度下許多民族所共有的一種特徵，也是氏族集團用來象徵血緣親族，劃分氏族界限的自然物。我國北方草原族群的圖騰崇拜，是在自然崇拜中的動物崇拜的基礎上形成的，他們相信人與某種動物存在著血緣關係，而把牠視爲氏族部落的祖先，作爲氏族部落的標誌或名稱。因此，圖騰對氏族具有重大的意義，在人們的日常生活中起了廣泛的作用和深遠的影響，凡屬同一圖騰者，均不得通婚。氏族成員尊敬本氏族圖騰，則圖騰能保護氏族部落的平安，對本氏族圖騰不敬，圖騰就會給氏族部落帶來災禍。薩滿爲人跳神時，先要問清楚對方是什麼氏族？什麼「嘎勒布勒」，意即什麼圖騰？對方回答後，薩滿才跳神祈求說某氏族某圖騰的某人要求神祇救助等語。

　　遠古時代，哈薩克族的思想意識中，狼象徵兇猛、勇敢，是他們氏族的始祖。有些氏族認爲他們與白天鵝有著血緣關係，白天鵝是他們的圖騰和保護神。此外，鷹也是古代哈薩克鷹氏族部落的圖騰㉕。靈禽崇拜是北方薩滿信仰多神崇拜觀念的一種文化特徵。《清太祖武皇帝實錄》敍述滿洲始祖布庫里英雄後世子孫暴虐，部屬叛變，攻破鰲朵里城，盡殺其闔族子孫，內有一幼兒，名叫范嗏，脫身走至曠野，後兵追之，會有一神鵲棲息於范嗏頭上，追兵謂人首無鵲棲之理，疑爲枯木椿，遂回。於是范嗏得救，隱其身以終，滿洲後世子孫，俱以鵲爲祖，故不加害㉖。學者指出滿族等北方諸民族濃厚的靈禽崇拜觀念長期存在的一個重要原因是母系氏族社會圖騰崇拜觀念的遺留㉗。滿族民間傳說薩滿和鷹有密切的關係，傳說世上第一個薩滿是天神命鷹變幻的，因而薩滿是天穹的裔種。布里亞特人傳說最初的薩滿是一隻大鷹，雅古特人傳說最偉大的薩滿都是神鷹的後裔。布魯加的薩滿認爲自身乃受鷹的差遣㉘。天穹觀念的進一步發展，即演化爲靈禽神獸，成

爲人類始祖的神話傳說。古突厥人曾經傳誦一個故事說，神鷹與一女人在山岩洞中生下世界上第一個女薩滿。在薩滿奉祀的天神神偶中，有許多神威無敵的宇宙神祇是半人半禽、半人半蛇的合體神偶，這種形象反映了遠古人類認爲人與動物有著血緣關係的氏族圖騰崇拜觀念㉙。蛇圖騰形象在北方諸民族自古以來就由於生活的聯繫而進入薩滿信仰崇拜體系內，蛇神是薩滿最強大的庇佑神，有蛇神保護的薩滿，就被視爲法力最強的薩滿㉚。

　　北方草原族群的熊圖騰崇拜是動物崇拜的典型例子，他們認爲熊的形象與人有許多相似的地方，於是把熊賦予人的性格，而把熊人格化，視爲自己的祖先。鄂倫春等族在長期的狩獵生活中，逐漸把某些動物從一般動物中分離出來，相信熊與自己的親族集團有關，認爲熊與自己有著一種血緣親族的關係。人若觸犯了熊神，輕者，會像大人打小孩似的給人一巴掌；重者，會致人於死命。在鄂倫春族中流傳著許多關於族人和母熊成婚的傳說，略謂：

> 傳說遙遠的過去，有一獵人被一隻母熊抓去，被關在山洞裡，不讓他出來。這樣過了幾年的同居生活，生了一隻幼熊。有一天，母熊領著幼熊外出採集食物，洞口沒有蓋嚴，獵人便趁機逃跑出去。他跑到江邊，恰好有一木排順流而下，便上了木排往下游流去了。黃昏，母熊帶著幼熊背著食物回來，一看洞口大開，感到事情不妙，進洞一看，獵人果然不在了。母熊非常憤怒，領著幼熊沿著獵人腳印追到江邊，又沿江下追了好久，才發現他正坐在江中的木排上。母熊用兩隻前肢招呼，勸他回來，可是獵人怎麼也不理睬。母熊恨不得一下子就跳上木排，可是江面很寬，跳不過去。母熊氣得沒辦法，把幼熊抓起來用力一撕，把幼熊的一半向獵人扔去，自己則抱著幼熊的另一半，哭呀哭

> 呀地一直哭了好久。這樣爲一母熊所生又被撕成兩半的幼
> 熊即分居兩地，隨母者爲熊，而隨父者就是鄂倫春人了㉛。

引文中所述就是人熊成婚生育後代子孫，而成爲圖騰崇拜的氏族
集團。鄂倫春族又傳說：

> 很早以前，有一個中年的鄂倫春婦女，右手戴著紅手鐲，
> 到深山密林中去採集野菜、野果，回來時因天黑迷失了方
> 向，從此就變成了熊。過了幾年以後，有一天，這個婦女
> 的丈夫進山打獵，看見一隻熊正在吃都柿，瞄準一槍，把
> 它打死了。可是在剝熊皮時，獵刀在前肢上怎麼也插不進
> 去，仔細一看，那上面戴著紅手鐲，正是他妻子在右手上
> 戴的。從此，熊就被認做是鄂倫春族人的化身㉜。

由前引故事可以說明古代鄂倫春人相信熊可以變成鄂倫春人，鄂
倫春人是熊的後裔；鄂倫春人也可以變熊，熊是鄂倫春人的化身。
人熊相通，互相轉化，說明薩滿信仰中熊與人的血緣親族關係的
密切。鄂倫春語稱公熊爲「雅亞」，意即祖父，稱母熊爲「太貼」，
意即祖母。游獵於額爾古納河流域的索倫族，稱公熊爲「合克」，
意即祖父，稱母熊爲「鄂我」，意即祖母，反映出熊圖騰崇拜的
突出。在北方諸民族的祭祀衆神中，都有熊神祭，在薩滿祭祀中
有專祀熊神的儀式。在滿族薩滿火祭中，熊神是太陽神的開路先
鋒，力大無窮。當薩滿請神，熊神附體後，能將磨盤舉起，能將
巨柳從地下拔起，能用巨石做成泥丸拋擲玩耍，充分表現出神力
無敵的擬人化神性格㉝。在鄂倫春的薩滿神話中敍述喜勒特很這
位青年爲了報百眼怪滿蓋搶掠和殺害親人之仇，歷經艱辛，最後
把百眼怪滿蓋和山大王先後殺死，勝利地回到了家鄉。當喜勒特
很遭遇危險暫時死去的時刻，熊和老虎都謹愼地守護著他，說明
這個傳說與當時的圖騰崇拜有關㉞。母系氏族圖騰，隨著氏族部

落的分裂，每一部落中都有以熊、虎、鷹、蛇爲圖騰的氏族，並
且長期保存下來，而成爲廣泛的圖騰崇拜，北方諸民族所崇奉的
薩滿確信自己就是各種圖騰的化身，薩滿信仰中圖騰崇拜佔著很
大的比重。

六、薩滿與祖先崇拜

祖先崇拜的形成和自然崇拜、圖騰崇拜等崇拜是分不開的，
遠古時代的人類不僅有自然崇拜、圖騰崇拜，而且同時也有祖先
崇拜。易言之，在祖先崇拜階段裡常常摻合著圖騰崇拜或自然崇
拜的遺跡，自然崇拜、圖騰崇拜、祖先崇拜構成了薩滿信仰的主
體。祖先崇拜和自然崇拜、圖騰崇拜最基本的差別在於前者崇拜
的對象是人，而後兩者崇拜的對象主要是動植物。靈魂不滅的信
念，導致了祖先崇拜，北方諸草原族群也相信他們的祖先離人世
以後仍然繼續存在，而成爲祖先神，好像在人世時一樣，以其神
威爲後代子孫庇佑賜福及消災免禍，於是便產生了對祖先亡靈的
崇拜即祖先崇拜。

祖先崇拜最初是氏族團體內的共同祖先的崇拜，包括：本氏
族的族源神祇及氏族神祇；本氏族的各種創業神祇及英雄神祇；
爲氏族征戰中的殉難英雄神祇，本氏族首輩薩滿及歷代傳世薩滿
魂靈；本家族本姓氏的宗譜中的祖先亡靈等，其中含有衆多的女
性祖先神祇，薩滿信仰中祖先崇拜的特點之一就是包括許多女性
祖先薩滿。氏族祖先崇拜隨著社會發展，逐漸發展成爲部族祖先
或家庭祖先的崇拜。薩滿信仰中的祖先崇拜有一個鮮明的特色，
就是凡屬自己直系血緣關係的祖先神祇都是善神善靈，而對其他
氏族的祖先亡靈認爲沒有庇佑自己氏族子孫的作用，甚或視爲鬼
蜮而予以驅災避邪㉟。

北方諸少數民族平時每家多供奉著本氏族的祖先神祇，一旦家中有人生病，便要在神前進行祈禱，他們認為家庭成員生病，祖先神靈都可以治癒，庇佑平安。清太祖努爾哈齊患病時曾請求祖先保佑早日痊癒。《滿文老檔》記載天命十一年（1626）七月二十三日：「汗體患疾，前往清河之溫泉。八月初一日，遣阿敏貝勒祭書曰：『父，爾之子汗患疾，因設父像祭之。乞佑兒之病速癒，凡事皆蒙扶助。兒痊癒後，將於每月初一日祭祀弗替。儻若不癒，我亦無可奈何。』隨宰二牛，焚紙帛，以先前與父所言之儀祭之。再，其他先祖，均加供奉，並叩頭祈禱保佑，以求及早痊癒。」㊱。

薩滿信仰的形成是隨著神靈觀念的出現而產生的，靈魂觀念產生以後，認為自己的祖先雖然去世，但仍在彼世繼續活著。祖先生前既保護家族成員，於是祈求死後的神靈仍能保佑家族平安，薩滿遂充當人與祖先神靈溝通的媒介，由薩滿主持祖先祭祀，祈求祖先神靈的保佑：我國北方少數民族流傳許多關於祖先崇拜的神話故事。在達呼爾族靈魂不滅的觀念中，相信祖先或氏族中有貢獻的先人的靈魂是永存的，薩滿的靈魂也是永存的，他們的靈魂能跟活人生活在一起，能保護其後代子孫及全氏族的人。在達呼爾族裡流傳《托慶嘎薩滿》的傳說，托慶嘎是領滿那祖神的薩滿，受到滿那莫昆全族人的崇拜。有一天，托慶噶薩滿被依克歹薩滿暗中害死，他臨終時，囑咐家人，替他的屍體穿上法衣，連同神鼓和鼓槌裝在車上，拉到聽不到狗吠聲的野地裡。過了三天三夜，他就回家了，他脫下法衣，穿上便服，並說自己的屍體是用烏鴉換來的。族人到停放屍體處一看，果然有一隻死烏鴉。托慶嘎薩滿手上拿著一把香到伊敏河點上香，自己跳進水裡不見了，過了一會兒，從水裡漂出五尺多長的死鯉魚，隨後他從水裡跳出

來,說他身上的污物留給那條大鯉魚了㊲。達乎爾族相信薩滿是動物及祖先神靈的化身和代表,具有超現實的力量,能為人們祈福讓災,驅鬼逐祟。

滿族關於薩滿起源的神話傳說中敍述洪荒時代,天連水,水連天,人們無法生存,於是有一個女神阿布卡赫赫(abkai hehe)扔下一根柳枝,拯救人類和萬物。有的傳說在剛出現宇宙的時候,女神阿布卡赫赫派音姜即尼山做第一個薩滿,她搖動神鼓鬥邪惡,救苦難,迫使鬼王放回兩名已死幼童的靈魂。她自己雖被殺死,卻給世上留下了薩滿信仰和神鼓,後世把女薩滿認為是音姜的化身㊳。

薩滿信仰是在萬物有靈觀念支配下,既崇奉氏族或部落的祖靈,又兼有自然崇拜和圖騰崇拜的內容,祖靈、神靈、鬼靈三方面決定了薩滿的活動天地。鄂倫春人把人畜的平安和生產的豐收寄託在祖先的神靈上,祖靈被認為是氏族成員的保護者㊴。他們認為自己的祖先神靈生前多為氏族或部落生活傑出的組織者,強有力的領袖人物,都是經歷過社會、自然的嚴峻考驗者。鄂倫春人傳說他們最早的薩滿是著名的祖先根特木爾,他具有高超的狩獵本領和無比勇敢的精神,他死後成了庇護子孫的神靈,他所留下來法衣上的許多鈴鐺、銅片和布塊飛向各地,變成許多薩滿。鄂倫春族的氏族薩滿習稱莫昆薩滿和敖教勒薩滿,莫昆是氏族,敖教勒是母系氏族的根。莫昆薩滿或敖教勒薩滿都是以祖先神為自己的神靈,通常敖教勒是以去世的曾祖父以上的先祖為對象。德勒庫薩滿或多尼薩滿是氏族薩滿以外不受血緣紐帶制約的地區性薩滿。德勒庫是漂泊流浪的含意,多尼是指禽鳥在牠選定的地方落下,其職能及神衣法器,與氏族薩滿雖然差別不大,但在部族中的社會地位卻有差別,在薩滿信仰中,祖先神靈是正神,氏

族薩滿降神附體的是祖先正神，德勒庫薩滿永遠也不會有正神附體，只能以各種雜神爲附體的神靈，所以氏族薩滿的權威遠遠勝過德勒庫薩滿，氏族薩滿的法力和神通都要比德勒庫薩滿強大。屋托欽和阿嘎欽是由薩滿直接派生出來的巫師，他們都是患過天花或麻疹的人，自信能以其巫術向娘娘神禱告請求醫治天花或麻疹的超自然能力。錫伯族也有各自的氏族薩滿和不屬於氏族的一般薩滿。其專司治病的薩滿已發展成三種職業性巫醫：一種是以痘疹神瑪法、瑪瑪爲神靈的額爾奇，專替村中孩童醫治天花、水痘、麻疹；一種是以狐神爲神靈的道奇，專治精神分裂等症；一種是供奉狐家神和仙家神的相多，爲村民驅祟治病⑩。由薩滿派生出來的各種巫醫，是職業分工的結果。氏族薩滿因領氏族祖先正神，附體治病，所以被氏族成員公認爲氏族祖先神靈的代言人，透過氏族薩滿，回答子孫們的請求。族中患病不癒，即請薩滿跳神，詢問祖神，是由何種鬼魅作祟？須供獻何物禳解？薩滿爲族人消災治病，驅鬼逐祟，扮演了民俗醫療的重要角色。

七、薩滿跳神與驅祟治病

原始薩滿信仰是北方草原族群一種多神的泛靈崇拜，包括自然崇拜、圖騰崇拜和祖先崇拜，相信萬物有靈，薩滿對於各種動植物或氏族祖先等神靈所以具有特別的力量，是因爲薩滿和各種神靈具有圖騰和同宗的親密關係。北方少數民族的古老宇宙上中下三界觀念，保留了原始薩滿信仰天穹觀念中天地相通的思想痕跡。薩滿居於中界，而通於上下界，他既能替世人向上界祈禱，以求天神庇護，又可與下界相通，過陰收魂。外貝加爾湖地區的埃文基薩滿跳神活動仍有跳天神和跳地神的分別，薩滿有兩套神服；一套與上界交通，是跳天神穿的，向吉神祈禱；一套與下界

交通，跳地神穿的，與惡魔搏鬥，驅邪治病。布里雅特人的薩滿，因其功能不同，而有白薩滿與黑薩滿的分別，其服飾有顯著的差異。白薩滿身穿白色神服，不懸掛任何金屬片或鏡子之類的物件；黑薩滿則身穿特殊的神服，並佩掛金屬片及護胸鏡等。俄人漢加洛夫已指出白薩滿主持對部落保護神的祈禱，求神靈給在場的人賜福；黑薩滿的主要職司是驅逐病魔和招魂占卜㊶。

薩滿信仰認爲萬物有靈，各種靈魂可以互相滲透，薩滿是各種神靈的化身，薩滿的軀殼是各種神靈的載體，薩滿法力的強弱，決定於附體神靈的類別及所領神祇的多寡。薩滿所領的神祇，除了祖先正神外，還有其他各種神祇，薩滿能夠通神，完全是得到各種神祇的輔助，薩滿能夠抵抗惡魔，也是得到神祇的保護，這種保護和輔助的神祇，叫做愛米神（Emi）。赫哲族的愛米神分爲四種：第一種叫做巴爾布卡愛米神，第二種叫做富拉馬奇愛米神，這兩種愛米神在薩滿初領神就能附身，僅具有普通法力；第三種叫做屯塔愛米神，能治腫脹等病；第四種叫做布諾愛米神，司走陰間，這四種愛米神都是輔助薩滿通神的神祇，由於愛米神的通報，薩滿始能得知神靈的旨意，然後進行祭祀。布克春和薩拉卡是專司保護薩滿以抵抗惡魔鬼怪的神祇，如力不能敵，則疾行如電，通報消息給其他薩滿，請求相助。額其和是專司驅逐怪獸的神祇，當薩滿與鬼怪鬥法時，因得額其和之助，能變成虎、熊、鹿、狍等獸類㊷。鳩神是薩滿的領路神之一，薩滿跳神作法時，即由鳩神領路尋找愛米神。牙莫使是預知吉凶禍福的神祇，古熱是詢問事情的神祇。薩滿作法過陰時，另有鷹神領路，這種鷹神，赫哲語讀作「闊里」（Kori）。錫伯、達呼爾、雅庫特等族傳說鷹是騰格里的神鳥，其威力無比，能用右邊的翅膀遮住太陽，用左邊的翅膀遮住月亮。他們相信薩滿就是神鷹的後裔，神

鷹就是女薩滿神化的結晶，在後世流傳的伊瑪堪史詩中敍述女薩
滿神通廣大，可以變形，可以隱身，出神入化，法力強大，因為
神鷹是薩滿的圖騰，也是薩滿魂靈乘用的坐騎。布里雅特人認為
鷲神是善神派下來幫助世人的神祇，傳說最初的薩滿就是鷲和布
里雅特女人生的，相信鷲就是薩滿的圖騰，也是薩滿的化身㊸。
赫哲族流傳的一新薩滿故事，敍述一新薩滿過陰追魂，進入冥府
第三道城門時，由八名惡鬼把守，不得過去，一新薩滿搖身一變，
變成一個闊里，一霎那間騰空而起，飛進城裡，讓壽限未到的斯
爾胡德福羊古坐在闊里的背上，飛到城外第三道門，薩滿又搖身
變成原形㊹。

　　薩滿跳神治病時穿戴的神帽、神衣、神裙、腰鈴等神服及所
用的神鼓、神刀、神鞭等法器，都是巫術法力的象徵，能賦予薩
滿奇異的神力，缺乏這些，薩滿就無所施其神術。神服不僅是薩
滿的外部標誌，而且神服上的圖案、佩飾也有它獨特的象徵意義。
其法器不僅是祭神歌舞中的主要道具，也是薩滿驅邪護身的靈物。
鄂倫春薩滿的神服、法器多用雄性狍子皮或犴皮製成的，胸前分
兩行釘著六面銅鏡，神衣後面，按三角形釘著一大二小三面銅鏡。
薩滿神帽是用薄鐵片或鐵條圍成骨架，然後在上面加以佩飾。帽
頂後部的兩邊豎立二個金屬鹿角，上繫長短不等的飄帶。鹿角神
帽可以鎮妖除邪，神帽前部中央立著一隻銅鷹和一個圓形小銅片。
神鼓和鼓槌是薩滿在祭祀中代表宇宙的法器，神裙代表雲濤，腰
鈴代表風雷，神帽和銅鏡代表日月星光，帽頂的飛鷹象徵薩滿能
在宇宙間自由飛翔或為溝通人與神的使者，鼓鞭則為宇宙坐騎，
鼓聲的緩急代表飛天的步履。

　　薩滿裝束中的動物形象，與薩滿的職能有關，薩滿因與神靈
溝通，需要上天，即借助於鷹的形象；要驅除病人體內的惡靈，

便借用具有捉鬼能力的貓頭鷹；要追尋失去的靈魂，便需以馬或鹿。在薩滿裝束中有許多鐵質製品，例如索倫族薩滿使用鐵片製成蛇形，滿族薩滿以鐵質製作腰鈴。遠古時候的人類認爲鐵器具有避邪袪祟作用，精靈最懼怕鐵器，人們以鐵投擲，精靈就遠遠地逃遁。利用銅鏡與太陽折射的光線來刺殺惡魔，是薩滿裝飾銅鏡的一個重要目的。在遠古時代的人們看來，薩滿身上的銅鏡越多，他就越有法術和神力。他們也認爲銅鏡是薩滿的盾牌，可以防禦惡鬼射來的箭矢㊺。科爾沁蒙古族薩滿認爲銅鏡能發光，會飛，可以驅除災病，嚇退邪魔㊻。尼山薩滿爲救助色爾古代賈揚古而過陰追魂時也是穿著怪異的神衣、神裙，腰繫神鈴，頭戴九雀神帽，神服上佩掛的銅鏡及神帽上的銅鏡，可以使惡魔不敢攻擊薩滿。

在崇奉薩滿信仰的草原社會裡，人們總是將生病或災禍歸咎於神魔的責罰或侵擾，如果得罪了祖先神靈，或祭祀不周，或許願未還，那就要供上祭品，補還夙怨，請神息怒，如果是惡魔攝去病人魂魄，就要請薩滿作法，與惡魔比鬥，打敗惡魔；如果是妖孽作祟，就要請薩滿跳神驅除鬼祟。薩滿信仰就是與役鬼驅祟有關的魂靈崇拜，他們相信動物的靈魂是可以供薩滿驅使的靈氣。薩滿跳神治病時，先探溯病源，大致可分爲三個以上的步驟；第一步，薩滿先將自己所領的神祇依次點名，逐一細加探詢，每當點完神名時，鼓聲轉高而緩，如說中病源時，病人的雙肩自然抖動，薩滿息鼓後，若病人憶及病源相合，薩滿乃以中間人自居，向神祝禱求情，允許病人於二、三日內病癒後還願，所許之願，視病情輕重而許殺馬牛羊豬雞等。若薩滿所探病源，與病人不合時，乃作第二步的探病手續，即探問病人家廟各神，逐一問及，病人是否有過侵犯之處，如病人雙肩不抖動無任何表示，薩滿乃

作第三步的探病手續,即探問病人是否擾及南山或北山的鬼怪,或吊死的冤魂,抑狐仙及黃鼠精,而病人靈魂爲鬼怪妖魔所攝,若確定病人係中魔後,薩滿乃跳神收魂,以救治病人。

　　薩滿跳神驅鬼治病的儀式,多在夜間進行。跳神時,屋內只能點燃一個小火堆,不准點燈。其程序大體分爲請神、探病、降神、送神等步驟,先請來的是祖先神,如果需要,可以請其他神祇。例如病人發高燒時,要請雷神,以驅逐惡魔。如果作祟的惡魔十分兇頑時,薩滿就要同祖神一起攻打惡魔,搶回所掠之魂。薩滿跳神驅祟禳災,必須穿戴怪異神服,才能產生神秘的氣氛,使神靈附體,薩滿才能施展法術,產生神力。《龍沙紀略》記載薩滿跳神驅祟的情景云:

> 降神之巫曰薩滿,帽如兜鍪,緣檐垂五色繒條,長蔽面,繒外懸二小鏡,如兩目狀,著絳布裙。鼓聲闐然,應節而舞。其法之最異者,能舞鳥於室,飛鏡驅祟,又能以鏡治疾,徧體摩之,遇病則陷肉不可拔,一振蕩之,骨節皆鳴,而病去矣。多魅爲嬰孩祟者,形如小犬而黑,潛入土埒,惟巫能見之。巫伏草間,伺其入以甋蒙突,執刃以待,紙封埒門,然燈於外,魅知有備,輒衝甋而出,巫急斬之,嬰頓甦。婦著魅者,面如死色,喃喃如魅語,晝行有小犬前導,巫亦能爲除之。病家束草象人,或似禽鳥狀,擊鼓作屬詞以祭,喧而送之,梟其首於道,曰逐鬼㊼。

鳥神聽命於薩滿,供其驅使,舞鳥於室,與役鬼的神術相似。邪祟畏懼鏡子,飛鏡驅祟爲薩滿所普遍使用。鬼魅作祟,可束草人,作成病人替身,其狀如禽鳥,祭祀後送上路,然後梟首於途,稱爲逐鬼。

　　我國北方諸少數民族請薩滿驅祟禳災的活動相當普遍。據《

女眞傳》記載，女眞人「其疫病則無醫藥，尙巫祝。病則巫者殺
豬狗以禳之，或載病人至深山大谷以避之。」⑱巫者即薩滿，在
薩滿看來，人們生病是因祖先神等神靈的怪罪，或是鬼魔的作祟
所致，只有用豬狗以禳之。古代蒙古人相信人類的災禍是因惡鬼
爲厲所致，所以請薩滿禳除。《多桑蒙古史》記載成吉斯汗「自
信有一主宰，並崇拜太陽，而遵從珊蠻教之陋儀。」⑲相傳窩闊
台汗曾因患病而請薩滿占卜，薩滿告以其病是因金國山川之神爲
祟所致。窩闊台汗許以人民、財寶，請薩滿禳解，但山川神靈不
肯接受，其病遂益重。

　　蒙古勃額是專門施展薩滿神術爲人們治病的蒙古薩滿，其中
安代勃額專門醫治由「鬼主」作祟造成的婦女相思病。這種薩滿
是以載歌載舞的形式，寬慰婦女的病態精神爲主要特徵⑳。薩滿
不僅能打敗惡魔，也能請善神撫慰惡神，爲人治病。達呼爾族跳
神治病的薩滿，頗爲族人所信服。《黑龍江外紀》，有一段記載
說：

> 達呼爾病，必曰祖宗見怪，召薩滿跳神禳之。薩瑪，巫覡
> 也，其跳神法，薩瑪擊太平鼓作歌，病者親族和之，詞不
> 甚了了，尾聲似曰耶格耶，無分晝夜，聲徹四鄰，薩瑪曰
> 祖宗要馬，則殺馬以祭，要牛則椎牛以祭，至於騸黃牝牡，
> 一唯其命，往往有殺無算而病人死，家亦敗者。然續有人
> 病，無牛馬，猶殺山羊以祭，薩滿之令終不敢違㉑。

巫術是薩滿信仰的基礎和核心，因此，薩滿就是被除鬼祟的巫師。
吉爾吉斯的薩滿能以神術屈服邪惡的魔鬼，與纏附病人的惡魔鬥
法，與病人相對而坐，且歌且嚷，魂靈出竅，追逐惡魔，奔馳於
廣大的原野上，回來後鞭打病人，揮舞著刀劍，終於打敗惡魔，
病人就痊癒了。

　　赫哲族生了病，認為也是因為神靈降災所致。赫哲族傳說中的克木土罕成了一個新薩滿後，他所領的薩滿神十分靈驗，常常為村中病人消災驅祟，醫治疾病。當克木土罕薩滿到蘭尹村閒遊時，村中適有一人因妖魔作祟而生病。病人家屬懇求救治，但克木土罕薩滿的法器都在家中，他便默誦神歌，所有神具都飛來落在病人院中。克木土罕薩滿穿戴整齊，擺設刀山陣及火山陣，與妖魔比武，當病人上了刀山，想再上火山時，克木土罕薩滿用布拉符將病人劈為兩段。原來他劈死的是一隻黑熊精假扮了病人的模樣，家人不能分辨，真正的病人卻躺在很遠的荒野裡，已經奄奄一息了，眾人按照克木土罕的指示，在荒郊野外找到了病人，把病人抬回家後，因為不再受到妖魔的作祟，便日漸復原。

　　錫伯族也認為人們患病是被惡鬼纏身的結果，必須倚靠薩滿附身的神靈驅逐妖魔，疾病才會痊癒。家宅不寧，災難頻傳時，也請薩滿壓住邪氣，使惡鬼不敢作祟。錫伯族薩滿的神帽也是用鐵片製成的，帽子前面中央有一塊玻璃鏡，起著驅鬼的作用，後面中央，有兩根飄帶，胸前垂著一面護心小銅鏡。腰圍布裙，布裙上又圍著十二條飄帶，在飄帶上用彩色絲線刺繡出日、月、松、飛禽、蜥蜴、鹿、蛇等生物，顯示出薩滿與這些自然神靈的親密關係。在飄帶外還圍著圓形布條裙子，腰上繫著大小不等的十三面銅鏡，為的是跳動時使銅鏡碰撞震動的聲音把惡鬼嚇走。神鼓是用山羊皮蒙面的單面鼓，背面用鐵條或皮繩串著銅錢，跳神時敲鼓驅鬼。錫伯族跳神治病的儀式，仍有其特點，薩滿手持神鼓神矛，從院子大門的房門按相等距離點燃五堆羊糞，薩滿念過禱詞後開始跳神，赤腳從大門到房門的火堆上跳過來，同時還做幾次射擊動作，然後繼續向屋內跳，口中念念有詞，跳進屋內後，將剛過火堆的雙腳踏到臥床的病人肚子上，使原先覆蓋在病人肚

子上的黃紙燃燒起來。於是薩滿用酒擦右手臂，把鋒利的鍘刀刃朝手臂放著，右手緊握刀把，讓別人用另一口鍘刀的刀背錘打他手中鍘刀的刀背，連打若干次，然後把鍘刀取下來，薩滿手臂上卻沒留下一條刀痕，以顯示薩滿的法術和威力，藉此壓制作祟的邪氣，並驅趕魔鬼㊼。和邦額著《夜談隨錄》一書記述了一段薩滿驅鬼的故事，乾隆年間，北京城內有一個叫莊壽年的人，爲黑狐所祟，病況彌篤，無藥能醫，於是延請鑲白旗蒙古穆薩滿作法驅祟。只見穆薩滿頭戴兜鍪，腰繫金鈴，鼓聲冬冬，口誦神歌，跳神過後，趨步登樓，遂用神叉殺死一狐，從此鬼怪消失，病者康復㊽。薩滿降神附體後，法力高強，故能打敗惡魔，驅祟治病。

薩滿驅祟治病的方法，可謂五花八門，有的薩滿只用手拿著事先用柴草或紙做成的人形替身，或扎針，或焚燒，口中念動咒語禱詞，這種用草、紙做的人偶，蒙古語稱爲「卓力格」。有的薩滿還利用人扮演卓力格，讓他穿上病人衣服，從燒旺的火堆上跨過㊾，就能趕走惡鬼。索倫族患病，常認爲是已故親人的鬼魂闖入家中作祟，必須進行供祭和驅祟儀式，由薩滿用葦子紮成男女兩草人，頭部貼上似臉形的剪紙，放在蒙古包東南角上，下放羊皮一張，薩滿將一碗稷子米撒在病人身上，再撒向草人，口念咒語，據稱可將附在病人身上的鬼魂趕到草人身上，使患者康復。此外，有的少數民族則通過宰殺一隻活牲畜來進行驅祟活動㊿。

八、結　語

薩滿信仰與儺文化，都是以巫術爲主體和核心而發展起來的複雜文化現象，俱屬於巫覡文化的範疇。惟因其分佈地域不同，生態環境有差異，而形成兩個系統的民間信仰。典型的薩滿信仰，盛行於北亞草原社會，我國北方許多少數民族都崇奉過薩滿信仰。

這種信仰有一個共同的思想基礎，相信萬物有靈，是屬於多神的
泛靈崇拜，從自然崇拜開始，以大自然崇拜爲主體，對於自然界
一切事物都以爲有神主司，各具靈異，一種溝通人與神之間的薩
滿便應運而生。後來又從自然崇拜發展到圖騰崇拜及祖先崇拜，
薩滿對於自然界的某種動植物及已故祖先等神靈所以具有特別的
力量，是因爲薩滿和這些靈異事物具有圖騰或同宗的血緣親密關
係，薩滿的神服及法器，也是巫術法力的象徵，能賦予薩滿奇異
的神力，薩滿跳神作法，念誦咒語或唱神歌，最重要的作用，就
是使用神秘的語言來支配自然界的某種力量，使平常的事物產生
一種超自然的能力，並得到各種神靈的保護和輔助，而使薩滿能
夠抵抗惡魔，驅除鬼祟。

　北亞草原社會的先民相信人畜生病，主要是因惡魔爲厲所致，
鬼神在人畜身上作祟的結果，所以請求薩滿跳神逐鬼驅祟治病。
因此，與其說薩滿是某種宗教觀念的體現者，還不如說薩滿是驅
鬼治病的靈媒。《遼史》。〈歲時雜儀〉有一段記載說：「正旦，
國俗以糯飯和白羊髓爲餅，丸之若拳，每帳賜四十九枚。戊夜，
各於帳內窗中擲丸於外。數偶，動樂，飲宴。數奇，令巫十有二
人鳴鈴，執箭，繞帳歌呼，帳內爆鹽爐中，燒地拍鼠，謂之驚鬼，
居七日乃出。」⑤契丹族的巫人，就是薩滿，燒地拍鼠就是一種
逐鬼的儀式。滿族立新房，或新糧入場，都要先請薩滿執箭擊鼓，
響動腰鈴，放火燒地蒿野鼠，亦稱爲驅鬼，習俗相近。《黑龍江
外紀》記載說：「伊徹滿洲病，亦請薩瑪跳神，而請札林一人爲
之相。札林，唱神歌者也，祭以羊腥用鯉。薩瑪降神亦擊鼓，神
來則薩瑪無本色，如老虎神來猙獰，媽媽神則噢咻，姑娘神來則
覥覥，各因所憑而肖之，然後札林跽陳祈神救命意，薩瑪則啜羊
血嚼鯉，執刀鎗白梃，即病者腹上指畫，而默誦之，病可小癒。」⑤

薩滿跳神治病時所採取的方式，或以恐嚇的方式驅逐鬼祟，或以取悅的方式祈求作祟的惡神不再爲厲。在薩滿信仰盛行的北亞社會裡，跳老虎神的儀式極其普遍，滿語中「fudešere　saman」，意即跳老虎神的薩滿。跳老虎神逐祟，就是薩滿模仿老虎兇猛的各種動作來恐嚇作祟的鬼魅，認爲可以達到禳災祛祟治癒疾病的目的。

　　北方草原族群的逐鬼驅祟活動，在不同的地區，不同的時代，其儀式彼此不一致，各有特徵，比較其異同，頗具意義。有的薩滿舞鳥於室，飛鏡驅祟；有的殺豬狗禳災；有的與惡鬼鬥法，打敗惡魔；有的以銅鏡嚇走惡鬼，有的以紙、草爲替身，將附在病人身上的惡鬼驅趕到替身上以火焚燒，嫁禍於替身，眞是所謂五花八門，反映北亞草原族群文化的多元性，考察北亞草原社會的薩滿逐鬼驅祟活動，有助於瞭解古代儺文化的特質。

【註　釋】

① 多桑著，馮承鈞譯《多桑蒙古史》，第一卷，第一章（臺北，臺灣商務印書館，民國五十四年八月），頁33。

② 滿都爾圖著《達斡爾族》（北京，民族出版社，1991年10月），頁98。

③ 《鄂溫克族簡史》（呼和浩特，內蒙古人民出版社，1983年6月），頁29。

④ 薛南等著《錫伯族》（北京，民族出版社，1990年2月），頁57。

⑤ 徐昌翰撰〈論薩滿文化現象──「薩滿教」非教芻議〉，《學習與探索》，第5期，頁122。

⑥ 藍狄著《古今巫術》（香港，海峰出版社，1990年8月），頁3。

⑦ 張紫晨撰〈中國薩滿教中的巫術〉，《民間文學論壇》，第6期（

北京，中國民間文藝出版社，1991年11月），頁11。

⑧　莊吉發校注《謝遂「職貢圖」滿文圖說校注》（臺北，國立故宮博物院，民國七十八年六月），頁633。

⑨　《抱朴子》（臺北，中華書局，四部備要），內篇，登涉第十七，頁4。

⑩　金輝撰〈論薩滿裝束的文化符號意義〉，《民間文學論壇》，1985年，頁135。

⑪　張紫晨撰〈中國薩滿教中的巫術〉，《民間文學論壇》，第6期，1991年，頁15。

⑫　凌純聲著《松花江下游的赫哲族》（南京，國立中央研究院，民國二十三年），頁659。

⑬　西清著《黑龍江外紀》，見《小方壺齋輿地叢鈔》（臺北，廣文書局，民國五十一年四月），第一帙，頁401。

⑭　《鄂倫春族簡史》（呼和浩特，內蒙古人民出版社，1983年1月），頁174。

⑮　塔娜撰〈達斡爾傳說故事的民族特色〉，《內蒙古大學學報》，第1期（呼和浩特，內蒙古大學，1986年3月），頁60。

⑯　烏丙安著《神秘的薩滿世界》（上海，三聯書店上海分店，1989年6月），頁13。

⑰　覃光廣等編著《中國少數民族宗教概覽》（北京，中央民族學院，1989年8月），頁17。

⑱　劉小萌、定宜莊著《薩滿教與東北民族》（長春，吉林教育出版社，1990年3月），頁46。

⑲　崔奎撰〈哈薩克族的習俗與薩滿教〉，《中國少數民族月刊》，第9期（北京，中國人民大學，1987年），頁89。

⑳　富育光著《薩滿教與神話》（瀋陽，遼寧大學出版社，1990年10月），頁

46。

㉑ 《中國少數民族月刊》，1987年，第9期，頁88。

㉒ 《內蒙古大學學報》，1986年，第1期，頁61。

㉓ 《神祕的薩滿世界》，頁72。

㉔ 秋浦主編《薩滿教研究》（上海，上海人民出版社，1985年5月），頁21。

㉕ 崔奎撰〈哈薩克族的習俗與薩滿教〉，《中國少數民族月刊》，1987年，第9期，頁89。

㉖ 〈清太祖武皇帝實錄〉，《圖書季刊》，第一卷，第1期（臺北，國立故宮博物院，民國五十九年七月），頁59。

㉗ 富育光、孟慧英著《滿族薩滿教研究》（北京，北京大學出版社，1991年7月），頁222。

㉘ 愛新覺羅・烏拉希春編著《滿族古神話》（呼和浩特，內蒙古人民出版社，1987年4月），頁103。

㉙ 富育光撰〈薩滿教天穹觀念與神話探考〉，《中國社會科學院研究生院學報》，1987年，第4期（北京，中國人民大學書報資料中心，1987年5月），頁47。

㉚ 富育光著《薩滿教與神話》（瀋陽，遼寧大學出版社，1990年10月），頁131。

㉛ 烏丙安著《神秘的薩滿世界》，頁76。

㉜ 同前註。

㉝ 富育光著《薩滿教與神話》，頁126。

㉞ 秋浦主編《薩滿教研究》，頁39。

㉟ 富育光著《薩滿教與神話》，頁67。

㊱ 《滿文老檔》（北京，中華書局，1990年3月），上冊，頁703。

㊲ 塔娜撰〈達斡爾族傳說故事的民族特色〉，《內蒙古大學學報》，

1986年第1期，頁64。

㊳ 王鴻賓等著《盛京軼聞》（長春，吉林文史出版社，1988年2月），頁20。

㊴ 張紫晨撰〈中國薩滿教中的巫術〉，《民間文學論壇》，第6期（北京，中國民間文藝出版社，1991年11月），頁11。

㊵ 烏丙安撰〈薩滿世界的「眞神」──薩滿〉，《滿族研究》，第1期（瀋陽，遼寧省民族研究所，1989年），頁66。

㊶ 徐昌翰撰〈論薩滿文化現象──「薩滿教」非芻議〉，《學習與探索》，1987年，第5期，頁122。

㊷ 凌純聲著《松花江下游的赫哲族》，頁113。

㊸ 王玢玲撰〈薩滿教與伊瑪堪〉，《民間文學論壇》，第2期（北京，中國民間文藝出版社，1988年3月），頁58。

㊹ 《松花江下游的赫哲族》，頁654。

㊺ 金輝撰〈論薩滿裝束的文化符號〉，《民間文學論壇》，1985年，頁134。

㊻ 白笑元撰〈科爾沁「博」（薩滿）的分類及服飾法器初探〉，《內蒙古民族師範學報》，第2期，《民間文學論壇》，頁135。

㊼ 方式濟著《龍沙紀略》，見《明清史料彙編》初集（臺北，文海出版社，民國五十六年三月），第八冊，頁22。引文中「舞鳥於室」，文淵閣欽定四庫全書作「舞馬於室」。

㊽ 王肯等著《東北俗文化史》（瀋陽，春風文藝出版社，1992年7月），頁514。

㊾ 《多桑蒙古史》，第一卷，第十章，頁162。

㊿ 《滿族研究》，1989年，第1期，頁68。

5⃝1 西清著《黑龍江外紀》，見《小方壺齋輿地叢鈔》，第一帙，頁401。

㉒　韓國綱撰〈錫伯族薩滿教一瞥〉，《中央民族學院學報》，第2期
　　（北京，中央民族學院，1988年3月），頁94。

㉓　《薩滿教與東北民族》，頁143。

㉔　《神秘的薩滿世界》，頁248。

㉕　蔡志純撰〈蒙古薩滿教變革初探〉，《世界宗教研究》，1988年，
　　第4期，頁124。

㉖　《遼史》（臺北，鼎文書局，民國七十三年六月），第五十三卷，
　　頁877。

㉗　《黑龍江外紀》，第一帙，頁401。

清朝的文化政策與薩滿信仰

一、前　言

　　宗教信仰的長期存在，是客觀的事實，我國歷代以來，除了正信宗教以外，各種多元性的民間信仰，更是源遠流長。薩滿信仰就是盛行於北亞地區的一種民間信仰，以貝加爾湖附近及阿爾泰山一帶爲發祥地，表現最爲典型。我國北方阿爾泰語系通古斯、蒙古、突厥等語族，例如匈奴、突厥、蒙古、女眞、維吾爾、達呼爾、赫哲、錫伯、索倫、鄂倫春等民族，都崇奉過薩滿信仰。薩滿信仰的盛行，就是北亞，包括東北亞及西北亞文化圈的文化特質。

　　薩滿，滿洲語讀如「saman」，是阿爾泰語系通古斯語族稱呼跳神巫人的音譯。在通古斯族的語言中，薩滿一詞是指能夠通靈的男女，他們在跳神作法的儀式中，受到自我暗示或刺激後，即產生一種習慣性的人格解離，薩滿人格自我眞空，或處於被抑制的狀態中，使神靈附體，而被薩滿所領神祇的神格所取代，於是產生一種超自然的力量。所謂薩滿，就是在相信泛靈論的生態環境中，與神靈溝通的靈媒。巫覡信仰是世界性的一種文化現象，薩滿信仰雖然是屬於巫覡信仰的範疇，但薩滿信仰也有它的局限性。所謂美洲印第安人也有同樣的薩滿，我國漢族的巫覡，也是薩滿，回民的毛拉，倮倮的必磨、苗族和傜族的鬼師，都是薩滿的遺迹，亞洲南部、馬來群島也有類似薩滿的存在云云①，是有待商榷的。世界各地區的各種原始信仰，各有不同的習用名稱，

薩滿信仰只是北亞文化圈的一種文化現象，北亞草原地帶以外地區的各種原始信仰，中外學者多已拋棄使用「薩滿」（saman）一詞。若因世界各地都有巫覡，遂認為北美、非洲、南亞等地區的巫覡都是薩滿，並不妥當。毛拉、必磨、董薩、鬼師、叫童等等，雖然有共同的相似之處，但也各有其自身的文化特質及習慣稱謂，都不能歸入薩滿信仰系統之內，以北亞或東北亞文化圈的薩滿信仰一名去統稱世界各地的原始信仰，確實不妥。因此，我們既要探索薩滿信仰傳佈廣泛的國際性，又要把握它傳播侷限的地域性②。

　　宗教的發展，有其客觀規律，世界各種宗教，多有教派名稱，寺廟建築，正式的組織結構，成文的經典教義，規範化的宗教儀式，神職性質的師徒成員。其中組織結構、教規、戒律屬於宗教制度，是表現宗教觀念，連繫宗教信徒，進行宗教活動的組織形式和紀律保證；經典教義屬於宗教觀念，是宗教系統的靈魂，為各宗派提供指導思想；各種儀式及傳教活動屬於宗教行為，是一種宗教實踐；神職人員及一般信徒，是宗教的主體，也是整個宗教系統的核心。宗教制度、宗教觀念、宗教行為和宗教信徒的有機結合，就是宗教實體呈現在人們面前的形貌③。關於薩滿信仰是不是一種宗教的問題，中外學術界，仍然諸多歧義。大致可以歸納成兩種意見：一種意見認為薩滿信仰是我國北方少數民族的初民社會時期所產生的一種原始宗教，以滿族為代表的薩滿教在歷史的進程中，形成了一套完備的典儀、神器和神諭，有較成熟的宗教信仰，故具備了作為宗教的基本要素；一種意見認為薩滿信仰不能稱之為宗教，而所謂的薩滿文化，不過是類似於漢族地區歷史上民間傳承下來的巫術活動，乃迷信尤者④。將初民社會的原始崇拜，或漢族的祭祖活動，說成是薩滿教，顯然是一種誤

解。薩滿信仰的共同特點，就是沒有形成自身固定的祭祀場所，沒有成文的、有系統的經典教義，沒有宗派名稱，沒有寺廟建築，沒有規範化的宗教儀式，沒有公認的教主，沒有縱的師徒關係的宗教組織，沒有形成完整的哲理，缺乏宗教制度、宗教觀念、宗教行為和宗教信徒的有機結合，並未具備構成宗教本質的基本要素，薩滿既然停留在原始巫師的階段，薩滿崇拜並未演進成為一種宗教，只能稱之為薩滿信仰。

巫術是薩滿信仰的基礎和核心，因此，薩滿就是被除鬼崇的巫師。在崇奉薩滿信仰的北亞草原社會裡，人們總是把疾病或災禍歸咎於神鬼在人畜身上作崇的結果，所以要請薩滿跳神作法，驅崇治病。清初以來，朝廷取締左道異端，可謂不遺餘力，在《大清律例》中，也沿襲明代律例，制訂《禁止師巫邪術》的條例，扶鸞禱聖、書符咒水的僧道巫覡，固然被取締，即薩滿的驅崇治病活動，亦遭查禁。清廷禁止師巫邪術，與朝廷的文化政策，有極密切的關係。清廷禁止薩滿跳神治病，反映崇儒重道的文化政策，已經成為清廷的基本國策。本文撰寫的旨趣，即在探討清朝文化政策的制訂，並分析朝廷禁止薩滿跳神治病的原因。

二、薩滿信仰的文化特質

薩滿信仰的觀念和活動，是以巫術為主體和主流而發展起來的複雜文化現象，源遠流長。《史記‧封禪書》有「九天巫，祠九天」的記載[5]，司馬貞《索引》引《三輔故事》說：「胡巫事九天於神明台。」[6]《漢書‧匈奴傳》稱匈奴巫為胡巫[7]。因匈奴巫奉祀九層的天上界，所以匈奴巫就稱為九天巫。樊圃撰〈六到八世紀突厥人的宗教信仰〉一文已指出：「胡巫或九天巫奉祀的九天，完全是薩滿信仰的宗教觀，薩滿就是中國古代史書中的

巫。」⑧《漢書‧蘇建傳》記載蘇武出使匈奴時，不肯屈節辱命，而
引佩刀自刺重傷。匈奴大臣衛律召來巫醫，鑿了地穴，下置熅火，
把蘇武放在上面，用腳踹他的後背，使他出血。蘇武原先已經氣
絕，半日後即蘇醒過來了。匈奴的巫醫叫做「鹽」⑨，就是懂得
急救及醫治外傷的薩滿。突厥、回紇與匈奴同俗，敬鬼神，而信
薩滿，用兵時，薩滿常以札答法術而致風雲⑩。《遼史》記載契
丹薩滿活動的文字，並不罕見。契丹社會的喪葬儀式，多由薩滿
祓除不祥，驅凶去垢。每年正旦，則有驚鬼的驅祟跳神活動⑪。
遼興宗十九年（1049）三月，《遼史》記載：「林牙蕭撒抹等
帥師伐夏。」句中「撒抹」，《欽定遼史語解》作「薩滿」⑫。
遼代中京即赤峰市大明城附近出土的一件鐵器，其柄端有平面呈
腰形的環，上附八個小鐵環，手持舞動，叮噹作響，考古工作者
認爲這件鐵器，形制特殊，可能是遼代薩滿所使用的法器⑬。《
金史》后妃列傳記載：「熙宗積怒，遂殺后而納胙王常勝妃撒卯
入官。」⑭句中「撒卯」，《欽定金史語解》作「薩滿」。徐夢
莘著《三朝北盟會編》記載：「珊蠻者，女眞語巫嫗也。」乾隆
年間纂修《欽定四庫全書》，收錄《三朝北盟會編》，並將「珊
蠻」改作「薩滿」⑮。由此可知諸書中「撒抹」、「撒卯」、「
珊蠻」等都是薩滿的同音異譯，說明歷代以來，薩滿在北亞草原
族群的社會裡，扮演了重要的角色。

　　薩滿信仰有一個共同的思想基礎，相信萬物有靈，是屬於多
神的泛靈崇拜，以自然崇拜爲主體，此外還有圖騰崇拜、祖先崇
拜、英雄聖者崇拜。崇奉薩滿信仰的人們相信薩滿所以具有特別
的力量，是因爲薩滿和這些神靈具有圖騰或同宗的血緣親密關係，
能賦予薩滿奇異的神力。薩滿跳神作法，念誦咒語，或祝禱神詞，
就是使用神秘的語言，產生巫術的作用，使平常的事物產生一種

超自然的能力。薩滿信仰就是將鬼魂神靈觀念同巫術交織雜揉在
一起，形成了一種複雜的文化現象，它既含有原始宗教的成分，
又包含大量非宗教的成分，薩滿信仰就是一種特殊形式的巫術文
化。從人類存在伊始，便把生存的環境分爲兩類：一類是吉、善、
福；一類是凶、惡、禍，由這兩類互相對立的抽象概念，又產生
了人們對待大自然的兩種不同態度：一種態度是消極安慰自己，
以求得心理的平衡；一種態度是力圖積極控制大自然。這兩種概
念和態度形成了彼此交叉重疊的原始宗教意識和巫術意識的兩種
不同意識場。瞿兌之撰〈釋巫〉一文略謂：

> 巫之興也，其在草昧之初乎？人之於神祇靈異，始而疑，
> 繼而畏，繼而思所以容悅之，思所以和協之，思以人之道
> 通於神明，而求其安然無事。巫也者，處乎人神之間，而
> 求以人之道通於神明者也⑯。

猶如人們的行爲善惡一樣，神祇魂靈也有善惡的分別，對善的虔
敬、祈求、感激和報償；對惡的厭惡、詛咒、驅趕或安撫。在草
昧之初的初民社會裡，人類對自然界的神祇靈異，十分疑畏，薩
滿就是人神之間的靈媒，以巫術通於神明，或容悅之，或和協之，
以求其安然無事。徐昌翰撰〈論薩滿文化現象──「薩滿教」非
教芻議〉一文已指出原始宗教意識和巫術意識這兩種不同意識場
的存在，是產生原始宗教與巫術的不同性格和特徵的根源。吉和
善以及人們對於它的態度是原始宗教觀念的核心。原始社會的自
然崇拜觀念、圖騰崇拜觀念和祖先崇拜觀念，都是以由吉、善、
福的概念以及對待這些概念的態度所構成的意識場爲核心而發展
起來的宗教觀念範疇。巫術的情況不同，巫術產生的基礎乃是以
凶、惡、禍各種觀念爲核心的意識場，巫術一般產生於人們以自
己的力量直接被凶驅惡，逃避凶惡或達成向凶惡贖買的願望。由

此而衍化出巫術祓除災禍、驅邪袪病、預言占卜等一系列的社會
功能。由此可知原始宗教意識與巫術意識是兩種非常相近的社會
意識，它們伴隨著吉凶、善惡、福禍等不同概念以及人們對這些
概念所採取的不同態度所構成的意識場的出現而誕生⑰。

　　巫術原本就是企圖借助於超自然的神秘力量對人、事、物進
行控制的一種方式和手段。薩滿為人畜跳神驅祟，占卜吉凶，為
本氏族成員祈求豐收，消災除禍，都普遍運用巫術，以增加其神
力。張紫晨撰〈中國薩滿教中的巫術〉一文亦指出巫術在薩滿信
仰的形成中起過重要作用，薩滿本身即從原始的巫覡脫胎而來。
在一般情況下，人們將巫覡與薩滿視同一物，就是因為巫覡的職
能及其活動，與薩滿具有相同的性質，後來巫覡和薩滿在一些地
區，卻出現了不同的發展趨勢，薩滿已經在專職祭司方面形成了
自身的傳統，如領神儀式，跳神儀式，各種祭儀祝禱等都成為薩
滿活動中獨特的內容。薩滿跳神儀式多在晚間進行，包括請神、
降神、神靈附體等程序。薩滿請神、使神靈附體時，他所使用的
手段，主要在於誦念神歌、禱詞等等，神歌、禱詞可以驅遣神靈，
已具有巫術咒語的意義。有了神歌、禱詞，薩滿所請的神靈不能
不來，不能不有神諭，整個祭祀，以跳神、耍鼓、驅鬼、占卜等
環節最富於巫術氣氛。薩滿活動愈是古老，巫術的氣氛，愈顯得
濃厚。由此可以說明薩滿活動中運用巫術是極為普遍的，其中巫
術觀念和巫術原理也多貫穿於其中⑱。

　　薩滿信仰的顯著特徵，就是由於薩滿都有一套具有傳承性的
服飾和法器，這種神服和法器是薩滿活動必備之物，但它不是單
純的裝飾，它也有象徵神格的功能，就是巫術法力的象徵。祭祀
不同的神靈時，穿戴不同的神服，可以表現神與神之間的性格差
異。薩滿在不同的祭祀中更換神服，就是表示祭祀各個不同神靈

的特徵⑲。神服不僅是薩滿的外部標誌，而且神服上的圖案、佩飾都有它獨特的象徵意義。薩滿神服裝束的動物形象，與薩滿的職能有關，薩滿因與神靈溝通，魂靈出竅後需要上天，即借助於神鷹的形象；薩滿要驅除附在病人體內的惡魔，便借用具有捉鬼能力的貓頭鷹；薩滿要追尋失去的靈魂，便需要馬或鹿。薩滿相信神服具有多種法力和咒術功能，神衣的製作，多模倣鳥類的羽毛或翅膀，其功能是代表薩滿上昇天界，或下降冥府的翅膀，所以傳說中的薩滿都會飛翔。神帽的作用，相當於頭盔，是薩滿跳神作法同妖魔戰鬥時，保護頭部的防禦性裝備。鹿角神帽，相信可以鎮妖除邪。神帽前面正中央站立著一隻銅鷹，象徵著薩滿在宇宙自由飛翔，使薩滿成爲溝通天界和人界的使者。薩滿的神服和法器，具備聲、光、色三種要素，都有護身防邪的功能。在薩滿信仰中，聲音、光亮具有特殊的意義，依照薩滿的解釋，惡鬼亡靈多停留在陰暗之處，偷偷摸摸、靜靜悄悄地侵入人們的周圍，加害人畜。因此，惡鬼亡靈害怕亮光，畏懼聲音，更怕有聲音的器物。薩滿相信人類是從鼓聲中產生的，神鼓是薩滿的法器，具有迎來善神，而震懾、驅逐惡鬼亡靈的神秘力量，象徵著最有威力的雷神的化身。薩滿跳神背誦禱詞時，伴以神鼓，使氣氛更富於巫術感。在薩滿神帽、神衣、神裙上都有鏡子，它能反射光線，可以防止惡魔的侵入。神帽上的小鏡，叫做護頭鏡，用以保護頭部。護心鏡套在頭部，佩在胸前，可以稱爲心臟之鏡，用以保護心臟。背後的護背鏡也是防邪護身的，護心鏡和護背鏡一前一後守護著薩滿的身軀。此外，在神衣上、腰部還繫著銅鏡若干個，薩滿跳神時，銅鏡相互撞擊，發出緊促的聲音，可以強化法力，震懾妖魔。在初民社會裡的人們看起來，薩滿身上的銅鏡越多，他就越有法術和神力。薩滿也認爲銅鏡是他們的盾牌，可以防禦

惡魔射來的箭矢⑳。科爾沁蒙古的薩滿認爲銅鏡不僅能發光，而且又會飛，可以驅除災病，嚇退邪魔㉑。在薩滿的法器中有許多鐵質製品，例如索倫族薩滿使用鐵片製成蛇形法器，滿族薩滿以鐵質製作腰鈴。初民社會中的人們認爲鐵器具有避邪驅祟作用，精靈最懼怕鐵器，人們投擲鐵器，精靈就遠遠地逃遁。

　　薩滿穿戴神衣、神帽，使用法器，跳神作法，念誦咒語，大量使用巫術，包括反抗巫術、交感巫術、模擬巫術、配合巫術，昏迷巫術等等通神的方法，各種巫術在靈魂互滲的基礎上運用順勢和接觸的原理進行。所謂順勢巫術即根據同類相生的原則，通過模倣等手段來達到他的目的；接觸巫術是指通過被某人接觸過的物體，施加影響力，則某人亦將受到影響㉒，薩滿跳神作法時，巫術的因素，在北亞草原族群的社會中都有顯著的呈現。昏迷巫術，習稱昏迷術，是薩滿跳神作法時的一種意識變化及精神現象。薩滿魂靈出竅後的過陰法術，就是一種昏迷術，也被稱爲脫魂型。薩滿的靈魂可以脫離自己的身體，而翱翔於天空，或進入地界冥府，與天空、冥府的神靈或亡魂等超自然性存在直接溝通㉓。脫魂就是薩滿施行昏迷術達到最高潮階段的主要動作，也被稱爲飛魂㉔。薩滿昏迷術中的脫魂或飛魂，就是薩滿信仰最顯著的特點，若捨棄昏迷術，就無從探討薩滿信仰的特質。

　　一個法力高強神通廣大的薩滿，多善於控制自己的思維結構，熟悉自己進入神魂顛倒狀態的方法，以及保持和調整進行昏迷術時所需要的特殊狀態，同時又須顧及到進行巫術的目的㉕。在神魂顛倒的精神狀態下，薩滿本人平日的人格暫時解離，或處於被抑制的狀態中，而被薩滿所領神祇的神格所取代。薩滿相信肉體軀殼，只是魂靈的載體，薩滿的昏迷術，就是能使自己的魂靈脫離軀體達到脫魂境界，使薩滿的人格自我眞空，讓薩滿所領的神

祇進入自己的軀體內，所謂神靈附體，就是神靈進入眞空軀殼的
特殊現象，薩滿已無本色，各因附體的神格而肖之，例如老虎神
來附身時，薩滿就表現猙獰的形象；媽媽神來附身時，薩滿就發
出噢咻的聲音；姑娘神來附身時，薩滿就表現靦腆的姿態。薩滿
的舞姿，多彩多姿，時而如鷹擊長空，時而如猛虎撲食，時而輕
歌曼舞，時而豪放粗獷，最後達到高潮，精神進入高度緊張狀態，
聲嘶力竭，以至於昏迷㉖。薩滿神靈附體後的狂舞，主要是模倣
巫術的充分發揮。薩滿魂靈出竅後，他的魂靈不僅暫時脫離自己
的軀殼，同時也走出個人存在的範圍，開始漫遊自己熟悉的另一
個世界。由此可知薩滿的人格解離或魂靈出竅，並非薩滿個人的
特殊經驗，其思想基礎是某種宇宙理論，意即應從他作爲思想基
礎的本質的觀點來理解薩滿信仰，這種本質現象就是普遍而複雜
的神魂顚倒，薩滿的過陰追魂，就是薩滿以魂靈出竅的意識變化
與九天三界天穹觀，以及魂靈轉生的思想，互相結合的概念。薩
滿在神魂顚倒的狀態下，彷彿回到了朦朧的原始宇宙結構中，天
地既無分野，自然、神與人都合而爲一。天地互滲、天人感應以
及人神合一的思想，就是北亞或東北亞文化圈各民族古代薩滿信
仰的核心問題。薩滿跳神作法，驅祟治病，其巫術觀念、巫術原
理，多貫穿於其中，巫術的因素，顯著地呈現。薩滿既然充分使
用巫術，由此可以說明薩滿信仰的觀念及其活動，就是脫胎於古
代北亞巫覡信仰，而以巫術爲主體和主流發展起來的複雜文化現
象，既是行爲狀態，也是社會現象。

三、薩滿跳神治病的取締

　　我國北方許多邊疆少數民族都崇奉過薩滿信仰，薩滿信仰的
盛行，就是北亞草原社會的一種文化特色。在北亞草原族群的初

民社會裡，幾乎一切的疾病，都倚賴民俗醫療，薩滿被認爲就是民俗醫療的靈媒，兼具巫術與醫術。人們的心理疾病、功能性疾病及器官性疾病，幾乎都倚靠薩滿跳神治病。在醫學上而言，薩滿的治病，只能稱爲「社會文化治療」（Sociocultural therapy），或稱爲「民俗精神醫術」（Ethno-psychiatry）。民俗醫療法雖然缺乏系統，也不是主流醫學，但是北亞草原族群的薩滿跳神治病，有超自然的一面，也包括零碎的醫療知識，所謂巫醫，就是一種巫術醫師，既用精神療法，同時又用藥石偏方。

靈魂不滅是薩滿信仰靈魂觀的基礎，薩滿相信人是由軀體與靈魂兩部分構成的，靈魂寄寓於軀體之中。薩滿信仰認爲人雖然死去，但是他們的靈魂不死，而且靈魂是以看不見的形式與人們一起生活。薩滿信仰雖然是一種複雜的文化現象，但就薩滿本身所扮演的角色而言，薩滿可以說是醫治病人及護送魂靈的術士，當薩滿跳神作法進入催眠狀態達到魂靈出竅的程度後，或過陰進入冥府，或上昇天界，而將病人的魂靈帶回人間，附體還陽，最後薩滿精疲力盡，彷彿從睡前中蘇醒過來，而達成了治療病人的任務。薩滿魂靈出竅的法術，是薩滿信仰的一種巫術特質，也是薩滿信仰與其他法術宗教相異之處。這種薩滿信仰的特有表現，可以從北亞草原族群流傳的薩滿故事裡找到具體的例子。其中《尼山薩滿傳》、《一新薩滿》等故事，對薩滿過陰追魂的過程，敘述頗爲完整。北亞草原族群多相信人們的患病，主要是起因於鬼祟爲厲，倘若惡鬼捉食了人們的眞魂，則其人必死。薩滿作法過陰，只限於軀體尙未腐爛的病人，才肯醫治，而且被捕去的魂靈，也僅限於冥府所能找到壽限未到者，始能倚靠薩滿的法術，令其附體還陽。從薩滿降神作法的儀式，可以了解其信仰儀式是屬於一種原始的跳神儀式。薩滿口誦祝詞，手擊神鼓，腰繫神鈴，

札立助唱神歌，音調配合，舞之蹈之，身體開始顫抖，神靈附身，
薩滿即開始喋喋地代神說話，傳達神諭。薩滿魂靈出竅，也是經
過跳神的儀式進行的，當神靈附身及魂靈出竅時，薩滿軀體即進
入一種昏迷狀態，停止呼吸。其魂靈開始進入地府死國，領著眾
神，渡河過關，在陰間到處尋找死者的真魂，最後帶回陽間，推
入本體內，病人復活痊癒。賀靈撰〈錫伯族《薩滿歌》與滿族《
尼山薩滿》〉一文已指出《尼山薩滿》和《薩滿歌》在展現薩滿
信仰儀式過程中，都反映了滿、錫兩族同時代的民間巫術，為研
究北方民族及其他崇奉薩滿信仰的國內外民間巫術的產生、發展
和得失，提供了非常珍貴的資料。薩滿巫術作為具有薩滿信仰的
原始民族特有的精神狀態，隨著薩滿信仰的形成、發展而形成、
發展。《尼山薩滿》和《薩滿歌》在反映滿、錫兩族巫術精神方
面，可謂淋漓盡致。通過這兩部作品，可以清楚地認識巫術的本
質，巫術精神在北方游牧狩獵民族中發展的特點，巫術精神和薩
滿信仰的關係，以及巫術在藝術中的表現形式等。總的來說，通
過這兩部作品，可以了解巫術是薩滿信仰得以長期存在的重要條
件，也是廣大群眾之所以長期崇奉薩滿信仰的重要因素[27]。

　　我國北方各少數民族禳災驅祟的活動，極為普遍。據《女真
傳》記載，女真人「其疫病則無醫藥，尚巫祝。病則巫者殺豬狗
以禳之，或載病人至深山大谷以避之。」[28]巫者即薩滿，在女真
人看來，人有疾病，多因鬼祟為厲所致，只有殺豬狗，由薩滿跳
神驅祟禳災。《綏化縣志》有一段記載：「禳病，漢、滿族亦無
大異，遇有病久不愈者，家人為之延巫驅治，謂之跳大神。巫者
腰繫鐵鈴，手繫皮鼓，以唱代言，醜態百露，誣謂病者，實係被
冤鬼作祟。」[29]巫者就是薩滿，滿族有病，即延請薩滿跳神驅祟
禳病。達呼爾族跳神驅祟的薩滿，頗為族人所信服。《黑龍江外

記》一書對達呼爾族驅祟禳病的活動，記載更加詳盡，「達呼爾病，必曰祖宗見怪，召薩瑪神禳之。薩瑪，巫覡也，其跳神作法，薩瑪擊太平鼓作歌，病者親族和之，詞不甚了了，尾聲似曰耶格耶，無分晝夜，聲徹四鄰。」又說：「伊徹滿洲病，亦請薩瑪跳神，而請札林一人爲之相。」小兒患病時，相信也是因鬼魅作祟，也請薩滿驅祟收驚。「小兒病，其母黎明以杓擊門？大呼兒名曰博德珠，如是七聲，數日病輒愈，謂之叫魂，處處有之。博德珠，家來之謂。」㉙「博德珠」是滿洲語「boo de jio」的音譯，意即「回家來吧！」吉林永吉縣舍嶺西尤屯附近一帶居民，多屬滿洲鑲黃、鑲藍兩旗。《雞林舊聞錄》記載當地旗人相信小兒患病，多因鬼魅作祟，而請薩滿跳神驅祟，或燒太平香，以祈禱家中平安，向祖宗及神前許願。其請神送鬼的儀式是由六、七人扮鬼，薩滿用鼓棒追擊惡鬼，逐出屋外㉚。《龍沙紀略》記載薩滿跳神驅祟的情景，更是生動。原書有一段記載說：

> 降神之巫曰薩滿，帽如兜鍪，緣檐垂五色繒條，長蔽面，繒外懸二小鏡，如兩目狀，著絳布裙。鼓聲闐然，應節而舞。其法之最異者，能舞鳥於室，飛鏡驅祟。又能以鏡治疾，徧體摩之，遇病則陷肉不可拔，一振蕩之，骨節皆鳴，而病去矣。多魅爲嬰孩祟者，形如小犬而黑，潛入土埒，惟巫能見之。巫伏草間，伺其入以甑蒙突，執刃以待，紙封埒門，然燈於外，魅知有備，輒衝甑而出，巫急斬之，嬰頓甦。婦著魅者，面如死色，喃喃如魅語，晝行有小犬前導，巫亦能爲除之。病家束草象人，或似禽鳥狀，擊鼓作屬詞以祭，喧而送之，梟其首於道，曰逐鬼㉛。

巫術是薩滿信仰的基礎和核心，因此，薩滿就是被除鬼祟的巫師。鬼魅畏懼鏡子的反射亮光，飛鏡驅祟爲薩滿所普遍使用。鳥神聽

命於薩滿，供其驅遣，舞鳥於室，捕捉鬼魅，驅除病人體內的惡靈。鬼魅作祟，也可束草人，作成病人的替身，其狀如禽鳥，祭祀後送上路，然後梟首於途，稱爲逐鬼。有的薩滿只用手拿著事先用柴草或紙張做成的人形替身，然後用針扎刺，或用火焚燒，口中念著咒語禱詞，相信就能把鬼趕走。有時候是由人扮鬼，讓他穿上病人的衣服，從燒旺的火堆走過，就能趕走惡鬼㉜。索倫人患病，常認爲是已故親人的鬼魂闖入家中作祟，必須進行供祭和驅祟儀式，由薩滿用葦子紮成男女兩草人，頭部貼上近似臉形的剪紙，放在蒙古包東南角上，下放羊皮一張，薩滿將一碗稷子米撒在病人身上，再撒向草人，口念咒語，相信就可以將纏附在病人身上的鬼魂趕到草人身上，使病人康復㉝。祭星神是薩滿信仰中的一種古老觀念，含有很濃厚的巫術成分。滿族薩滿有祭星神禳災除祟的活動，先由薩滿剪紙人若干個張掛起來，然後對著北斗七星神祈禱，藉七星神的力量，將附在病人身上的惡鬼驅逐，嫁禍於紙人。崇奉薩滿信仰的各民族，普遍相信將病人身上的惡鬼趕到替身的身上，以火焚燒，嫁禍於替身，相信病人就可痊癒了。伴隨著靈魂轉體思想的產生，後來又出現了象徵性的替身，在施行交感巫術時，普遍使用象徵性的替身，例如將病人衣物、指甲、頭髮等予以焚燒，作爲巫術摧燬的目標㉞。

　　北方諸民族都崇拜過火神，在日常生活中，火神比其他自然神更受崇敬，他們認爲火是聖潔的象徵，可以去污禳災，祓除不祥。對於遷徙無常，四處漂泊的游牧民族來說，火永遠起著驅祟禳災和保護族人的作用㉟。薩滿信仰把火神人格化，火神可以消除寒邪，庇護生靈。北亞各民族的火祭習俗，流傳廣泛，他們崇拜的火神神祇，亦極眾多，而且具有濃厚的北方文化特徵，形成獨具特點的崇火習俗的文化傳播圈㊱。古代哈薩克人有一種習俗，客

人探望病人，必須於進門時跨過火，以免給病人帶來更大的不幸。蒙古薩滿能禳災驅祟，宮廷器物及進貢物品，都由薩滿火淨消毒，用火神的威力消除污邪祟。由於火神的威力及火本身的聖潔，火燎法就成爲薩滿治療疾病常見的一種民族醫療方法。錫伯族薩滿以雙腳踩踏點燃羊糞的火堆，然後踏在臥床的病人肚子上，使原先覆蓋在肚子上的黃紙燃燒起來，以驅趕魔鬼㊲。在布里亞特人的社會裡，薩滿治病時，一隻腳站在地面的石板上，另一隻腳揉擦燒紅的道具，然後把腳來回數次的放在病人的患部治療㊳。以燒紅鐵器治病，是薩滿的一種巫術，新疆阿克蘇的薩滿常赤腳踩著通紅的鐵器，來回擦揉十餘次，然後用腳去觸摸病人，趕走了惡魔，病人就復元了。有時候，薩滿也從熾熱的火裡拿出一塊燒紅的鐵塊，用舌頭去舐這根鐵塊，每舐一次，就吹一下病人，連續幾次舐鐵吹氣後，病人就逐漸康復了。塔蘭奇人的薩滿則將燒紅的七塊鐵放到水裡，用這水的蒸氣使病人出汗以後，沖一下一塊龜殼，再用這水來給病人洗澡㊴。民俗醫療在北亞草原族群中具有正面的社會功能，是可以肯定的，追溯主流醫學的起源及其發展，也不能忽視北亞草原社會源遠流長的民俗醫療史。

　　薩滿的跳神治病，雖然是民俗醫療史上不可忽視的活動，但滿族入關前，官方已三令五申，禁止旗人延請薩滿跳神治病。東北亞星祭儀式，各部族彼此不同，但其目的多爲驅祟禳病。例如東海女眞，一歲兩舉，初雪祭星，以禳解災病，祈求多圍豐收；正月祭星，以除祟袪瘟，禱祝康寧㊵。明憲宗成化十九年（1483）十月，進入朝鮮的女眞人趙伊時哈等八人辭行時，朝鮮國王命都承旨李世佐賜酒。李世佐詢問女眞人「有祭祀之禮乎？」趙伊時哈等答稱：「祭天則前後齋戒，殺牛以祭。又於月望祭七星，然此非常行之事，若有疾病，祈禱則有之耳！」㊶女眞人星祭活動，

就是薩滿禳解祈禱的儀式。崇德七年（1642）十月二十九日，初纂本《清太宗文皇帝實錄》有一段記載說：「多羅安平貝勒妻福金，以其夫之病，由氣鬱所致，令家臣石漢喚巫人金古大來家，剪紙人九對，付太監捧至北斗之下，焚一半，埋一半，及福金拘禁至三日，福金輒昏迷。」㊷句中的「巫人」，即滿洲薩滿，安平貝勒杜度薨於崇德七年（1642）六月，當杜度生病時，薩滿金古大使用交感巫術，剪紙人九對為替身，在北斗星下焚燒掩埋，嫁禍於替身，以禳解災病。清太宗皇太極降旨將薩滿滿金古大處斬。

　　伊爾根覺羅阿山，世居穆溪。其父阿爾塔什率諸子，以七村歸附清太祖努爾哈齊。旗制既定，隸滿洲正藍旗。皇太極即位後，使阿山佐正白旗。天聰年間，征明，以功授固山額真。順治元年（1644），擊李自成有功，進三等公。《清史稿》有一段記載：「三年，坐妄聽巫者言，罪所部，被訐，罷官，奪世職。」㊸順治三年（1646），固山額真阿山因坐妄聽薩滿之言罷官，並奪世職。內國史院滿文檔案的記錄較翔實，有助於了解朝廷禁止薩滿跳神治病的過程。順治三年（1646），固山額真阿山夫妻曾到薩海薩滿家跳老虎神驅邪治病。固山額真阿山牛彔下雅巴海的媳婦因十二根筋抽筋之疾，雅巴海的兒子因內痛之疾，都由薩海薩滿醫治痊癒。據薩海薩滿供稱：「我為額真治病是實，給雅巴海之妻、媳及子治病，我不知也，想必是我念咒跳神之時，乃是神主為其驅邪治病，如此而已。」㊹薩海薩滿也供認曾為內大臣多爾濟德和莫、梅勒章京譚布驅邪治病。梅勒章京譚布在一次戰役中，曾被彈傷，卸甲回家後，不思茶飯，經由薩海薩滿跳老虎神治療，逐漸康復。內大臣多爾濟德和莫因一眼失明，又嘴歪難張，聞知薩海薩滿到固山額真阿山家，即出門口等候，迎入家中，

經扎針治療五官。不久，視力恢復，口嘴亦能張合。滿洲正黃旗人譚泰，於天聰年間授固山額眞。順治三年（1646）正月，「譚泰又坐與婦翁固山額眞阿山遣巫者治病，下廷臣議罪，論死，下獄。」⑥譚泰的妻子也延請薩海薩滿治病，未用太平鼓及腰鈴，僅香柱，令以此薰之。薩海薩滿假藉神諭，誣指雅巴海之妻與人私通，而被迫出妻。順治三年（1646）正月十三日，經雅巴海之妻訐告後，固山額眞阿山等人交法司質審定罪。其中固山額眞阿山的罪狀如下：

㈠身爲國家要員，竟不白于部，私下興用已禁巫者，罪一。

㈡聽巫者之言，並不指出通姦男子，便逼雅巴海出妻，後將其妻解至自家，罪一。

㈢勒令雅巴海夫妻遷移兩處，罪一。

㈣由部兩次往拿巫者未獲，又爲希脫巫者罪，巧飾具啓皇叔父攝政王，罪一。

法司質審後，將固山額眞阿山擬罷職，解任。固山額眞之子塞赫，經法司質審後，以塞赫父過不諫，逼離和睦夫妻，又知其父將雅巴海之妻解至家內而不規勸，擬罷長史之職，鞭一百。薩海薩滿既稱雅巴海之妻與人私通，然不指出通姦男子，又捏謊迫其遷移兩處。又不報部，竟違法行巫，論斬。梅勒章京譚布按法審理，所擬罪狀是身爲大臣，竟不白于部，求巫者跳神，擬罰銀一百兩。內大臣多爾濟德和莫身爲大臣，竟不白於部，私下用巫治病，擬罰銀五十兩。法司審擬後，啓皇叔父攝政王，奉旨：令王、貝勒、貝子、公等公同固山額眞，議政大臣復鞫。經王、王貝勒、貝子、公等會同審擬如下：

> 固山額眞阿山公，爾身爲國家大臣，不白于部，竟違法用
> 巫人跳老虎神；並聽信巫人之言，強行離散和睦夫妻；並

　　將其妻解至自家；又勒令其搬遷兩處；巫者罪顯，部兩次
　　派人往拿，均未准拿解；爾婿與固山額眞譚泰合謀荐巫，
　　爲梅勒章京譚布跳老虎神治病；又爲內大臣多爾濟德和莫
　　驅邪治病；爲希脫巫罪，巧飾具啓，故擬阿山公罷職、解
　　任，籍沒家產；塞赫罷其長史之職，籍沒家產；多爾濟德
　　和莫除官，罷內大臣之職，罰銀一百兩；梅勒章京譚布除
　　官，罷梅勒章京之職，罰銀一百兩⑯。

定例，薩滿跳神治病，必須先行報部，固山額眞阿山等未經報部，
私自請求薩滿跳神治病，俱處以重罪，薩海薩滿違法跳神，論斬。
法司等議覆，啓奏皇叔父攝政王，奉旨：固山額眞阿山公實屬罪
大惡極，但念其軍功卓著，除官，罷固山額眞之職；塞赫除官，
罷長史之職，折贖；內大臣多爾濟德和莫罰以應得之罪；梅勒章
京譚布罰以應得之罪；巫者鞭一百，禁其再行巫事；准護軍校雅
巴海並其近族兄弟於本王下所轄牛彔隨便自附；內大臣宗室錫翰、
塔瞻公、護軍統領圖賴公俱免罪。由於朝廷嚴懲臣工私自延請薩
滿跳神治病，一方面使薩滿的活動，只能在民間發展；一方面使
薩滿在滿族社會裡多從事祭祀活動，薩滿在滿族祭祖及宮廷祭祀
活動中扮演著重要的角色。

四、文化政策的制訂與禁止師巫邪術律例的修訂

　　民間信仰的保存及延續，需要以一系列因素爲條件，這些因
素包括與客觀因素作用有關的原因，以及與主觀因素作用有關的
原因。社會發展中的客觀因素，不僅是自然的存在，不僅是物質
的關係，而且還有其他許多社會關係，其原因可能與主觀因素在
自發性的活動中發生作用有關⑰。薩滿信仰雖然在歷史上不同時
期曾經反映了人們對自然、社會及個人自身的認識，但是由於內

在因素及外在環境的變遷,從滿族入關以前,薩滿信仰的許多活動已經受到壓抑,最顯著的例子就是薩滿跳神治病的活動,就已遭受官方的取締。

明代後期,遼東地區的民族變化,尤其是女眞族的再度崛起,促成東北亞生態環境的重大變遷。滿族在努爾哈齊、皇太極領導下建立政權,其對外接觸的頻繁,漢化的日益加深,以及滿、漢文化的同化,使滿族社會的傳統薩滿信仰起了極大的變化。滿族入關前,深悉政治、軍事、經濟等方面是建立政權時必須致力的方向,對於怪力亂神並不迷信,努爾哈齊、皇太極對薩滿的態度,與金代君主或蒙古大汗不盡相同。海參崴滿文手稿本《尼山薩滿傳》的結尾有一段描寫,提到尼山薩滿的婆婆聽到村民談論,薩滿在過陰收魂的途中,遇見了死去多年的丈夫,請求把他救活。尼山薩滿說明丈夫的筋骨已經腐爛,不能救活,彼此爭執,而把他拋到酆都城。婆婆很生氣,斥責媳婦二次殺害了丈夫,便到京城去向御史告狀。太宗皇帝降下旨意,將薩滿神帽、腰鈴、手鼓等法器一併裝在一個皮箱裡,用鐵索拴牢,拋到井裡。若無諭旨,不許取出。原書因爲是一本勸善書,所以讓它流傳,然而畢竟是不入大道的異端邪教,後人不可效法,書末提醒讀者,務須以此爲戒。薩滿信仰因被朝廷指斥爲異端邪教,而遭受取締。

在達呼爾族流傳的薩滿故事裡,也說皇帝下了個旨意,傳尼桑薩滿到宮廷內替皇太后治病,沒想到,她費了好大勁兒,還是沒把病治好。皇帝正好抓住這個藉口,以謠言惑衆,欺騙百姓爲名,把尼桑薩滿逮捕起來,用粗大的鐵索捆綁,扔進九泉之下。索倫族也流傳著一個很類似的故事,敘述尼桑薩滿成了更有名的大薩滿後,清朝皇帝知道了這個消息,於是請薩滿爲他親戚治病。尼桑薩滿卻沒治好,皇帝很生氣,就用粗大的繩子把尼桑薩滿捆

起來，扔到九丈深的井裡㊽。故事內容的可信度不高，但卻充分反映朝廷取締薩滿信仰的嚴厲。

　　清太宗天聰五年（1631）閏十一月，皇太極頒佈諭旨，大意說：「我兵之棄永平四城，皆貝勒等不學無術所致。頃大凌河之役，城中人相食，明人猶死守，及援盡城降，而錦州、松、杏猶不下，豈非其人讀書明理，盡忠其主乎？自今凡子弟年十五歲以下，八歲以上，皆令讀書。」㊾皇太極同時頒佈禁令，取締巫覡星士。凡巫覡及星士妄言吉凶，蠱惑婦女，誘取財物者，必殺無赦。崇德七年（1642）十月，因多羅安平貝勒杜度之妻請薩滿治病，皇太極也指出薩滿跳神治病，害人不淺，因此，嚴禁薩滿跳神治病，並下令：「永不許與人家跳神拿邪，妄言禍福，蠱惑人心，若不遵著殺之。」㊿讀書明理，不僅盡忠其主，亦知跳神治病，害人不淺，巫覡或薩滿妄言禍福，蠱惑人心，怪力亂神，邪不勝正。

　　滿洲入關後，清廷致力於鞏固政權，對於左道異端的取締，可謂不遺餘力。順治元年（1644）十月初十日，頒佈即位詔，在臚列應行條例中有一條規定：「凡訛言妖術，煽惑平民，燒香聚眾，偽造符契，擁集兵仗，傳頭會首，已緝獲正法，其脅從人等，果改邪歸正者，前罪免論。」(51)左道異端，假藉邪術，燒香聚眾，對政權造成威脅。順治三年（1646），清廷承襲明律，制訂禁止師巫邪術條例，「凡師巫假降邪神，書符咒水，扶鸞禱聖，自號端公、太保、師婆名色，及妄稱彌勒佛、白蓮社、明尊教、白雲宗等會，一應左道異端之術，或隱藏圖像，燒香集眾，夜聚曉散，佯修善事，煽惑人民，為首者絞監候，為從者各杖一百，流三千里。」(52)順治六年（1649），清律中規定僧道巫覡，妄行法術，蠱惑愚眾者，治以重罪。薩滿是北亞草原社會的巫覡，

民間秘密教派，多習巫術，清廷取締「邪教」原因之一，就是由
於「邪教」利用巫術燒香聚眾。薩滿妄行法術，跳神治病，因觸
犯律例，而遭取締。民間秘密宗教相信供佛喫齋，念誦經咒，可
以驅崇治病，各教派的教首多兼民俗醫療的經驗。下層社會的善
男信女，他們皈依民間秘密宗教的原因，主要是爲了醫治疾病。
或因自身有病，或因父母子女患病，請求各教首醫治。善男信女
多相信各教首具有神力治療的法術，能夠無病不醫，於是爭相拜
師入教。各教派人數眾多，因群眾運動，往往釀成宗教叛亂。清
廷鑒於左道惑眾，對薩滿假藉「邪神」跳神治病的活動，遂嚴厲
取締。依照《大清律例》的規定，薩滿私自跳神，杖一百，因跳
神治病而致人於死者處死。倘若人有邪病，須請薩滿醫治者，則
應稟明都統，用印文報部，然後准其醫治，違者巫覡道士正法外，
請治之人，亦治以罪⑤。《大清律例》的規定，雖然針對私自跳
神治病而制訂的，但對薩滿的活動及薩滿信仰的發展，卻遭受重
大的打擊。

　　薩滿信仰是屬於巫覡範圍的一種文化現象，朝廷取締薩滿私
自跳神治病，就是清代正統文化與巫覡文化互相衝突的結果。清
初諸帝深悉歷代治亂關鍵，確信儒家思想有利於鞏固政權，於是
積極提倡儒家文化。因此，從清廷文化政策制訂的過程，有助於
了解清廷取締左道異端或巫覡文化的背景。順治十年（1653）
四月，諭禮部，將「崇儒重道」定爲文化政策⑤，這種文化政策
也成爲清代的基本國策。這種政策的制訂，一方面反映滿族積極
漢化後更能接受中原歷代傳統文化；一方面反映清初的開國氣象，
已頗具規模。康熙九年（1670）十月，清聖祖諭禮部時，進一
步將順治年間制訂的崇儒重道文化政策具體化⑤，提出了「文教
是先」爲核心的十六條聖訓，其內容如下：

朕惟至治之世，不以法令爲亟，而以教化爲先。其時人心
醇良，風俗樸厚，刑措不用，比屋可封，長治久安，茂登
上理。蓋法令禁於一時，而教化維於可久。若徒恃法令，
而教化不先，是舍本而務末也。近見風俗日敝，人心不古，
囂凌成習，僭濫多端，狙詐之術日工，獄訟之興靡已，或
豪富凌轢孤寒，或劣紳武斷鄉曲，或惡衿出入衙署，或蠹
棍詐害善良，萑苻之劫掠時聞，譬忿之殺傷疊見，陷罹法
網，刑所必加，誅之則無知可憫，宥之則憲典難寬。念茲
刑辟之日繁，良由化導之未善。朕今欲法古帝王，尚德緩
刑，化民成俗。舉凡敦孝弟以重人倫；篤宗族以昭雍睦；
和鄉黨以息爭訟；重農桑以足衣食；尚節儉以惜財用；隆
學校以端士習；黜異端以崇正學；講法律以儆愚頑；明禮
讓以厚風俗；務本業以定民志；訓子弟以禁非爲；息誣告
以全善良；誡窩逃以免株連；完錢糧以省催科；聯保甲以
弭盜賊；解譬忿以重身命。以上諸條，作何訓迪勸導，及
作何責成內外文武該管各官，督率舉行，爾部詳查典制，
定議以聞⑤。

聖訓的範圍很廣，「自綱常名教之際，以至於畎桑作息之間，本
末精粗，公私鉅細，凡民情之所習」，都包括在內。清廷不以法
令爲亟，而以教化爲先，就是重視文教工作的表現。所謂「隆學
校以端士習；黜異端以崇正學」，就是崇儒重道的措施，其目的
都是爲了化民成俗。清聖祖在《御製日講四書解義序文》中有一
段敘述：「厚風俗，必先正人心，正人心，必先明學術。」⑤黜
邪崇正，必須先明學術，重視文教，先正人心，然後始能厚風俗。
雍正二年（1724）二月，清世宗又將十六條聖訓，尋繹其義，
旁徵遠引，推衍其文，共得萬言，題爲《聖諭廣訓》，並有滿文、

蒙文譯本，令八旗人員於朔望之日宣講，以教誨兵民，俾知忠孝立身的大義。因各旗只能在都統衙門及佐領之家宣講，聽講之人，往往不能齊集。所以後來又規定每月逢三、逢八之日，八旗人員齊集教場，操練兵丁，於射箭完後，宣講聖一、二條，如此則「地廣人多，於家喻戶曉之道，似有裨益。」㊿現存《聖諭廣訓》一卷，除了漢文刊本外，還有滿漢合璧本、滿蒙合璧本。其中「黜異端以崇正學」的演繹內容云：

> 朕惟欲厚風俗，先正人心，欲正人心，先端學術。夫人受
> 天地之中以生，惟此倫常日用之道，爲智愚之所共由。索
> 隱行怪，聖賢不取。易言蒙以養正，聖功以之；書言無偏
> 無頗，無反無側，王道以之。聖功王道，悉本正學。至於
> 非聖之書，不經之典，驚世駭俗，紛紛藉藉，起而爲民物
> 之蠹者，皆爲異端，所宜屏絕。凡爾兵民，愿謹淳樸者固
> 多，間或迷於他歧，以無知而罹罪戾，朕甚憫之。自古三
> 教流傳，儒宗而外，厥有仙釋。朱子曰：釋氏之教，都不
> 管天地四方，只是理會一個心；老氏之教，只是要存得一
> 個神氣。此朱子持平之言，可知釋道本指矣。自游食無藉
> 之輩，陰竊其名，以壞其術，大率假災祥禍福之事，以售
> 其誕幻無稽之談，始則誘取貲財，以圖肥己，漸至男女混
> 淆聚處，爲燒香之會，農工廢業，相逢多語怪之人。又其
> 甚者，奸回邪慝，竄伏其中，樹黨結盟，夜聚曉散，干名
> 犯義，惑世誣民，及一旦發覺，徵捕株連，身陷囹圄，累
> 及妻子，教主已爲罪魁，福緣且爲禍本，如白蓮、聞香等
> 教，皆前車之鑒也。夫左道惑眾，律所不宥，師巫邪術，
> 邦有常刑，朝廷立法之意，無非禁民爲非，導民爲善，黜
> 邪崇正，去危就安，爾兵民以父母之身，生太平無事之日，

衣食有賴，俯仰無憂，而顧昧恒，而即匪彝。犯王章而干
國憲，不亦愚之甚哉！我聖祖仁皇帝漸民以仁，摩民以義，
藝極陳常，煌煌大訓，所以爲世道人心計者，至深遠矣。
爾兵民等仰體聖心，祇遵聖教，擯斥異端，直如盜賊水火，
且水火盜賊，害止及身，異端之害，害及人心。心之本體，
有正無邪，苟有主持，自然不惑，將見品行端方，諸邪不
能勝正，家庭和順，遇難可以成祥。事親孝，事君忠，盡
人事者，即足以集天休，不求非分，不作非爲。敦本業者，
即可以迓神慶，爾服爾耕，爾講爾武，安布帛菽粟之常，
遵蕩平正眞之化，則異端不待驅而自息矣⑨。

清初諸帝尊崇孔孟聖賢，其根本目的就是在於運用以孔孟聖賢爲
代表的儒家思想去統一知識界的認識，確立其統治政權的基本道
德規範，儒家思想遂成爲正統思想，同時也是主流思想。十六條
聖諭及其廣訓，就是清代的治國綱領，也是基本文化政策。引文
中已指出聖功王道，悉本正學，索隱行怪，非聖之書，不經之典，
邪教師巫，都是左道異端，取締異端邪教，禁止師巫邪術，就是
黜邪崇正的當務之急。直省地方大吏對於《聖諭廣訓》多視同具
文，實力奉行者不多。乾隆初年，清高宗即已指出，「正人心，
厚風俗，皆國之大務」。「聖祖仁皇帝聖諭十六條，飭紀敦倫，
型方正俗，精義超越前古；世宗憲皇帝萬言廣訓，益加詳明，剴
切開導，所以牖民覺也者至矣。」但數年以來，民風仍未還醇，
習俗每輕犯法，主要原因就是由於「牧令之教化不浹，而德意未
孚也」。「即朔望宣講，不過在城一隅，附近居民，聚集觀聽者，
僅數十百人，而各鄉鎮間有講學之所，亦多日久廢弛，全無實際。」
因此，諭令督撫大員董率所屬，單車簡從，親歷鄉村，留心化導，
實力奉行，以漸臻風移俗易之效⑩。各州縣奉到訓諭後，雖遠鄉

僻壤，亦多於農隙或朔望宣講《聖諭廣訓》，可以山東城武縣爲
例，說明鄉鎮保甲宣講《聖諭廣訓》的情況。《城武縣志》有一
段記載說：

> 保甲既定，即就四鄉里耆分司講鐸，以厚風俗，凡村莊子
> 弟無力讀書識字，多失於教訓。稍長，競習囂薄，好勇鬥
> 狠，動觸法網，以致喪身亡家，往往有之。必於農隙時及
> 每月之朔望，宣颺聖諭，俾少長咸集傾聽，使其平時曉然
> 於善之當爲，不善之不可爲，則良心時時提醒，自然革薄
> 從忠，故勤講聖諭有關於風俗人心，非細故也。知縣趙嗣
> 晉因講鐸舊本，多述成語，恐鄉愚不能深悉，另編通俗演
> 義一書，廣爲講解。今年久版失，知縣袁章華謹遵奉頒《
> 聖諭廣訓》，恭錄多本，於編定保甲後，集各鄉里耆，每
> 名給發一本，即由各里耆，於該管里內，擇人煙湊集之所，
> 逢朔望日，會集該里士庶，拱聽宣講，務須聲音響亮，喚
> 醒一時，俾聞者亦踴躍鼓舞，既感善而慕，復畏法而懼，
> 澆風漸息，惡習漸除，是講鐸一法，實於保甲相爲表裏云
> ⑥。

由引文內容可知《聖諭廣訓》的宣講，不限於八旗，也包括直省
臣民；不限於城鎮，亦及於鄉村，《聖諭廣訓》就成爲清代移風
易俗的文化教材，其中黜邪崇正，尤爲破除迷信，取締異端的重
要措施。大學士鄂爾泰等人具奏時，對清高宗的提倡正學，曾有
一段論述：「皇上精一執中，繼唐虞之道統，尊崇正學，一天下
之人心，造士各因其材，儒風日進於古，天地以生物爲德，帝王
以成物爲功，皇上一以貫之，天德王道，備於是矣。」⑥清高宗
以儒家正統代表自居，積極提倡崇儒重道的文化工作，反映正統
主義已成爲清代的主流思想。清初以來，爲了取締左道異端，不

僅制訂查禁「邪教」的律例，同時也增修條例，取締「師巫邪術」，
可將清代禁止「師巫邪術」律例列出簡表於下：

清代禁止師巫邪術律例修訂表

年　　分	律　　例　　修　　訂　　內　　容
天聰五年 （1631）	諭凡巫覡星士妄言吉凶蠱惑婦女誘取財物者，必殺無赦，該管佐領領催及本主，各坐應得之罪，其信用之人，亦坐罪。
崇德七年 （1642）	諭凡老少男婦，有爲善友惑世誣民者，永行禁止。如不遵約，必殺無涉，該管各佐領領催及各主不行查禁者，一例治罪。
順治三年 （1646）	凡師巫假降邪神，書符咒水，扶鸞禱聖，自號端公、太保、師婆名色，及妄稱彌勒佛、白蓮社、明尊教、白雲宗等會，一應左道異端之術，或隱藏圖像，燒香集衆，夜聚曉散，佯修善事，煽惑人民，爲首者絞監候，爲從者各杖一百，流三千里。
順治六年 （1649）	凡僧道巫覡之流，妄行法術，蠱惑愚衆者，治以重罪。
順治十八年 （1661）	定凡無名巫覡私自跳神，杖一百，因而致人於死者處死。
康熙元年 （1662）	題准人有邪病，請巫覡道士醫治者，須稟明都統，用印文報部，准其醫治，違者巫覡道士正法外，請治之人，亦治以罪。
康熙十二年 （1673）	題准凡端公道士私行跳神醫人者，免死，杖一百。雖曾稟過禮部，有作者異端跳神醫治，致人於死者，照鬥毆殺人律擬罪，其私請之人，係官議處，係平人，照違令律治罪。
乾隆九年 （1744）	私刻地畝經及占驗推測妄誕不經之書售賣圖利及將舊有書板藏匿，不行銷毀者，俱照違制律治罪。
嘉慶六年 （1801）	各處官吏軍民僧道人等，妄稱諳曉扶鸞禱聖，書符咒水，或燒香集徒，夜聚曉散，並捏造經咒邪術，傳徒斂錢，一切左道異端，煽惑人民，爲從者發往回城給大小伯克及力能管束之回子爲奴。

資料來源：《欽定大欽會典事例》（臺北，國立故宮博物院，嘉慶二十三
　　　　　年武英殿刊本），卷 610；《欽定大清會典事例》（臺北，國
　　　　　立故宮博物院 ，光緒二十五年石印本），卷 766。

清初《禁止師巫邪術》的律例，是沿襲明代律例而增訂的，所添加的內容，主要是巫覡跳神治病部分，薩滿假藉降神作法，跳神治病，甚至於致人於死，都與清代律例互相牴觸，而遭到取締。順治十三年（1656）十一月，清世祖諭禮部時已指出「朕惟治天下，必先正人心，正人心，必先黜邪術，儒釋道三教並重，皆使人爲善去惡，反邪歸正，遵王法而免禍患。」㊿儒釋道是正道，治理天下，必須黜邪崇正，然後能正人心，而遵王法，所謂崇儒重道的文化內容，是包括釋道在內而以儒家爲代表的正統文化，師巫邪術是正統文化以外的左道異端，必須反邪歸正。

　　康熙皇帝提倡理學，生平對師巫邪術，深惡痛絕。康熙十一年（1672）四月初一日晨，清聖祖御乾清門聽政畢，召見掌院學士禮部侍郎熊賜履，詢問：「巡撫董國興所參之朱二眉解到京師，人多去問他休咎，爾以爲何如？」熊賜履面奏：「二眉雖與臣同鄉，但他講仙術，用符咒。臣讀孔孟之書，學程朱之道，不與此輩交往，生平未親覯其面，亦不信其說。」清聖祖笑著說：「爾向日如此奏過，朕觀其人，乃邪妄之小人也。」㋔孔孟程朱之學，都是正道，不講邪術。熊賜履潛心於孔孟程朱正道，清聖祖崇儒重道的思想，頗受熊賜履的影響。康熙十二年（1673）十月初二日辰刻，清聖祖御弘德殿，熊賜履進講「子曰以不教民戰」等章畢，召熊賜履至御前，諭曰：「朕生來不好仙佛，所以向來爾講闢異端，崇正學，朕一聞便信，更無搖撼。」熊賜履對曰：「帝王之道，以堯舜爲極；孔孟之學，即堯舜之道也。外此不特仙佛邪說在所必黜，即一切百家衆技，支曲偏雜之論，皆當擯斥勿錄，庶幾大中至正，萬世無弊。」㋕堯舜之道，孔孟之學，闢異端，黜邪說，就是崇儒重道的具體內容。熊賜履認爲「皇上睿聰作哲，允接二帝三王之正統，誠萬世斯文之幸也。」他又說「

皇上既以堯舜爲法，一切陋習，力行禁革，轉移風教，嘉與維新，化民成俗，未必不由此也。」⑥清聖祖既以上接二帝三王的正統自居，一切文教措施，皆以堯舜之道爲法，因此，禁革跳神作法等巫術，轉移風教，化民成俗，就是崇儒重道的具體表現，也是清廷制訂文化政策的基本方針。清世宗對左道異端亦提出其看法，雍正五年（1727）四月初八日，《起居注冊》有一段記載說：

> 釋氏原以清淨無爲爲本，以明心見性爲功，所以自修自全之道，莫善於此。若云必昧君臣之義，忘父子之親，棄置倫常，同歸寂滅，更有妄談禍福，煽惑凡庸，藉口空門，潛藏奸宄，此則佛教中之異端也。儒者守先王之道，讀聖賢之書，凡厥庶民，奉爲坊表，倘或以詩書爲弋取功名之具，視科目爲廣通聲氣之途，又或逞其流言邪說以動人之聽聞，工爲艷詞淫曲，以蕩人之心志，此則儒中之異端也。即如巫醫二者，雖聖人之所不棄，然亦近異端，而巫以祀神祇，醫以療疾病，皆不得不用者。至村巫誘人爲非，庸醫傷人之命，此即巫醫中之異端也，可因其異端有害於人而不用藥乎？不獨此也，即一器一物，皆以備用，乃位置不得其宜，或破損失其本體，便成異端矣。子疾病，子路請禱。子曰，某之禱久矣。蓋子路之禱，異端也，夫子之禱，正道也，同一事，而其中之是非邪正分焉，是者正者，即爲正道，非者邪者，即爲異端，故所論只在是非邪正之間，而不在人己異同之迹也。凡天下中外設教之意，未有不以忠君孝親獎善懲惡戒淫戒殺明己性端人品爲本者。其初創設之人，自然非尋常凡夫俗子，必有可取，方能令人久久奉行也，至末學後人敷衍支離而生種種無理悖謬之說，遂成異端矣⑥。

引文中已指出，同是一事，即有是非邪正之分，是者正者，就是
正道，非者邪者，就是異端。遵守王法，忠君孝親，就是正道。
不守王法，昧君臣之義，忘父子之親，棄置倫常，妄談禍福，都
是異端。巫覡祭祀神祇，醫者療治疾病，聖人所不棄。但村巫誘
人爲非，庸醫傷人性命，也都是異端。薩滿跳神作法，驅祟治病
的儀式，多在夜間舉行，與「邪教」夜聚曉散的宗教活動，有些
近似。薩滿本身就是一種豎，既是巫覡，又是民俗醫療的醫者，
是村巫，也是庸醫。因此，黜邪崇正，取締師巫邪術，查禁薩滿
跳神治病，就是清代推行崇儒重道文化政策不可避免的一項措施。

五、結　語

　　薩滿信仰是屬於歷史的範疇，有其形成、發展的過程。薩滿
脫胎於古代的巫覡，是屬於巫術文化的領域，以歷史文化觀點分
析薩滿信仰的特點，是有意義的。將薩滿信仰的特點作爲確定薩
滿信仰的發祥地及其在不同地區的分佈，也是較爲客觀的。薩滿
信仰就是盛行於北亞，包括東北亞及西北亞的草原地帶，以貝加
爾湖附近及阿爾泰山一帶爲發祥地，表現最爲典型，薩滿信仰的
盛行，就是北亞文化圈的文化特質。

　　薩滿信仰是一種特殊形式的巫術文化，魂靈觀念與巫覡法術
交織雜揉在一起，形成了一個詭異多變的靈異世界。薩滿在過陰
追魂、驅祟治病、占卜吉凶等活動中，都普遍運用巫術，其巫術
觀念、巫術原理，多貫穿於其中。薩滿的跳神治病活動，在不同
的地區，不同的時期，其儀式並不一致，有的舞鳥於室，有的飛
鏡驅祟，有的殺豬狗禳解，有的以銅鏡驅走惡魔，有的把惡鬼趕
到病患的替身，然後梟首於途，或用火燒燬，嫁禍於替身，其跳
神治病方式，不一而足。常見的巫術，如反抗巫術、交感巫術、

模擬巫術、配合巫術、昏迷巫術等，各種巫術在靈魂互滲的基礎
上運用順勢和接觸的原理進行。薩滿跳神作法，驅祟治病，既然
充分使用巫術，因此，薩滿信仰的觀念及活動，就是以巫術為主
體和主流發展起來的一種複雜文化現象。

　　滿族社會的薩滿信仰，亦極盛行，薩滿跳神治病的活動，尤
其頻繁。但當滿族建立政權後，落後性極其顯著的薩滿跳神治病
等巫術文化，便開始受到統治者的揚棄。滿族入關前，皇太極已
積極致力於建立政權的多項措施，他認識到儒家傳統文化對滿洲
政治、經濟發展的促進作用，他提倡文教，不遺餘力，不僅自己
努力研讀漢文典，而且再三諭令滿族親貴研讀漢文書籍。他仰慕
歷史上的明君賢相，自己也以明君為榜樣，開始禁止薩滿跳神治
病，禁止私立寺廟。皇太極的文化改革，大大地提高了滿族文化
的素質⑱。滿族入關後，一方面承襲明律，修訂禁止師巫邪術的
律例，一方面開始制訂其文化政策。清世祖深悉儒家教化有利於
鞏固政權，於是將「崇儒重道」定為基本文化政策。清聖祖也肯
定堯舜孔孟之道是正道，有裨於政治，儒家的綱常名教，君臣父
子夫婦朋友之倫，上下尊卑之序，就是社會賴以存在的生活規範，
所以進一步將「崇儒重道」的文化政策具體化，提出以文教為先
的十六條聖訓。清世宗又將十六條聖訓逐條尋繹其義，推衍出《
聖諭廣訓》，除漢文外，也譯出滿文、蒙文，以供滿、蒙、漢臣
民宣講。十六條聖訓及《聖諭廣訓》就是清代的治國方針，同時
也是基本文化政策的綱領。其中「黜異端以崇正學」，就是清廷
崇儒重道，化民成俗的具體措施，儒家思想遂成為正統思想，同
時也是主流思想。清初諸帝亦以上接堯舜孔孟的正統自居，聖功
王道，悉本正學，索隱行怪，非聖之書，不經之典，邪教巫覡，
都是左道異端，禁止師巫邪術，就是黜邪崇正的當務之急。薩滿

跳神作法的活動，因與朝廷禁止師巫邪術的律例相牴觸而遭到官
方的取締。但因人有邪病，薩滿跳神治病久爲民間普遍習用，所
以嚴禁私自跳神，必須稟明都統，用印文報部，違者按律治罪。
由此可見薩滿跳神治病的遭受取締，與朝廷文化政策的制訂，確
實有極密切的關係。

【註　釋】

① 莫東寅著《滿族史論叢》（北京，人民出版社，1958年8月），頁
　　175。

② 閻崇年撰〈滿洲貴族與薩滿文化〉，《滿學研究》，第2輯（北京，
　　民族出版社，1994年12月），頁121。

③ 呂鴻儒等撰〈也論宗教的本質界定〉，《思想戰線》，1988年，第
　　3期（雲南，雲南人民出版社，1988年6月），頁14。

④ 劉厚生撰〈滿族的薩滿教是眞正的民族宗教〉，《北京滿學學術討
　　論會編》，1992年8月，頁9。

⑤ 司馬遷著《史記》（臺北，臺灣商務印書館，百納本，民國五十六
　　年七月），卷二十八，〈封禪書〉，頁18。

⑥ 《史記》（臺北，鼎文書局，民國五十六年七月），卷二十八，頁
　　1379。

⑦ 班固著《漢書》（臺北，臺灣商務印書館，民國五十六年七月），
　　卷九十四，列傳六十四上，頁30。

⑧ 樊圃撰〈六到八世紀突厥人的宗教信仰〉，《文史》，第十九輯（
　　北京，中華書局，1983年8月），頁192。

⑨ 《漢書》，卷五十四，列傳二十四，頁17。

⑩ 《舊唐書》（臺北，臺灣商務印書館，民國五十六年七月），卷
　　195，頁8。

⑪　《遼史》（臺北，臺灣商務印書館，民國五十六年七月），卷53，頁12。

⑫　《欽定遼史語解》（臺北，國立故宮博物院，乾隆間朱絲欄寫本），卷八，頁17。

⑬　朱子方撰〈遼代的薩滿教〉，《社會科學叢刊》，第6期，1986年，頁49。

⑭　《金史》（臺北，臺灣商務印書館，民國五十六年七月），卷六十三，頁6。

⑮　《欽定四庫全書》（臺北，臺灣商務印書館，民國七十五年三月），第三百五十冊，頁23。

⑯　瞿兌之撰〈釋巫〉，轉引自凌純聲著《松花江下游的赫哲族》（南京，國立中央研究院，民國二十三年），頁104。

⑰　徐昌翰撰〈論薩滿文化現象——「薩滿教」非教芻議〉，《學習與探索》，1987年，第5期（哈爾濱，黑龍江省社會科學院，1987年9月），頁122。

⑱　張紫晨撰〈中國薩滿教的巫術〉，《民間文學論壇》，1991年，第6期（北京，中國民間文藝出版社，1991年11月），頁113。

⑲　色音撰〈薩滿的法服與法器〉，《北方民族》，1992年，第1期，頁91。

⑳　金輝撰〈論薩滿裝車的文化符號〉，《民間文學論壇》，1985年，第1期（1985年1月），頁134。

㉑　白笑之撰〈科爾沁「博」（薩滿）的分類及服飾法器初探〉，《民間文學論壇》，1988，第2期（1988年3月），頁135。

㉒　黃意明著《中國符咒》（香港，中華書局，1991年6月），頁28。

㉓　櫻井德太郎著《東亞細亞之民俗宗教》（東京，吉川弘文館，昭和六十二年四月），頁15。

㉔ 內貝斯基撰，謝繼勝譯〈關於西藏薩滿教的幾點注釋〉，《國外藏學研究譯文集》，第四輯（西藏，西藏人民出版社，1988年8月），頁137。

㉕ 列武年科娃撰，北辰譯〈今日的薩滿教理論及歷史問題〉，《北方民族》，1992年，第4期，頁98。

㉖ 張雷軍撰〈試論錫伯族的宗教信仰及其成因〉，《北方民族》，1993年，第1期，頁83。

㉗ 賀靈撰〈錫伯族《薩滿歌》與滿族《尼山薩滿》〉，《阿爾泰語系民族敍述文學與薩滿文化》（內蒙古，內蒙古大學，1990年8月），頁267。

㉘ 王肯撰〈車北俗文化史〉（瀋陽，春風文藝出版社，1992年7月），頁514。

㉙ 西清著《黑龍江外記》（臺北，臺聯國風出版社，民國五十六年十二月），卷六，頁15。

㉚ 魏聲龢著《雞林舊聞錄》（吉林，吉林文史出版社，1986年6月），頁276。

㉛ 方式濟撰〈龍沙紀略〉，見《明清史料彙編》（臺北，文海出版社，民國五十六年三月），初集，第8冊，頁22。

㉜ 烏丙安著《神祕的薩爾世界》（上海，三聯書店上海分店，1989年6八㉝ 蔡志純撰〈蒙古薩滿教變革初探〉，《世界宗教研究》，1988年，第4期，頁124。

㉞ 于乃昌撰〈痴迷信仰與痴迷的藝術——珞巴族的原始宗教與文化〉，《中國藏學》，1989年，第2期（北京，中國藏學出版社，1989年），頁159。

㉟ 劉小萌等撰《薩滿教與東北民族》（長春，吉林教育出版社，1990年3月），頁46。

㊱　富育光著《薩滿教與神話》（瀋陽，遼寧大學出版社，1990年10月），頁
　　46。

㊲　韓國綱撰〈錫伯族薩滿教一瞥〉，《中央民族學院學報》，1988年，
　　第2期（北京，中央民族學院，1988年3月），頁94。

㊳　高橋勝之譯〈關於西伯利亞蒙古及歐俄異民族中的薩滿〉，《東亞
　　論叢》，第3輯（日本，1940年9月），頁384。

㊴　陳宗振等撰〈裕固族中的薩滿——祀公子〉，《世界宗教研究》，
　　1985年，第1期（北京，中國社會科學出版社，1985年3月），頁
　　153。

㊵　王宏剛等撰〈論滿族崇鷹習俗〉，《滿族研究文集》（長春，吉林
　　文史出版社，1990年7月），頁234。

㊶　《成宗大王實錄》（漢城，國史編纂委員會，實用普及版，1973年），卷
　　一百九十五，頁14。成宗十四年十月戊寅。

㊷　《清太宗文皇帝實錄》，初纂本（臺北，國立故宮博物院），卷三
　　十九，頁58。崇德七年七月二十九日。

㊸　《清史稿校註》，第10冊（臺北，國史館，民國七十七年八月），
　　卷二百三十四，頁7997。

㊹　《清初內國史院滿文檔案譯編》（北京，光明日報出版社，1989年
　　10月），中冊，頁244。

㊺　《清史稿校註》，第10冊，卷二百五十三，頁8326。

㊻　《清初內國史院滿文檔案譯編》，中冊，頁245。

㊼　亞布洛柯夫著，王孝雲等譯《宗教社會學》（成都，四川人民出版
　　社，1989年6月），頁176。

㊽　趙志忠等撰〈尼山薩滿與薩滿教〉，《滿族研究》（瀋陽，遼寧省
　　民族研究所，1993年），頁47。

㊾　《清史稿校註》，第1冊（臺北，國史館，民國七十五年二月），

卷二,頁35。

㊿ 《清太宗實錄稿本》,卷十四,轉引自姜相順,佟悅撰《盛京故宮》
（北京,紫禁城出版社,1987年7月）,頁273。

51 《清聖祖章皇帝實錄》,卷九,頁20。順治元年十月甲子,即位詔。

52 《讀例存疑》（臺北,成文出版社,重刊本,1970年）,㈢,頁
421。

53 莊吉發撰〈從取締民間秘密宗教律例的修訂看清代的政教關係〉,
《第二屆中國政教關係學術研討會論文集》（臺北,淡江大學,
1990年12月,頁267。

54 《清聖祖章皇帝實錄》,卷七十四,頁13。順治十年四月甲寅,諭
旨。

55 《清代全史》（瀋陽,遼寧人民出版社,1991年7月）,第二冊,
頁430。

56 《清聖祖仁皇帝實錄》,卷三十四,頁10。康熙九年十月癸巳,上
諭。

57 《清聖祖仁皇帝實錄》,卷七十,頁12。康熙十六年十二月庚戌,
御製序文。

58 《起居注冊》（臺北,國立故宮博物院）。雍正十三年八月十六日,
諭旨。

59 《聖諭廣訓》,《文淵閣四庫全書》（臺北,臺灣商務印書館,民
國七十五年三月）,第77冊,頁599。

60 《清高宗純皇帝實錄》,卷一百九十,頁16。乾隆八年閏四月十四
日丁卯,訓諭。

61 袁章華修著《城武縣志》(臺北,國立故宮博物院,道光十年刊本）,卷
七,頁8。

62 《清高宗純皇帝實錄》,卷二百一十一,頁5。據鄂爾泰等奏。

㉓　《清世祖章皇帝實錄》，卷一百零四，頁12。順治十三年十一月辛亥，諭禮部。

㉔　《康熙起居注》（北京，中華書局，1984年8月），第1冊，頁29。

㉕　《康熙起居注》，第1冊，頁125。

㉖　《康熙起居注》，第1冊，頁127。

㉗　《雍正朝起居注冊》（北京，中華書局，1993年9月），第2冊，頁1176。

㉘　袁閭琨撰〈論皇太極的文化改革〉，《清史國際學術討論會論文集》（瀋陽，遼寧人民出版社，1990年8月），頁512。

滿族薩滿跳老虎神模樣

清代三陽教的起源及其思想信仰

一、前　言

　　儒家思想具有宗教教義中最基本的慈悲性與平等性，也具有宗教家救世救人的理想與力量。但它與宗教不同，宗教理論是建立在外面上帝與諸神的信仰，儒家則信仰自心；宗教寄託於來世及天國，儒家則希望在現世實現其理想。因此，儒家思想已超越宗教的需要，不能代替宗教功用。東漢初年，印度佛教雖已正式傳入中國，但當時社會安定，佛教並不盛行。東漢末年，戰亂頻仍，社會動盪，一般民眾對現實人生的失望，精神上缺乏慰藉，自然要轉移到未來世界與空中天國去，正是國人感覺到宗教需要的時候。佛教既談禍福休咎，因果報應，其基本教義也在教人離苦得樂，解脫生死，民眾為了去禍得福，以求神祐，乃爭相皈依三寶，佛教便在下層社會暗暗生長，尚未浮現到社會上層來。魏晉以降，教中吸收了許多博學之士，士大夫開始研習佛法，哲理的探求，遠超過宗教的信仰，遂使佛教更適合於上層社會的信仰。佛教輸入中國的初期，曾經比附原始宗教，以求發展，吸收了不少的迷信成分，佛教遂具有崇拜神像及咒術的傾向。當佛教浮現到社會上層時，逐漸揚棄道術及迷信成分。佛法宏揚於中國以後，流行於民間為人治病的原有巫覡方術也逐漸發展成為具有宗教行為的道教，與佛教同樣受到歷朝君主的尊獎與護持而成為正信的宗教，一般民眾所接受的只是佛教輪迴果報的粗淺思想及道教運氣靜坐誦習經咒以求消災祈福的方術，仍在民間流行，逐漸發展

成爲各種宗教團體，因其組織及思想信仰，與統治階層的正統觀念有所牴觸，而被視爲「異端邪教」，往往遭到取締，只能潛藏在下層社會秘密流傳。

東漢末年，鉅鹿人張角，利用原始信仰，創立太平道，教人跪拜悔過，散施符水，以治疾病，信徒眾多。與張角同時的益州人張魯，則傳授五斗米道，替人治病時，也不用醫藥，而令病人處在靜室裡思過。南北朝是一段混亂的時期，戰爭不息，生民塗炭。東陽郡烏傷縣人傅大士創立彌勒教，預言世界將要大亂，自稱是彌勒佛轉世，以濟度群生，奉者若狂。摩尼教自唐武后延載初年傳入內地，爲了適應新的環境，曾依附佛教而盛行起來，武宗會昌年間，因禁止佛教，摩尼教也遭到取締，不能公開活動，而流爲秘密宗教。宋代以降，摩尼教又稱爲明教，相信黑暗就將過去，光明即將來臨。南宋高宗紹興年間，吳郡延祥院僧茅子元自稱白蓮導師，創立白蓮菜，茹素念佛，佛教正統視之爲異端，進入地下活動，與彌勒及明教融合爲一體，逐漸發展爲白蓮教。元代末年，欒城人韓山童利用白蓮教的勢力，揚言彌勒降生，明王出世，密謀起事，失敗被殺後，劉福通又迎立其子韓林兒爲帝，號小明王，建都亳州，國號宋。白蓮教在下層社會中本來就擁有廣大的群眾基礎，韓林兒又自稱宋室後裔，更增加其號召力，各地起兵群雄，多奉小明王號令，秘密宗教在反元運動中，遂扮演了重要角色。

明清時期，秘密宗教益趨活躍，除白蓮教外，尚有聞香、羅祖、捏槃、紅封、南無、淨空、悟明、大成、無爲、混元、神捶、順天、儒理、空子、龍華、大乘、子孫、長生、八卦、天理、緣明、斗母、清茶門、義和門、一炷香、收元、青陽、紅陽、白陽等教，名目繁多，不勝枚舉。各教派以燒香治病的方式招集信徒，

節錄佛經仙籙的內容，改編寶卷，創立教門，師徒輾轉傳授。秘密宗教是多元性的信仰結構，各有其社會、地理及經濟背景，並非都由白蓮教或羅祖教轉化而來，各教派之間，彼此亦各不相統屬，並非始自一時，起於一地。各教派都有教主，多由各家族世代傳授，彼此雖互通聲氣，但是並不受節制。清代乾嘉年間，秘密宗教屢奉諭旨查禁，教案層見疊出，其中青陽、紅陽與白陽教合稱爲三陽教，其教義頗能代表各教派的共同思想信仰。本文寫作的目的即在就現存清代宮中檔、軍機處檔等原始資料，以探討三陽教的起源，其活動情形，清廷查禁經過，並分析其思想信仰。

二、三陽教的起源

三陽教是明清時期勢力較大的一種秘密宗教，其原名稱爲混元教，相傳教中有混元老祖，據後世流傳的《混元紅陽臨凡飄高經》內〈無天無地混沌虛空品〉寶卷原文云：

> 無天無地，虛空在前，先有不動虛空，後有一祖出世，甚麼祖？祖是混元祖宗，是老祖宗佛，是治世老天，混元老祖，坐有阿羅國，佛過去天佛，又是無極老祖，想無天無地，一人治世，先有鴻濛化現，後有滋濛混沌，先有鴻濛，後有滋濛，滋濛長大，結爲元卵，又叫做天地玄黃，玄黃迸破，纔現出治世天佛宗祖出世，清氣爲天，濁氣爲地，一生二，二產三，三生萬物，諸般都是老祖留下，怎麼不是老無極①。

因其創自混元老祖，並崇奉混元老祖，故又稱爲混元祖教。在《混元紅陽顯性結果經》內載「大明萬曆年，佛立混元祖教，二十六歲上京城。」在《混元紅陽臨凡飄高經》序文內記載較詳，其文云：

> 萬曆中，初立混元祖教，二十六歲上京城，先投奶子府，
> 有定國公護持，混元祖教興隆，天下春雷響動，御馬監陳
> 公，內經廠石公，盔甲廠張公，三位護法②。

據前文所述，則混元教正式創立的時間是在明神宗萬曆年間，其
教主是飄高祖，即高揚，是山西洪洞縣人，「自幼時出家，訪道
各處，尋茶討飯，先拜朱師父，後拜王師父。」其「混元紅陽血
湖寶懺」原文云：

> 爾時太上飄高老祖於萬曆甲午之歲正月十五望日，居於太
> 虎山中，廣開方便，濟度群迷，舍九蓮寶台，大會說法，
> 聚集四眾人等，聽祖師說玄妙之法③。

干支甲午即萬曆二十二年（1594），飄高祖編造紅陽經，所以
混元教又叫紅陽教，其後又編造白陽、青陽名目，故又合稱三陽
教。飄高祖籍太監的勢力，傳徒眾多，前引御馬監陳公公即太監
陳矩之，石公公即石亨，張公公即張忠。明神宗萬曆四十七年（
1615）十二月，陝西固原人李文等起事時，自稱彌天一字王，
建立天眞混元年號，聚眾數百人，散佈天書、六甲飛劍，約期舉
事，因其黨曹世泰等出首，李文等被獲伏誅④。清世祖順治三年
（1646）六月，清廷飭令都察院、五城御史、巡捕衙門等嚴禁
混元等教，翌年，飄高祖高揚被凌遲處死。

三、直省紅陽教案

紅陽教又作弘揚教，清代官書因避清高宗弘曆御名諱改書宏
陽教，乾隆十一年（1746）六月，直隸順天府等處拏獲紅陽教
犯董應科等人，據順天府尹蔣炳奏稱紅陽教傳習已百餘年，牽引
十四州縣，其中大興縣訪得京南紫名莊三教堂，是紅陽教聚會之
所，塑有神像，宛平縣訪得紅陽教教首，其中郎垈村教首是連王

惠，坎壇村是任一魁，大井村是劉氏等，奉旨將經卷、圖像銷燬，三教堂改爲公所⑤。步軍統領所拏獲的紅陽教犯有旗婦趙王氏、孔芝華等人。據供紅陽教是先由河南衛輝府道人趙姓、恁姓傳授右安門外居住的旗人趙宗普，授持茶葉，與人治病，到處散香傳教，託名靜養工夫，教人右手扣著左手，右腳扣著左腳，舌頭抵著上牙根，據稱可以療疾延年。趙宗普身故後，其妻趙王氏即傳其教，散香持咒，招引孔芝華等人入教，據稱永平府屬石佛口地方的無爲教道人亦來喫齋。大學士訥親等審擬各要犯，經刑部議准將旗婦趙王氏擬絞，孔芝華等擬流。

　　直隸京南一帶的紅陽教徒，雖經分別絞流，其經卷亦飭令銷燬，不許刊刻售賣隱匿收藏，但紅陽教的勢力，並未被消滅。直隸總督楊廷璋到任後，即飭所屬州縣文武員弁留意稽查。旋據布政使觀音保等委員分赴各處訪查，在通州、良鄉、涿州等地先後拏獲紅陽教舊犯桑自雷、包文玉等子孫，提解省城究審。其中桑文之是通州人，其祖父桑自雷是正黃旗包衣，投充壯丁，漢軍正身，向入紅陽教，桑自雷之子桑進魁亦隨同入教，乾隆十一年（1746），因奉禁解散，旋即身故。乾隆二十三年（1758），桑文之因家中老少均不平安，憶及祖父在日，供佛念經，並無災祲，遂與同教正黃旗投充壯丁的吳成順，民人趙九正、張文德、焦七、王文魁、田吉祥、李守敬、焦二、馬成瑞及正黃旗投充壯丁周騰玉等十人，倣照舊規，每年五月十六日爲紅陽生身故日期，各出小錢一百文，上供念經，輪流做會，祈保平安。涿州人包義宗，其父包文玉，與同村鄭起龍、鮑三，向入紅陽教，乾隆十一年奉禁後，鄭起龍等旋亦身故，乾隆十九年（1754），包義宗因其母董氏患病，憶及紅陽教內有將茶葉供佛禱祝治病的方法，遂將茶葉放在家中觀音佛前供奉禱祝，然後給與母親服用，病適痊癒，

乃將奉禁時送歸村中大寺內的經卷取回念誦，並代人治病行善。
後來有良鄉縣人霍振山之母董氏患病，包義宗給與茶葉，其病亦
痊癒，霍振山隨拜包宗義爲師，分授經卷，每年五月十六日，十
一月十六日即在霍振山家上供念經，乾隆二十九、三十一、三十
二等年，有良鄉縣人李士勤、姚林，涿州人王老及正白旗漢軍張
三等均因治病痊癒，先後入教，希圖消災降福。大興縣人李國聘
之祖李文茂，曾入紅陽教，存有經卷，李文茂之子李尙珍，亦隨
同吃齋，乾隆十一年奉文查禁時，李文茂已身故，李尙珍暫時開
葷，不久又與子姪李國聘、李國用及街鄰翟仲銀、翟仲庫等傳習
紅陽教。良鄉縣人張天祐及其子張生培，曾將紅陽教改名龍天會，
供奉至正菩薩，每年四季擺供念經，張生培之子張二及鄰居李德
茂、焦仲林等俱入紅陽教。房山縣查出齊如信父子俱曾入紅陽教，
奉文查禁後開葷。以上各犯俱係乾隆三十四年（1769）二月間
直隸總督楊廷璋任內所訪出紅陽教信徒，以父子世代相傳爲多數，
各教徒平日在地方上也曾扮演重要的角色，據各犯供稱遇有附近
貧民喪葬之事，無力延請僧道時，即邀請紅陽教徒念經發送。所
查出各教犯俱按律懲辦，其中桑文之、包義宗發往烏魯木齊等處，
給與披甲人爲奴，吳成順、趙九正、張文德、焦七，照桑文之、
包義宗之罪減一等各杖一百，徒三年，因吳成順、周騰玉、張三
係投充壯丁，照例折枷鞭責，其餘俱發配，限滿遞回原籍交地方
官嚴加管束，至於王文魁等犯，則照違制例各杖一百，仍加枷號
一個月遊示⑥。

　　山西平遙縣人渠閏甫，平素吃齋念佛，乾隆四十五年（
1780），拜同村的王增元爲師，入紅陽教，師叔王毓山、閻慶
廷即閻青廷，師兄郭永都等十餘人，每年七月初四日，做會一次，
供奉飄高老祖，持誦觀音普門品經⑦。乾隆四十八年（1783）十

一月，直隸保定府拏獲渠閏甫等人，是月二十七日，直隸總督劉峨移咨山西巡撫農起訪拏紅陽教的教首王增元等人，十一月二十九日，當農起馳抵平遙時，按察使長麟等已將王增元、王毓山等拏獲，搜出經卷、佛像及會簿三本，內開列紅陽教男婦姓名共三十三人。據供稱王增元與王毓山同村相好，王毓山之父王永福在日，曾習紅陽教，王增元拜從為師，與王毓山學習念經，乾隆十一年，因直隸紅陽教破案，查禁甚嚴，王永福將經卷、佛像等項，交由王毓山與王增元分藏，不敢設教誦念。乾隆十七年（1752），王永福病故，王毓山出外經營生意，王增元則務農為業，至乾隆四十四年（1779）冬間，王毓山因買賣折本，窮難度日，王增元亦因年老不能力作，商同復興紅陽教，為人消災祈福，以便歛錢。王毓山即令其子王治瓏一同拜佛念經。王增元、王毓山素善針炙治病，近村民人患病者多已治好，遂以紅陽教門能消災獲福，而拜師入教。乾隆四十六年（1781），有郭全儀、郭永都、渠閏甫投拜王增元為師，王孟瓏等人聽信入教，隨同念經，但未拜師。是年七月初四日，在王增元家起會，與王毓山等七人共同做會，供奉飄高老祖，念誦觀音品門等經，有段立基等六人均因針炙病痊，前往王增元家拜佛佈施，並未入教，王增元等將段立基等六人及其妻姓氏列寫會簿，代為保佑。乾隆四十七年（1782），又有王庭福等投拜王增元為師，有許福貴等人隨同入教，前後做會三次，皆以王毓山為教頭。乾隆四十八年（1783）十月間，渠閏甫因南政村外龍天廟內有房屋地畝，欲充該廟住持，恐無經本携帶，不能入廟，憶及曾見許福貴藏有王增元所給的《祖明經》一本。其經面書明「京都薫家老舖造賣經文」字樣，又聞京城琉璃廠五聖庵有經本出售，隨將住房售給堂兄渠成倉，赴京購覓經卷⑧。

　　乾隆五十三年（1788），直隸任邱縣人劉輝遠拜新城縣人蘇敬爲師，學習邱祖龍門派下混元紅陽教，傳授「眞空家鄉，無生父母」八字口訣。河南魯山縣人王太平向來隨其父王辰在魯山與嵩縣交界地方種地度日，乾隆四十四年（1779），王辰病故，遺有破爛經本。嘉慶十八年（1813）七月，王太平因年荒窮苦，起意設教歛錢，與朱全幅等商謀藉念經治病，邀人入教，訂定每年四季的季首擺會一次，朱全幅將經本內破爛拖天神圖手卷二本照樣抄錄，同其餘經卷六本藏收山洞，即在山洞中設立經壇，因見經本內有陸林混元字樣，所以稱爲陸林混元教，供奉飄高老祖，無生父母。

　　嘉慶年間，紅陽教案層見疊出，其勢力蔓延益廣。嘉慶十五年（1810）三月，河南鹿邑縣人王三保與王法僧、王雙喜等起意復興三陽教，揚言現在是彌勒佛掌教，王法僧是彌勒佛轉世，王雙喜爲紫微星臨凡，王雙喜等被拏獲後發配黑龍江。直隸宛平縣人劉寶幅自幼好佛，外號佛劉。嘉慶六、七年間，大城縣人孫二勸其念誦「阿彌陀佛」四字，稱爲無字眞經，劉寶幅即拜孫二爲師，入紅陽教。直隸獻縣人沈吉祥於十四歲時淨身當太監，嘉慶十二、三年間，沈吉祥左腿骨折，前往馬駒橋求劉三道即劉興禮醫治，劉三道即在沈吉祥腿上按摩，然後令其回家盤膝坐功，沈吉祥遂拜劉三道爲師，入紅陽教。嘉慶十五、六年間，劉寶幅因患便血症，求劉三道醫治，並拜劉三道爲師，入紅陽教。嘉慶十六年（1811）四月間，滿洲鑲白旗人保慶佐領下雲騎尉富林泰充肅親王府三等護衛，因其嘴上長一疙疸，求劉三道醫治，劉三道給與茶葉一包，教其嚼爛敷上，病痊後即入紅陽教。直隸獻縣人張廷端、王寡婦俱是紅陽教首，嘉慶九年（1804），同縣人王仲來拜張廷端爲師，入紅陽教。王仲來之子王尙春旋因患心

疼病，求王寡婦醫治，王寡婦用茶葉熬水，令王尚春飲服，王尚春病痊後即拜王寡婦爲師，入紅陽教。嘉慶十七年（1812），張廷端病故，王仲來即接充教首，每日晚間，燒一炷香，坐功念咒，供奉混元老祖黃紙牌位。每年六月初六日，各地教徒齊集獻縣城西李家庄韓祖廟內晒經一次，燒一炷香，念誦經咒⑨。福建省晉江縣人丁跑來曾因駛舡行劫被獲發遣黑龍江爲奴，嘉慶十九年（1814）四月，向同被發遣的罪犯劉文魁談及病後虛弱，劉文魁勸丁跑來學習三陽教，以求延年去病，每天早向東南，晚向西北虔心禮拜太陽。嘉慶二十一年（1816）十二月，直隸武邑縣拏獲教犯嬰添誠等，據供嬰添誠莊農度日，因父病延請趙堂醫痊，嬰添誠即拜趙堂爲師，學習祖傳混元紅陽教，並送給《混元紅陽經》一部十套，其治病方法是令病人將茶葉放在碗內設供，燒香磕頭後煎服。

　　紅陽教因燒一炷香，故又稱爲一炷香紅陽教。直隸衡水縣已革武生英凌霄，其家藏有祖遺印板《十王經》兩本，圖像兩軸，一軸是佩像及飄高老祖像，一軸畫無生老母像。據英凌霄供稱其母英李氏在日，不時焚香禮拜圖像。乾隆五十六年（1891），英凌霄親戚胡德明因見英李氏燒香念佛，遂傳給大乘門教，又名一炷香紅陽教，每逢朔望做會時，先用淨水洗臉，並在桌上用白石灰畫天地人圖像，燒香磕頭，念誦《十王經》，講解視聽言動四門，講畢，復用淨水洗臉，燒香磕頭而散。英凌霄旋拜胡德明爲師，胡德明口傳無字眞經歌訣，每日對太陽焚香磕頭，習坐功運氣，聲稱習成可以消災延年，並修來世⑩。嘉慶八年（1803）直隸通州人張二因染患疾病，求城外東關開設木廠的簡三看病，並入紅陽教，每日晚間燒一炷香，磕三十六個頭，念誦咒語「跪蒲草來學好，師發香燒到老。」相信即可痊癒。嘉慶七年（

1802）正月間，滿洲正藍旗宗室慶遙因染患疾病，曾延請一炷香紅陽教首梅氏醫治痊癒，即拜梅氏爲乾媽，梅氏家中供有林洞老祖神像。嘉慶十二年（1807）夏間，杜九勸慶遙行好吃齋，戒食牛肉，以增福延壽，慶遙即入紅陽教，每月初一、十五日燒一炷香。滿洲正藍旗宗室慶豐家人倪六全家俱入一炷香紅陽教，拜杜九爲師，供奉飄高老祖，以茶葉爲人治病。嘉慶十四、五年間，慶遙看墳家人倪立兒之妻倪劉氏拜杜九爲師，燒一炷香，入紅陽教。

紅陽教的教首替人治病時，多使用茶葉，所以紅陽教又被稱爲茶葉教。嘉慶十四年（1809）四月間，直隸新城縣人賈敬之母因染患癱症，賈敬求同縣人張汶醫治，張汶令賈敬向北磕頭，燒一炷香，求得茶葉，熬水飲服，賈敬即拜張汶爲師，入紅陽教。賈敬被拏獲後，供稱紅陽教又名茶葉教。

四、河南青陽教案

紅陽教因紅陽經卷而得名，青陽教亦因青陽經卷而得名，乾隆年間，河南省曾破獲青陽教。河南巡撫徐績曾指出豫省「俗愿民愚」，易於煽惑，以致歷年邪教案件，不一而足，蔓延斷續，迄未盡除，最爲地方之害。乾隆三十九年（1774），歸德府鹿邑縣人趙文世堂兄趙文申傳授青陽教，每月朔望焚香念誦歌句，磕拜太陽，以求消災免禍，不受輪廻之苦，傳有《青陽經》一本，趙文申死後，趙文世將經文取回，起意傳習青陽教，其隣人吳大山等拜趙文世爲師，每人送錢三百文，傳授歌詞，吳大山等又轉傳鹿邑縣人趙子萬等人。乾隆四十年（1775）三月，因聞樊明德行教被獲，青陽教即行停止傳教。是年八月十五日，趙文世又聚集多人在家誦經習教。九月十二日，鹿邑縣知縣沈佐清差委地

方文武弁將趙文世等拏解省城審理，先後拏獲八十餘名。據趙文世等供稱：

> 趙文世向推小車度日，乾隆三十九年十二月初三日，因堂兄趙文申之妻病故，趙文申亦臥病在床，並無親人，前往代爲料理，房中撿出抄經一本，問據趙文申稱，係禮拜太陽之青陽經，每月朔望焚香念誦經內「奉母親命祖萬篇，安天立地總收元，替父完結立後世，眞金子女保團圓」等歌詞，向太陽虔心禮拜，今生可以消災免禍，來世託生好人，不受輪廻之苦。趙文世當向趙文申討取未允，迨是月初六日趙文申病故，趙文世即將抄本取回，起意倡立青陽教名，收徒歛錢，隨於十五日邀同伊弟趙文炳、趙文協、趙文燦，焚香同念歌詞，禮拜太陽。有隣人吳大山、劉言秉、趙智、朱曰魯四人聞知，於四十年正月皆拜從趙文世爲師，傳給歌詞，各送錢三百文，嗣又陸續招收本縣人李訓、馮代、劉廷秀、袁善、陳子有、王文玉、程義，沈邱縣人王可培、張明和、賈洪如、司良、崔五、王驢，項城縣人崔鳳林、崔洪林十五人爲徒。內王驢一犯因父王樸知而斥禁，即行停止，並未給錢，餘共得三千四百餘文。吳大山轉招丁復臣、劉君用、劉君愛、王廷路、劉林、蔡復隆、趙秀山、傅山八人爲徒，伊兄吳大昆隨同入教。趙文協轉收武洪昇、單洪彥、范三禿、周紹四人爲徒，伊姪趙子萬隨同入教，周紹之子周敬止隨父習教。劉言秉轉收張科、黃廷會、翟二等三人爲徒，趙文炳亦收趙復爲徒。吳大山之徒丁復臣轉收桑喜春爲徒，伊子丁三、丁復有隨同入教。吳大棍轉收盧湯、王起雲二人爲徒。劉君愛轉收齊曰桓爲徒，劉君用轉收劉君錫爲徒，伊子劉貴隨同入教，

王廷路亦收高登選爲徒，趙文協之徒洪武昇轉收王朝棟、張百令、孫加奉、丁黑藍、張正心、張百行、劉方禹、孫加致、武洪義九人爲徒。單洪彥轉收崔興碧、崔科林、單良如、謝羅鍋、崔臣、單廣如、武洪亮七人爲徒，范三禿亦收司廣、司學二人爲徒，司廣之子司趕年隨父入教。武洪昇之徒王朝棟轉收張繼先爲徒，張百令亦轉收周世文爲徒，單洪彥之徒崔興碧轉收徐萬山、楊立珍、崔令璞三人爲徒，崔科林亦收武作振爲徒，武作振轉收齊建功、劉得振、單萬如三人爲徒，崔興碧之徒徐萬山轉收張斗星爲徒，張斗星亦轉收劉君魁、周中智、周中信三人爲徒，各送給錢三五十文至數百文不等。至四十年三月因聞樊明德立教犯事，俱即停止歛跡，迨八月十五日趙文世與吳大山等復共舉行，至九月二十日經鹿邑等縣訪聞拿獲，究出餘黨⑪。

趙文世等人將起意立教收徒歛錢及輾轉招徒經過，俱歷歷供出，可以瞭解秘密宗教師徒輾轉傳習勢力蔓延日廣的情形。案清代律載一應左道異端之術，燒香集衆，佯修善事煽惑人民爲首者絞監候，又例載凡左道惑衆之人爲徒者發邊遠充軍，又例載凡妄布邪言煽惑人心爲首者斬立決等語，河南巡撫徐績以趙文世因得青陽抄本，倡立教名，輾轉煽惑，其所抄經本，荒誕不經，故請照妄布邪言煽惑人心爲首律擬斬立決，吳大山、單洪彥俱依左道惑衆爲首律擬絞監候，趙文申先已病故，武洪昇於取供後病故，不議其罪，劉言秉、丁復臣、崔興碧、武作振、張斗星、范三禿、吳大昆、崔科林、劉君愛、劉君用、王廷路、王朝棟、張百令、趙文炳、徐萬山等聽從入教，俱依爲從問擬，其中劉言秉、丁復臣、崔興碧、武作振、張斗星各轉收徒三人，范三禿、吳大昆各轉收徒二人，情節較重，俱從重改發黑龍江給披甲人爲奴，崔科林等

八人各僅收徒一人，俱發邊遠充軍。王可培等二十七人，聽從入教，並未招收徒弟，情節稍輕，俱於崔科林等軍罪上量減一等，各杖一百，徒三年，至配所折責四十板。趙智等三十三人，被惑入教，迨聞樊明德教案破獲後，即行停止習教，均照違制律杖一百，各枷號一個月，滿日折責四十板。王驢一名拜從趙文世爲師，經其父王樸斥禁後，即行悔過停止，不復給錢從教，免予置議。

五、河南白陽教案

直隸石佛口人王忠順，自稱是彌勒再生，曾收王漢九等爲徒。王漢九又名王淳，是河南杞縣監生，原籍安徽泗州。王忠順與王漢九在杞縣地方開堂傳習白陽教，湖北襄陽府民人黃秀文、余仲文、楊蘭芳及咸寧縣人陳萬年等向吃白陽齋，拜王忠順爲教主，凡布施銀錢俱送交王漢九收受轉交。乾隆三十六年（1771）五月間，陳萬年等約同黃秀文等十人前赴杞縣王漢九家，十月十七日，同在王漢九家拜見王忠順，並送給銀錢。是時，在安徽泗州拏獲白陽教徒王禹平之子王倫、王治及王文善即王維善等人。據陳萬年供稱向來吃齋，在隨州利山店開設煙鋪，乾隆二十二年（1757）十一月十一日，有直隸人王忠順路過利山店，陳萬年會遇王忠順，王忠順告知是白陽教首，勸令入教，並稱若引他人入教，可以超度父母，自免災難，來世還有好處。陳萬年聽信，因而同往京山縣素識的黃秀文家邀其入教佈施，應允爲其超度先人，並給紙條，上寫有大帶、小帶人數字樣，大帶接引男人，小帶接引婦女⑫。乾隆三十六年（1771）十二月間，直隸盧龍縣安家樓地方拏獲王四即王栗等人，據王四供稱王忠順係其兄王大即王秀之子，原名王來儀，因家中堂名忠順，所以號爲忠順。王忠順自稱係彌勒轉世，設立白陽教，又稱爲清茶會，假藉行善吃齋，向

人佈施銀錢，刻有「忠信篤敬」、「愼言」，及「忠順堂」圖章，作爲收取銀錢的憑據。乾隆三十四年八月及三十六年四月內，王秀及王忠順曾令王四赴湖廣京山縣陳萬年家收取佈施銀錢。

乾隆三十七年（1772）二月間，因王忠順已邀同王漢九前往安徽泗洲王禹平家，河南巡撫何煟即移咨安徽巡撫裴宗錫訪拏要犯。裴宗錫即飭委廬鳳道國棟等在泗洲盱眙、天長及下江甘泉縣等處將王忠順、王漢九及其隨行馬二、教徒王倫、王治、王維美、袁若芳等先後拏獲，究出其教徒分佈於直隸、河南、湖北、江蘇、安徽等省。王忠順又名王家棟，籍隸直隸，原住灤州石佛村，其曾祖於明季遷居廬龍縣，因其地與昌黎相近，遂自稱爲昌黎縣石佛口人。王忠順家族，素奉大乘教，因有族祖王敏迪等於雍正年間犯事，其祖王懌改稱清淨無爲教，傳習三皈五戒，邀得河南杞縣人王輔公爲徒，王輔公又轉招江蘇沐陽縣周天渠，通州人周受南、汪子元、韓有福、葛方來、周先佩，江都縣人余廣等人，安東縣韓國璽等人爲徒，俱傳三皈五戒，因入教之人以清茶奉佛，所以又稱爲清茶會。王輔公立泗洲同族王三英之子王漢九爲嗣，王漢九自幼隨父吃齋，雍正七年（1729），王輔公身故，王漢九捐監後，即開葷，乾隆二十四年（1759），王漢九因無子嗣，同妻汪氏復行吃齋。乾隆二十九年（1764）九月間，王忠順因家道漸貧，又見其祖王懌所奉清淨無爲教無人信奉，起意改立白陽教，自稱是彌勒佛轉世，以惑衆斂錢，遂與其父王秀以行醫、看風水爲名，遊行各處，是年八、九兩月在京師會遇在鉅鹿地方賣帽生理的李尙升，王忠順即邀李尙升入教。王忠順等旋又至廣宗縣董里集、鉅鹿縣小柳庄、開州田幛等處傳教，有王宗慶、黃玉相、王俊卿等人拜師入教。王忠順因據丁迪功言及湖北京山縣人黃秀文信佛甚篤，欲往訪尋，又與其父由開州前往河南，

憶及其祖之徒王輔公住居杞縣王家樓前往訪覓。旋訪知王輔公已死，其子王漢九因訟事糾纏，王忠順即至王漢九家，自言家世來歷，並責王漢九奉教不誠，以致連年涉訟。王漢九聞言驚異，王忠順指出王漢九所供之佛爲過去佛，王忠順爲現在佛，能知過去未來，王漢九聽信入教，即拜王忠順爲師，並受三皈五戒。王忠順又指示王漢九將房門改向開門，告以一年內即可得子，並令其勸人入教，隨願佈施，王漢九當即送給王忠順銀十二兩。王秀先行離去，前往他處行醫，王忠順則因目疾，未能前往湖北，即由河南返家。王漢九隨後與其妻汪氏復行習教，並勸其妻舅汪二即汪秉泰一同入教。乾隆三十年（1765）十月，王漢九令汪二代挑行李前往祖籍汝州，勸令其族人王湘等多人入教，乾隆三十一年（1766）四月間，王漢九果得一子，夫妻信教益加虔誠⑬。

　　直隸大興縣人屈得興素患怯症，在家養病打坐，自言有佛法護持，乾隆三十四年（1769）正月內，在青雲店集上與同縣人趙美公會遇，趙美公亦言及不時患病，未得良醫調治，屈得興即告以有彌勒佛白陽教所傳八字持誦，可以袪病，必須吃齋，燒香宣疏，方可傳授，趙美公信以爲實，即於是日往邀屈得興到家，屈得興令其焚香吃齋，趙美公隨向屈得興叩頭受教，拜認爲師。屈得興替趙美公宣疏，傳給「眞空家鄉，無生父母」八字，囑令每夜盤膝打坐默念，日久即可消災獲福。乾隆三十四年（1769）十一月，大興縣賣油人丁文印赴青雲店買賣，亦與屈得興相遇，屈得興因見丁文印有病，亦以有八字秘傳默誦可痊之言相告，此外劉明等亦聽從入教。乾隆三十五年（1770），有劉世英等入教，每年秋後各送給屈得興大錢一百文。乾隆三十六年（1771），有張士祿、劉思禮、劉思直、劉思仁、王大用、張友文等入教。

　　王忠順所傳白陽教，據供稱其白陽二字是取爲人清白可見太

陽之意，教中所傳三皈五戒，即以皈依佛、皈依法、皈依僧，稱
爲三皈，以不殺生、不偷盜、不邪淫、不葷酒、不誑語爲五戒，
俱係勸人爲善之言⑭，王忠順自稱是彌勒佛轉世，也就是未來救
世主的化身。屈得興所傳白陽教雖與王忠順並非同夥，但亦自稱
是彌勒佛降生，又傳授「眞空家鄕，無生父母」八字眞言，其實
都是白陽教，因爲秘密宗教原本就是多元性的宗教，各傳各的白
陽教，不必同一系統，王忠順家族所傳的白陽教，是由明末流傳
已廣的大乘教，輾轉易名而來，吸收了大乘教、無爲教等派的要
素。

六、三陽教的經卷

　　三陽教的經卷，以紅陽教的刻本及抄本流傳最廣，其青陽經
及白陽經較罕見。直省紅陽教案搜出的經卷，主要爲混元紅陽經、
太陽經、觀音金剛經、觀音普門品經、泰山東嶽十王寶卷、收圓
行覺寶卷、混元弘陽悟道明心經、混元弘陽顯性結果經、混元弘
陽苦功悟道經、混元弘陽嘆世眞經、混元弘陽飄高祖臨凡經、混
元弘陽血湖寶懺、混元弘陽明心寶懺、混元弘陽觀燈讚、銷釋混
元無上大道玄妙眞經、銷釋混元無上普化慈悲眞經、銷釋混元無
上拔罪救苦眞經、銷釋混元弘陽拔罪地獄寶懺、銷釋混元弘陽救
苦生天寶懺、銷釋混元弘陽大法祖明經、銷釋歸依弘陽覺願眞經、
弘陽妙道玉華隨堂眞經、清靜無爲妙通眞經、無爲勸世了義寶卷、
普明如來無爲了義寶卷、華嚴寶懺、嘆世無爲卷、大方廣佛華嚴
經、銷釋金剛科儀、佛說新生了義寶卷、巍巍不動泰山深根結果
寶卷、正信除疑無修證自在寶卷、太上說平安皂經、姚秦三藏西
天取經解論、靈應泰山娘娘寶卷、護國佑民伏魔寶卷、金光明經、
金光明最勝王經、大般若涅槃經、地藏經、大乘本生心地觀經、

華嚴經等、其中弘陽即紅陽，紅陽教中的木戳很多，其方形木戳，篆刻「紅陽寺寶」字樣，是教中重要的圖書。

　　三陽教的經卷來源，或沿用羅教寶卷，或自行編造經卷，各經卷輾轉抄寫翻刻，流傳極廣。例如山東陵縣陳謹教案，曾起出紅陽經懺及太陽經等多本，據陳謹供稱其父陳學孟在日，因年老多病，曾自他處携回經卷圖像一箱，獨自在家供奉誦念，乾隆四十六年（1781），陳學孟病重，囑咐陳謹將經像封鎖箱內收藏，如遇災病，供像念經，即可消除。嘉慶二十一年（1816）二月，陳謹因染患瘧疾，日久未癒，始開箱取出紅陽經卷，供像誦經，隨後病痊。同時，有鄰人趙甫性等四人，亦因患瘧不癒，俱央請陳謹代爲誦經治病，旋俱痊癒。因供像誦經，可以消災治病，所以經卷就成爲下層社會家家戶戶保佑平安的靈符，不可或缺。惟後世流傳的三陽教經卷，多爲萬曆年間刻本。嘉慶二十二年（1817）六月，直隸新安人劉師達首告任永興等習教一案，起出《泰山東獄十王寶卷》等項，據直隸總督方受疇逐加檢閱後指出《泰山東獄十王寶卷》，墨寫者二本，是年代久遠之物，刻本刷印者二本，語句相同，內有「臨清縣景泰六年」等字樣，其餘經卷多爲萬曆年間刻本，清初以降，乾嘉年間翻刻者亦夥，由於各經卷的普遍流傳，頗有助於三陽教思想信仰的傳佈，清代三陽教的宗旨及教義，最能代表各秘密宗教的共同思想信仰。

　　三陽教經卷是探討劫變思想的主要根據，據《混元弘陽顯性結果經》云「混元一氣所化，現在釋迦佛掌教，爲紅陽教主，過去青陽，現在紅陽，未來纔白陽。」《混元弘陽飄高祖臨凡經》序文內亦云「混元一氣所化，紅陽法者，現在釋迦佛掌教，過去青陽，現在紅陽，未來纔有白陽。」序文又云「燃燈掌青陽教，釋迦掌紅陽教，彌勒掌白陽教。」⑮紅陽教經卷反覆言過去、現

在、未來三世思想，宇宙即由三世佛輪流掌管。天理教是從三陽教輾轉易名而來，據河南滑縣教犯牛亮臣供稱「林清說他的教是京南人顧文升傳授，從前山東曹縣人劉林是先天祖師，林清是劉林轉世，爲後天祖師。這教本名三陽教，分青、紅、白三色名目，又名龍華會，因分八卦，又名八卦會，後又改名天理會。」⑯林清是直隸宛平縣人，是天理教起事時的首領，林清等推算天書後宣稱彌勒佛有青羊、紅羊、白羊三教，此時白羊教應興，青羊即青陽，紅羊即紅陽，白羊即白陽，所謂天理教，實即白陽教，據天理教要犯董幗太供稱「林清習的是白陽教，又名榮華會。」⑰民間習俗每以羊代表陽，三陽開泰圖中所繪者即三隻羊，秘密宗教又從而附會未來的太陽是白的，以符合彌勒教或白蓮教尚白的信仰。據大乘教要犯王忠供稱嘉慶十五年（1810），有坎卦教首程毓蕙引其入教，傳授「眞空家鄉，無生父母」八字眞言，教以每月朔望到教中二頭目李榮家中燒一炷香，做功運氣，將氣運到鼻子內，暗念八字眞言，稱爲內轉圓爐一炷香。程毓蕙又告以「現在是釋伽佛掌教，太陽是紅的，將來彌勒佛掌教，太陽是白的。」⑱直隸灤州石佛口人王道森後裔王三泳即王三顧遷居盧龍縣後仍傳清茶門教，嘉慶十五年九月間，王老三即王時玉到湖北襄陽張學遠等家傳授清茶門教。據供稱王姓傳教已有九輩，王老三是第九輩，教中供奉彌勒佛像。又據教犯張建謨供稱其師王姓曾告以世上是由過去、現在、未來三世佛輪管天盤。過去佛是燃燈佛，其所管天盤每四十日爲一月，六個月爲一年；現在佛爲釋迦佛，其所管天盤每三十日爲一月，十二個月爲一年；未來佛爲彌勒佛，其所管天盤四十五日爲一月，十八個月爲一年，將來彌勒佛降生於石佛口王姓家內。王三顧傳教時亦稱王姓祖先在天上掌盤，入教之人身故後即度往西方聚仙宮，免受刀兵水火之劫。

　　三陽教吸取了佛教劫數的觀念，將世上分成三個階段，以青陽、紅陽及白陽，分別代表過去、現在及未來，每個階段，都由三世佛分別掌管。其宗旨就是在宣傳劫變的思想，青陽與紅陽末期，天下大亂，災禍重大，其中紅陽末劫就是世界最後一次的大劫。三陽教中的「紅陽劫」謂「紅陽刮盡，白陽當興，現在月光圓至十八日，若圓至二十三日，便是大劫。」紅陽劫又作紅羊劫，宋代柴望著「丙丁龜鑑」指出甲子六十年中，凡逢丙午、丁未年分；國家皆逢厄運。據柴望統計自秦昭襄王以前二年至五代後漢天福十二年，其間干支丙午、丁未的年分共二十一個，都是天下動亂的年代，丙屬火，色赤，未為羊，所以稱為紅羊劫。三陽教的教主是彌勒佛的化身，也就是無生父母差遣下凡救度眾生的使徒，當劫變降臨時，世人若欲避禍求福，則必須皈依三陽教。《混元紅陽明心寶懺》云「苦海眾生，三毒孽深，十惡障重，死後打入地獄，受盡苦難，永無出期，若請紅陽道眾，啟建紅陽道場，或一日二日三七日，拜禮明心寶懺，即福降禍散，百祥來臻，歸依世間大慈悲佛。」當紅陽道眾，禮拜《紅陽明心寶懺》時，即可「苦業離身，解脫沈淪，當生淨土，快樂無量，證聖成真。」紅陽過後，便進入白陽階段，也就進入理想的未來極樂世界。三陽教的時間、空間觀念是未來千福年理想世界的寄託，可以滿足下層社會一般民眾的宗教需求。

　　《混元紅陽顯性結果經》云「永信時時認家鄉，永信心開亮堂堂。」又云「本無四相無老少，極樂家鄉認安養。」所謂極樂家鄉，即指真空家鄉，是美麗的仙宮。白陽教徒相傳無生父母住三十三天中，其中「黃天」，就是真空家鄉⑲。三陽教極言「真空家鄉，有無數樂境。」三陽教吸收了大乘、無為、羅祖等教的思想信仰，所以他傳授「真空家鄉，無生父母」八字真言。羅清

所著五部六冊中的《苦功悟道卷》云「參道工夫，單念四字阿彌陀佛，念得慢了，又怕彼國天上，無生老母，不得聽聞。」其《巍巍不動太山深根結果卷》又云「這裡死，那裡生，那裡死，這裡生，叫做流浪家鄉，生死受苦不盡，既得高登本分家鄉，永無生死。」[20]這類記載似即三陽教「眞空家鄉，無生父母」的信仰來源。羅祖教吸取了禪宗的空，道家的無及淨土宗的彼岸思想，結爲一體，以闡發空無觀念及眞空之義，而成爲各教派所接受的共同思想信仰。眞空家鄉是世人出生的地方，也是最後的歸宿，將無極淨土的眞空當作宇宙的本源，是永無生死的境界。無生老母則是創世主，也是救世主，世人是流落紅塵的失鄉兒女，「盡染紅塵，不能到家。」當失鄉兒女入教接受無生老母的召喚及拯救後，即可結束苦難的歷程，達到極樂的彼岸，而獲得永生。

七、結 論

秘密宗教原起源於民間的各種信仰，並吸取雜糅佛道的教義，派別林立，其生態環境與組成分子，不盡相同，是屬於多元性的信仰結構。就乾嘉年間的三陽教而言，主要是盛行於北方各省，如直隸順天府大興、宛平、良鄉、房山、大城等縣，及通州、涿州等地，保定府新城縣，大名府開州，河間府獻縣、任邱縣，永平府盧龍、昌黎、灤州，冀州直隸州武邑、衡水等縣。河南衛輝府及魯山、嵩、杞、鹿邑等縣。山西平遙、洪洞等縣，湖北襄陽府及咸寧、京山等縣。安徽泗州，江蘇沐陽、江都等縣。此外黑龍江等地，因流徙遷移，三陽教亦傳佈而來。就三陽教的成員而言，並不限於男性，也容納婦女，除漢人外，亦包括旗人男婦，內含滿洲包衣及旗丁，此外就是宮中太監，所以三陽教在宮中固然有很大的勢力，而且透過太監與其家庭或社會的各種關係，太

監出身的貧苦農村，三陽教的勢力更加龐大。秘密宗教原來就是適應社會結構以求發展，因此與地緣及血緣關係極爲密切。就三陽教的生態環境而言，主要是依附農村聚落而生存發展，是屬於一般性的農餘宗教活動。農人日出而作，日入而息，所謂「夜聚曉散」，其實就是不礙農時的共同宗教聚會活動。秘密宗教的宗旨，主要在勸人持齋誦經，導人行善，憐老惜貧，扶助孤苦。鄉村田舍，聚族爲鄰，時時需要，處處創生㉑，也具有宗教上的福利，其社會功能，頗值重視。村中貧民遇有喪葬之事，無力延請僧道時，即邀請三陽教徒衆念經發送，兼看風水，也爲村隣超度先人。三陽教徒平日爲村民行醫治病，其療疾方法不一而足，或藉燒香念經，祈神保佑，以求早日消災除病，或將茶葉放在碗內，供佛禱祝，然後煎熬飲用，亦可嚼爛敷在傷口，或使用針灸，或使用按摩，或教以靜養功夫，傳授盤膝坐功，或禮拜太陽，焚香磕頭，學習坐功運氣。由於農村貧苦，醫藥不發達，教主即藉行醫治病以招收信徒，患病貧民偶逢治療痊癒，即拜師習教。

　　滿洲勢力崛起以後，明清之間，戰爭不息，益以流寇的騷擾，生靈塗炭。世祖入關以來，抗清勢力，此仆彼起，仍然是兵連禍結，社會動盪不安，又因土地與人口分配的失調，人口壓力的情形日趨嚴重，人口流動極爲頻繁，秘密宗教益形活躍。從萬曆到康熙百餘年間，正是各種寶卷大量刊刻的時期，三陽教的寶卷多由太監出貲刊刻，流傳尤廣。佛教經典的哲理奧妙，文字艱深，一般民衆不易接受，三陽教的寶卷鄙俚通俗，頗易誦念，其思想信仰也能爲識字不多的人們所接受。三陽教吸取佛教過去、現在、未來三世思想，附會劫變傳說，以青陽爲過去世，紅陽爲現在世，白陽爲未來世，使人相信每人都有前世，也有來生，世界經歷著青陽、紅陽、白陽三個階段的演進，世人同樣經過各種不同的變

化。明末清初以來長期的動亂，天災人禍，相繼而來，與三陽教所宣傳的劫變現象，頗相符合。紅陽劫盡，白陽當興，彌勒佛就是白陽時期的救世主，世人想要避免災禍，只有皈依白陽教。白陽教主也自稱是彌勒佛轉世，以濟度衆生。教中相傳失鄉兒女流落紅塵，飽嘗種種痛苦，在青陽劫降臨時，創世主無生老母曾打發使者度回一些兒女，返歸眞空家鄉，紅陽劫時期又度回了一些，白陽劫到來時，是最後一次救度世人脫離苦海的機會，善男信女皈依白陽教，龍華會上重相見，就是返回眞空家鄉，永遠共享快樂幸福的時候。其思想信仰頗迎合下層社會的宗教需要，也正反映農村一般民衆對現實世界的失望，對未來理想世界的憧憬與渴望。自東漢以來，佛教輪迴之說，已宣揚轉生與未來思想，經魏晉南北朝至明清時期，民間已是家喻戶曉，深信彌勒佛轉世之說，彌勒佛就是未來佛，雖未知未來世何時到來，但遲早將實現，世人但須燒香念經，皈依白陽教，爲未來先作修行準備，善男信女但聞彌勒佛降生之地，無不趨之若鶩。從三陽教的活動，可以瞭解秘密宗教的盛行，實有其背景，其思想信仰也頗能爲識字不多的一般民衆所普遍接受。

【註　釋】

① 澤田瑞穗著《校注破邪詳辯》（日本，日本道教刊行會，昭和四十七年三月），頁123。

② 《校注破邪詳辯》，頁122。在寶卷原文內所載內容相近，惟文字略異，例如御馬監陳公，寶卷原文作程公。

③ 《校注破邪詳辯》，頁51。

④ 《明神宗實錄》（臺北，中央研究院），卷五八九，頁8。萬曆四十七年十二月己末，據李起元奏報。

⑤　《清高宗純皇帝實錄》（臺北，國立故宮博物院），卷二七一，頁
　　2。乾隆十一年七月庚戌，據蔣炳奏。

⑥　《史料旬刊》，第16期（臺北，國風出版社，民國五十二年六月），
　　天579。乾隆三十四年二月十二日，楊廷璋奏摺。

⑦　《宮中檔》（臺北，國立故宮博物院），第2741箱，188包，46607
　　號。乾隆四十八年十一月二十七日，農起奏摺。

⑧　《宮中檔》，第2741箱，192包，47408號。乾隆四十九年三月初七
　　日，農起奏摺。

⑨　《軍機處檔・月摺包》（臺北，國立故宮博物院），第2751箱，31
　　包，52685號。嘉慶二十二年八月十七日，英和等奏摺。

⑩　《軍機處檔・月摺包》，第2751箱，9包，48690號。嘉慶二十一年
　　八月初四日，方受疇奏摺錄副。

⑪　《史料旬刊》，第27期，天993。乾隆四十年閏十月十五日，徐績
　　奏摺。

⑫　《軍機處檔・月摺包》，第2765箱，86包，15603號。乾隆三十六
　　年十二月十六日，富明安奏摺錄副。

⑬　《軍機處檔・月摺包》，第2765箱，88包，16433號。乾隆三十七
　　年三月二十日，何煟奏摺錄副。

⑭　《軍機處檔・月摺包》，第2765箱，88包，16214號。乾隆三十七
　　年三月初一日，裴宗錫奏摺錄副。

⑮　《校注破邪詳辯》，頁121。

⑯　《欽定平定教匪紀略》，卷二六，頁22。嘉慶十八年十二月十六日，
　　據那彥成奏。

⑰　《上諭檔》，方本，嘉慶十九年十一月二十一日，董幗太供詞。

⑱　《欽定平定教匪紀略》，卷二九，頁7。嘉慶十八年十二月二十六
　　日，據章煦奏。

⑲　《上諭檔》，道光十二年二月初五日，供詞。

⑳　《校注破邪詳辯》，頁54。

㉑　王爾敏撰《秘密宗教與秘密會社之生態環境及社會功能》，第10期
　　（臺北，中央研究院近代史研究所，民國七十年七月），頁39。

清季南北洋海防經費的籌措

一、前　言

　　清朝初年因海疆不靖，其海防措施，僅備「海盜」而已①。自從道光年間海禁大開以後，外患日亟，海防的重要性，已不可同日而語。清廷爲鞏固海防，辦理中外通商事務，先後設置南北洋通商大臣，分由兩江及直隸總督兼領。其職責範圍極爲廣泛，除議定通商章程、稽核關稅外，尚須兼辦對外交涉。舉凡接見外國使節，代呈國書，議立約章，傳達朝廷諭旨及中外紛爭等，莫不責成辦理，南北洋大臣就成爲總理衙門在地方上辦理外交的最高代表②。由於南北洋大臣與外人接觸頻繁，深知西方堅船利礮的精巧與威力，爲籌辦海防，即積極模仿西法，購置船礮，製造機器，架設電線，開辦礦務，各種洋務措施，如雨後春筍，新政經費遂成爲清季財政上的重大負擔，經費的拮据與挪用，實爲自強事業遭遇挫折的重要因素。本文撰寫的目的，即在就宮中檔、軍機處檔等原始資料，以探討清季南北洋海防經費的來源與籌措經過，並說明地方財政的支絀情形。

二、南洋大臣的建置

　　南洋大臣是南洋通商大臣的簡稱，其建置始於道光年間。同治元年（1862）五月十七日寄信上諭中曾指出「南洋通商大臣，本係道光年間經耆英等議定設立。」③道光二十四年（1844）三月初五日，內閣奉上諭云「耆英現已調任兩廣總督，各省通商善

後事宜，均交該督辦理，著仍頒給欽差大臣關防，遇有辦理各省
海口通商文移事件，均著准其鈐用。」④基於江寧條約以次諸約
的規定，廣州、福州、廈門、寧波、上海五處口岸，正式開放對
外通商。兩廣總督駐紮廣州，綜理五口通商事宜。但通商大臣僅
顧廣州一口，其餘四口，無力兼顧，各省督撫咨商廣東事件，或
於數月以後始能咨覆，甚或置之不理，以致各辦各事，欽差大臣
竟成虛設。新增四口正式通市，以廈門為最早，但洋貨受地勢所
限，未能暢銷。寧波港口雖佳，但缺乏生產及運銷腹地，商務並
不發達。福州港口狹窄，沙淺復多，大船易於擱淺，商業運輸極
不便利。上海為最大的內河航運中心，江河海洋四通八達，腹地
廣大，人口繁盛，物產豐饒，又接近絲茶的生產區域，其對外關
係亦不像廣州充滿種種誤解與惡意的傳統⑤，外商紛紛北上，中
外貿易中心，逐漸北移，上海的地位遂凌駕廣州之上，成為外商
麕集的口岸。咸豐八年（1858），兩江總督何桂清奏請將辦理
通商欽差大臣由朝廷簡放，駐紮上海，設立公寓，議給養廉，以
專司其事。是年十二月二十六日，清廷以何桂清才力能副通商大
臣重任，即援兩廣總督之例，明降諭旨，授何桂清為欽差大臣，
辦理各國通商事務，並頒發欽差大臣關防⑥。咸豐十年（1860）
四月十九日，清廷命江蘇布政使薛煥署欽差大臣，辦理五口通商
事宜。薛煥旋補授江蘇巡撫。是年十二月，總理衙門大臣恭親王
奕訢等通籌全局，調整中外關係，除粵海等五口舊設管理稅務的
將軍監督道員不必另議更張外，其新定瓊州、潮州、臺灣淡水、
長江鎮江、九江、漢口等處，俱由各省督撫會同上海欽差大臣奏
明派員經理，按月咨報總理衙門及戶部查覈。是年，設立三口通
商大臣，駐紮天津，南北各置通商大臣一人，此即南北洋通商大
臣對稱的開始。

同治元年五月，薛煥以專設大臣辦理通商事宜，統轄江楚蘇浙閩粵六省口岸，分為十餘處，遠隔數千里，實有鞭長莫及之虞，而各省督撫身膺重寄，事權專一，呼應靈便，就近指揮，易臻周密。因此，奏請裁撤通商大臣，責成督撫兼領。並請於兩江總督曾國藩、湖廣總督官文二員中，特簡一員，飭令兼領通商事務。如此既可就近會同沿江各督撫隨時商辦，又可毋庸另籌經費⑦。欽差通商大臣原曾由兩江總督兼攝，薛煥奏請裁撤南洋通商大臣，不失為因時制宜的辦法。五月十七日，軍機大臣遵旨寄信曾國藩等議奏。六月初六日，曾國藩遵旨具摺議覆，略謂各省海口外洋通商，正與內地鹽務相同。通商始於廣東，由閩浙江蘇而山東，以達於天津；鹽務亦起於廣東，由閩浙江蘇而山東，以達於天津。通商方面設有五口大臣、三口大臣，猶如鹽政方面設有兩淮鹽政、長蘆鹽政；通商綜匯於總理衙門，猶如鹽務綜匯於戶部。薛煥奏請裁撤南洋通商大臣，歸併地方，亦猶道光十年陶澍奏請裁撤兩淮鹽政，歸併總督。通商大臣統轄六省口岸，確屬鞭長莫及。曾國藩乃請令廣東、福建、浙江三省由監督道員經理，至於長江深入腹地，路遠事繁，自輪船入鄂以後，洋人蹤跡，徧及沿江郡縣，或傳教於僻壤，或採茶於深山，督撫以洋務非其專責，而不肯深究，以致事事必取決於總理衙門，道途太遠，後患孔長。因此，曾國藩認為南洋通商大臣一缺，不應裁撤，宜改為長江通商大臣，專辦濱江四省中外交涉事件⑧。六月十八日，辦理軍機處將曾國藩議覆奏摺交總理衙門會同戶部妥議具奏。恭親王等遵旨議奏，請將五口通商大臣移紮內江，所有上海及長江一帶中外交涉事件，由通商大臣專管，各督撫兼理之。粵閩浙三省中外交涉事件，由各將軍督撫專管，通商大臣兼理之。道光年間頒發的欽差大臣關防，即作為通商大臣關防。

薛煥主張裁撤通商大臣的主要原因，就是由於各國公使駐京
以後，大小事務，一切裁決於總理衙門。通商大臣巡歷各口，督
撫近駐本省，洋人性急，不耐守候，不得不由本省就近辦理。中
外商民刑名案件，尤不能不資督撫之力，通商縱有專員，在內仍
不能免除總理衙門的煩瀆，在外仍不能減輕各省督撫的責任，虛
設一官，糜費既多，呼應不靈，有名無實。其言精當，曾國藩深
服其主張。同治元年十二月二十六日，清廷以上海通商事務漸形
減少，明降諭旨，令薛煥入京，另候簡用。辦理通商事務欽差大
臣關防，令李鴻章暫行接署⑨。是時江蘇、安徽地方不靖，「群
盜如毛」。自從李鴻章奉命兼領通商大臣以後數月之間，地方已
秩然就緒。曾國藩遂深感中外交涉事件，皆為疆吏必不可推卸的
職責，而同意薛煥的主張。同治二年六月十二日，曾國藩具摺指
出「五口大臣，固屬可裁，即長江大臣，亦同虛設。」因此，請
照薛煥原奏，裁撤通商大臣一缺，即歸併督撫將軍經理，以節糜
費。六月十九日，辦理軍機處將曾國藩奏摺交總理衙門議奏。恭
親王等經公同商酌後指出南洋通商大臣一缺，固屬可裁，但自咸
豐十年換約以後，各省各口以及內地，均有洋人出入，設遇有不
協之事，自應由各督撫隨時酌量辦理。但各省督撫初與洋人交涉，
未必盡嫻洋務，南洋各省距京窵遠，若事事咨商總理衙門，實緩
不濟急，故奏請暫留通商大臣一缺，責成李鴻章經理，仍加欽差
大臣字樣，以便南洋各省遇有洋務，可以就近商辦。其經費即照
江蘇巡撫養廉數目發給一半，以資辦公。七月初十日，奉旨依議。
同治五年十一月初一日，清廷命曾國藩回欽差大臣兩江總督本任。
南洋通商大臣改由兩江總督兼領後，更增加兩江總督的職責，其
權勢較各省總督更為突出。光緒五年，清廷以福建巡撫丁日昌辦
事認真，於海疆防務尤能講求，特賞加總督銜，會同兩江總督沈

葆楨籌辦南洋防務。但是丁日昌以沈葆楨既督辦南洋防務，於督辦之外，復設會辦，分權掣肘，必至呼應不靈，所以懇辭會辦之任⑩。通商與海防，原爲一氣相生，因此，海防俱歸併通商大臣督辦，沿海沿江各監督道員以下亦歸通商大臣統轄，至於新增口岸，均受通商大臣督轄，通商大臣遂漸次擴張其權勢。

三、北洋大臣的建置

北洋大臣是北洋通商大臣的簡稱，其前身爲三口通商大臣。在道光年間中外通商之初，沿海僅開放南洋五口。英法聯軍之役，在新定條約中加開的口岸，北方爲奉天的牛莊，山東的登州，直隸的天津；南方爲臺灣、潮州、瓊州、鎮江、九江、漢口等口岸。南北相去遙遠，若仍舊歸併南洋通商大臣經理，不但呼應不靈，通商各國亦必深感不便。而且天津一口，距京甚近，各國在天津通商，亦需大員駐津商辦。咸豐十年十二月，恭親王等通籌全局，擬定章程六條，其中第二款，擬於牛莊、天津、登州三口設立辦理通商大臣，駐紮天津，專管三口事務，倣照兩淮等處成例，將長蘆鹽政裁撤，歸直隸總督管理，其鹽政衙署養廉，即撥給通商大臣，不必另議添設，以節省經費，其舊管關稅，一併歸通商大臣兼管，頒給辦理三口通商大臣關防，不另加欽差字樣⑪。

桂良在天津辦理中外交涉期間，以長蘆運司崇厚熟諳洋務，欲令崇厚協辦交涉事宜。但崇厚管理鹽務，不便與聞交涉事件，經恭親王奏請開缺，以三品京堂候補。咸豐十年十二月初十日，明降諭旨，令崇厚辦理三口通商事務。因牛莊、登州、天津三個口岸，皆在長江以北，與南洋各口對稱，叫做北洋三口，三口大臣亦與五口大臣對稱，叫做北洋通商大臣。其所佩關防，雖無欽差字樣，但北洋通商大臣自始即設專官。三口通商大臣不僅辦理

通商事務，亦應兼辦洋務。崇厚補授三口通商大臣後，即接總理
衙門函箚，凡有外國遣使到津，即由三口通商大臣據情轉奏⑫。

北京條約簽訂後，大局初定，三口洋關開辦伊始，天津爲畿
輔屏蔽，也是海疆咽喉，恭親王等爲加強防務，即奏明在天津通
永等鎮，抽撥兵丁，習練洋鎗隊伍，以備防勦緩急之用。是時地
方不靖，髮捻勢力方興未艾，直隸總督遠駐省城，無暇兼顧天津
防務，恭親王等設立三口通商大臣的主要原因就是要派專員駐紮
天津，以便會商直隸總督辦理。但由於天津地方華洋雜處，中外
交涉事件，均賴地方官相助辦理。然而三口通商大臣並無統轄鎮
道府縣文武員弁的權力，地方有事，必須函商於數百里以外的總
督，緩不濟急。天津海防，原應會同直隸總督及提督籌辦，但督
提卻以相去較遠，而互相推諉。同治九年五月間，天津教案尚未
發生以前，南北謠言，同時並起，南洋方面卻甚安謐，天津方面
則引起教案交涉，三口通商大臣竟屬虛設。崇厚奉命出使法國後，
三口通商事務由大理寺卿成林署理。清廷命工部尚書毛昶熙會同
曾國藩查辦教案，毛昶熙對於三口通商大臣的存廢問題，提出其
看法。毛昶熙指出三口通商事務，其繁雜不及五口，而五口專歸
兩江督臣總辦，十年之間，著有成效。同治九年九月，毛昶熙具
摺奏請裁撤三口通商大臣，所有洋務及海防，俱責成直隸總督經
理，倣照五口通商大臣成例，頒給欽差大臣關防，三口通商大臣
衙署，即作爲直隸總督行館⑬。是年十月二十日，恭親王等具摺
議覆，略謂洋務海防原爲直隸總督應辦事項，並非直隸總督專辦
地方，三口大臣專辦通商。中外民教相爭，案件疊出，必須倚賴
地方官多方撫馭，先事預防。天津教案，雖變起倉猝，如果地方
官同心協力，相助辦理，則不難弭患於未萌。通商海防與其分任
而事有偏廢，何如專任而責有攸歸。因此，恭親王等奏請准照毛

昶熙原奏辦理，三口通商，不必專設大員，所有洋務及海防，即
責成直隸總督悉心經理⑭，奉旨准行。同治九年八月初三日，曾
國藩奉旨調補兩江總督，十月二十八日，李鴻章補授直隸總督。
將山東登萊青道所管東海關，奉天奉錦道所管牛莊關俱歸李鴻章
統轄。總督駐紮省城，通商大臣衙署改爲總督行館，此行館位於
天津東北門外。天津城池狹隘，原爲明代衛城舊址，偏在運河南
岸，控扼頗不得勢。三口通商大臣衙署改作總督行館後，李鴻章
奏請在運河北岸圈築新城，另建津海關道官署⑮。光緒元年（
1875）四月，總理衙門籌議海防事宜，是月二十六日，軍機大
臣遵旨寄信李鴻章、沈葆楨等會商辦理。寄信上諭內指出南北洋
地面過寬，界連數省，必須分段督辦，以專責成。即派李鴻章督
辦北洋海防事宜，派沈葆楨督辦南洋海防事宜。所有分洋分任練
軍設局、巡歷各海口、提撥餉需、整頓諸稅、操練陸軍、購置船
礮、開採煤鐵等俱令李鴻章、沈葆楨等相機籌辦⑯。

　　北洋通商大臣在設立之初，並未加佩欽差大臣關防，其地位
亦未顯得特別崇高。就道咸兩朝而言，實南重於北。自咸豐末年
起，外交重心逐漸北移。爲建立邦交，外國使臣紛紛入京。其接
見各國使節，三口通商大臣首當其衝。議定商約，多出三口大臣
之手，外交事權，逐漸爲北洋所奪。同治初年，南洋已建立艦隊，
節制閩廠。但因中法之役，南洋船隻多被毀，而北洋卻積極增購
艦艇。光緒十一年，設立海軍衙門，以全國之力，建立北洋艦隊，
海防大權，遂落於北洋大臣身上。天津教案發生後，李鴻章以直
隸總督兼任北洋大臣，合直省舊兵及所部淮軍，聲勢驟增。光緒
二十九年，設立練兵處，以全國之力，操練北洋六鎮新兵，其陸
軍實力，遂遠在南洋之上⑰，此即南北洋大臣權力消長的主要關
鍵。

四、南北洋海防經費的支銷

　　清季籌辦海防，其範圍不限於製船練兵，即鐵路電線的架設，與煤鐵礦務的開辦，其動機也是爲了建設海防[18]，南北洋海防經費遂成爲清季財政上用度浩繁的一項開支。就南洋而論，籌辦海防，需用輪船分佈江海各口，以加強防務。各船所需薪糧正雜等款，即在南洋海防經費項下動支。同治十二年十一月間，沈葆楨奏陳於閩廠前後學堂選派學生分赴英法兩國學習製造駕駛方法，經總理衙門議覆，請飭南北洋大臣會商熟籌。光緒二年十二月，李鴻章與沈葆楨奏明出洋學生以三十名爲度，肄習年限爲三年，共需銀二十萬兩，分年匯解，即於海防額餉內作正開銷[19]。南洋海防經費主要的開支，即以輪船經營爲大宗。光緒七年九月初六日，兩江總督劉坤一奉旨開缺，大學士左宗棠補授兩江總督，兼充辦理通商事務大臣[20]。據左宗棠奏報南洋各船薪糧、公費、煤價、卹賞、運腳、修船工料等費，自光緒四年十二月起至七年三月止，共支庫平銀一十五萬九千餘兩，俱係動用南洋海防經費。所有開支，因無例可循，均隨時酌定核支[21]。光緒八年間，由泰來洋行商人福克向德國船廠定造快碰船南琛、南瑞兩號，並購辦魚雷船鎗礮子彈等件，議明價銀七十餘萬兩，由南洋海防經費及鹽票項下先後付過銀三十餘萬兩，其餘未付銀三十餘萬兩，閩廠代造快船兩號，所需工料銀五十萬兩，合計共需銀九十萬兩，議定在南洋海防經費項下動撥。南琛、南瑞兩號快船，各配官弁水手二百一十七名，月支薪糧銀三千兩，公費銀四百餘兩，亦在南洋海防經費項下支出。

　　製船造艦爲整頓海防要務，閩廠經費歲需銀五十餘萬兩，經戶部指定歲撥閩海關四成洋稅銀二十四萬兩，六成洋稅銀三十六

萬兩，作爲船廠經費。但因海關協撥繁多，六成洋稅實無餘款可以分濟船政。光緒二十一年九月間，福州將軍兼管船政事務裕祿奏請於洋藥釐金及六成洋稅應提出使經費內勻挪湊撥，並於南北洋海防經費項下解濟。總理衙門會同戶部議奏，以勻撥出使經費，難以准行。由海防經費勻撥一節，經詢南北洋大臣，俱稱無餘款分濟。最後僅由戶部撥銀十萬兩，作充造船開工之用。但輪船開工後，用款方殷，所購物料，絡繹而至，俱應隨時付款。閩海關歲撥洋藥釐金項下應解南北洋海防經費銀二十四萬兩，曾經戶部奏准提撥銀十萬兩，解交北洋修理旅順礮台工程使用。裕祿以船廠籌造快艦本爲南北洋海防調用，與北洋整頓海防修理礮台，事無二致。光緒二十四年二月，裕祿奏請將閩海關洋藥稅釐銀二十四萬兩，除修理旅順礮台銀十萬兩撥解北洋外，其餘銀十四萬兩，暫留船政局，作爲接濟閩廠造船經費用款㉒。閩廠既受南洋大臣節制，船廠用款，多由南洋海防經費項下勻撥。

北洋海防用度更加浩繁，除通商大臣及關道委員書差等歲需銀三萬兩外，其他應支款項，名目繁多。據北洋大臣李鴻章奏報，自光緒元年七月起至六年十二月止，新收江西、浙江、江蘇、湖北等省釐金及山海、浙海、閩海、粵海、江海各關洋稅銀計四百八十二萬餘兩，登除項下包括滇案卹銀、借撥河南、山西賑款、河間井工、惠陵工程、天津機器局用款等，共銀八十餘萬兩，開除項下包括購買礮械、船隻、養船、薪水、糧乾、修築、製造等銀二百九十六萬餘兩，餘存銀一百零五萬餘兩㉓。南北洋海防經費收支各款，除應照章咨報總理衙門外，應由戶、兵、工三部分銷。自光緒七年正月起至八年十二月止，北洋海防經費共新收銀二百二十七萬餘兩，開除項下，分三部核銷。其歸戶部核銷銀十八萬餘兩，歸兵部核銷銀五十二萬餘兩，歸工部核銷銀九十一萬

餘兩，合計開除銀一百六十三萬餘兩。自光緒九年正月起至十年
十二月止，新收各省關解到釐金稅銀一百三十一萬餘兩，各處解
還墊款、軍火價、提動准軍協撥及長蘆運庫撥款銀一百二十一萬
餘兩，合計銀二百五十二萬餘兩，歸戶部核銷銀三十二萬餘兩，
歸兵部核銷銀七十三萬餘兩，歸工部核銷銀二百二十三萬餘兩，
統計兩年分共支銀三百二十九萬餘兩。各船每月應支薪糧、公費
俱在海防經費項下開支。光緒十年正月，李鴻章奏報北洋各輪船
支出費用，開列清單呈覽。其中超勇快碰船每月共支薪糧公費銀
二千八百餘兩；揚威快碰船月支銀二千六百餘兩；鎮北、鎮南、
鎮東、鎮西、鎮中、鎮邊等號蚊礮船月支銀各九百餘兩；威遠練
船月支銀一千九百餘雨；康濟練船月支銀二千餘兩；海鏡商船月
支銀一千二百餘兩；快馬小輪船月支三百餘兩；利順小輪船月支
二百餘兩；水雷小艇月支八十餘兩；守雷、下雷小輪船二隻月支
銀四百餘兩㉔。北洋海防用款每年平均約銀一百五、六十萬餘兩，但
實存銀兩卻逐年減少。據李鴻章奏銷北洋海防經費清單所開各款，
光緒八年十二月底實存銀一百六十九萬餘兩，光緒九、十兩年分
開除各款支出外實存銀九十二萬餘兩。光緒十一、十二兩年分，
新收各省關解到釐金洋稅銀一百二十六萬餘兩，直隸海防捐輸銀
一百四十九萬餘兩，淮軍餉項協撥銀二萬餘兩，電報信資銀九千
餘兩，扣收湘平平餘銀二萬餘兩，各處解還墊款軍火價值及練餉
生息等銀三萬餘兩，共新收銀二百八十六萬餘兩，連舊管新收共
銀三百七十九萬餘兩。登除銀二十二萬餘兩，歸戶、兵、工部核
銷銀二百九十四萬餘兩，實存銀六十二萬餘兩。

由於海防經費短絀情形日益嚴重，北洋大臣將開支各款竭力
核減。自光緒三十二年起，南北洋各局所學堂司員薪糧公費改照
七成支發。據北洋大臣楊士驤奏報光緒三十二年分北洋海防經費

開支各款，其新收各省關撥解銀一百五十七萬餘兩，扣除光緒三十一年分不敷銀一百十六萬餘兩，實收銀四十萬餘兩。登除項下撥支各學堂經費銀十二萬兩，督練公所兵備、參謀、教練三處經費銀六萬餘兩，天津大學堂經費銀二萬兩，北洋勸業鐵工廠經費銀九千兩，修蓋水師學堂工程銀一萬餘兩，無線電工料薪費銀九萬兩，共登除銀三十二萬餘兩。開除項下共分九冊：第一冊請銷各學堂醫局水師練營薪糧公費等項銀五萬餘兩；第二冊請銷隨辦洋務差遣繙譯、船塢局所文武員弁學生薪糧公費等項銀十四萬餘兩；第三冊請銷參謀、教練等處局所學堂洋員薪水等項銀三萬餘兩；第四冊請銷海軍各船及統領薪餉藥費等項銀三十九萬餘兩；第五冊請銷卹賞川資及保險運費等項銀三萬餘兩；第六冊請銷海軍各船及海軍事務洋教習等薪水銀二萬餘兩；第七冊請銷海軍各船及各學堂練營醫局購辦操衣、鞋帽、藥料、傢俱、書籍、器物等項銀二萬餘兩；第八冊請銷海軍各船及船塢購辦煤炭、器具、物料等項銀十六萬餘兩；第九冊請銷購買船價及油修各船工料、各局處房租等項銀七萬餘兩。以上第一冊至第三冊歸度支部核銷，第四冊至第九冊歸陸軍部核銷，統計登除及開除兩項銀一百二十八萬餘兩，其不敷銀八十七萬餘兩㉕。光緒三十三年分，北洋海防經費報銷款項共計十冊，其新收銀一百四十五萬餘兩，撥還上屆不敷銀外實收銀僅五十八萬餘兩，統計登除及開除兩項共支銀一百十五萬餘兩，不敷銀五十六萬餘兩。光緒三十三年四月間，北洋大臣袁世凱奏派海籌、海容兩號快船巡閱南洋各島，保護華僑，所有煤炭、雇覓引港及沿途費用銀五萬兩，由津海關子口稅項下勻撥，附入北洋海防經費項下另案報銷㉖。光緒三十四年分新收銀一百一十萬餘兩，除撥還上屆不敷銀及津防練餉不敷銀外，實收銀三十八萬餘兩，登除及開除銀一百萬餘兩，不敷銀六十一

萬餘兩。清季南北洋積極籌辦海防，但經費入不敷出，而加重清
廷財政上的負擔。

五、南北洋海防經費的提撥

咸豐十一年春，清廷定議購置輪船時，總稅務司英人赫德即
向總理衙門建議籌款辦法，將洋藥票稅留爲購買船礮之用㉗。是
年五月，總理衙門奏請購船價款由海關籌措，並開徵洋藥票稅，
以充歸補各海關的款。同治元年正月，總理衙門函請江蘇巡撫薛
煥、福州將軍文清、兩廣總督勞崇光及總稅務司赫德等速籌價款，
以便早日購買船礮，並指定由江海、粵海兩關各籌款銀二十萬兩，
福州關籌銀十萬兩，廈門關籌銀五萬兩。同治五年十二月以後，
議准閩廠船政經費，於閩海關洋稅六成項下每月撥銀五萬兩充用。
光緒元年四月，清廷籌辦海防，以海防用度浩繁，其應如何提撥
支用之處，即飭戶部、總理衙門妥議具奏，旋經議定於各海關洋
稅四成項下及各省釐金項下撥解。是年七月復經總理衙門、戶部
奏明船政經費按定章由閩海關六成項下撥用，不得提用海防經費。
但因各省關稅收旺淡不同，其提撥銀兩多寡不一，辦理情形尤不
一致。

光緒元年十月，戶部會議籌辦海防餉需案內，議定粵海關應
提四成洋稅，自光緒元年七月起按結分解督辦南北洋海防大臣兌
收應用。自光緒二年七月起，奉部咨文以一半批解北洋海防，以
一半解部抵還西征餉銀二百萬兩之款。光緒四年五月，又奉部咨
撥解北洋經費，截至光緒三年底止，自光緒四年起應解南北洋海
防經費遵照定章覈數分解。粵海關撥解海防經費，或由四成洋稅，
或由二成洋稅項下提撥。據監督俊啓奏報自光緒元年九月初三日
第六十一結起至二年八月十三日第六十四結期滿止，粵海大關及

潮州、瓊州新關徵收洋稅及招商局輪船共銀一百三十六萬餘兩，
除撥支海關公用、火耗、水腳等款外，實徵銀一百萬餘兩，其中
提解北洋海防經費四成洋稅銀一十七萬餘兩，匯費銀六千餘兩，
又解二成洋稅銀七萬餘兩，匯費銀三千餘兩㉘。因粵海關拮据，
未能按定章匯解足數。自光緒二年八月十四日第六十五結起至三
年八月二十四第六十八結止，粵海關實徵銀一百零一萬餘兩，匯
解北洋海防經費二成洋稅銀八萬餘兩，匯費銀三千餘兩，又匯解
南北洋海防經費一成洋稅銀各一萬五千餘兩，匯費銀各六百餘兩
㉙。光緒四年分，第六十九結至七十二結一年期內粵海關實存銀
九十八萬餘兩，匯解北洋海防經費一成洋稅銀六萬餘兩，匯解南
洋海防經費一成洋稅銀二萬餘兩，又匯解一成洋稅之半銀一萬九
千餘兩。光緒五年分第七十三結至七十六結止實存銀八十八萬餘
兩，其匯解南北洋大臣海防經費銀兩數目，與光緒四年分相近。
光緒六年分，第七十七結至八十結止，粵海關實存銀九十五萬餘
兩，匯解北洋海防經費一成洋稅銀二萬七千餘兩，又匯解二成洋
稅銀七萬九千餘兩。匯解南洋海防經費二成洋稅銀三萬四千餘兩，
又匯解招商局輪船二成洋稅銀各一萬餘兩，分赴南北洋大臣衙門
兌收。光緒七年分第八十一結至八十四結，實存銀九十三萬餘兩，
匯解北洋海防經費二成洋稅銀十四萬餘兩，匯解南洋海防經費二
成洋稅銀一萬五千餘兩，又匯解南北洋海防經費招商局輪船二成
洋稅銀各一萬一千餘兩，此外解還南洋大臣墊撥閩省船政銀四萬
餘兩。粵海關徵收洋稅逐年遞增，但因協餉款目繁多，故未按結
解足，積欠纍纍，屢奉部咨嚴催，自第七十一結起即向西商銀號
籌借墊解。在粵海關監督俊啓任內自第七十九結起已無力撥解，
其積欠情形，日趨嚴重。

　　各海關洋稅收支數目是按三個月為一結，扣足四結專摺奏銷

一次，海防經費則應按結提解。浙海關於光緒初年奉撥海防經費情形多能照章匯解。自光緒五年三月初十日起至八月十五日第七十五、七十六兩結合併撥解，共滙解北洋海防經費四成洋稅銀一萬二千餘兩，發交號商循案匯兌。旋准北洋大臣札飭將四成華稅銀兩，自光緒六年正月起應照新章與洋稅四成合爲一宗，分解南北洋，以充海防經費用款。據護理浙海關寧紹台道瑞璋詳報浙海關自光緒六年八月二十七日第八十一結起至七年八月初八日八十四結止一年，扣足四結，新收洋稅、半稅等共銀七十三萬八千餘兩，支解八十一至八十四結華洋四成項下提撥北洋海防經費銀一十二萬八千餘兩，提撥南洋海防經費銀六萬八千餘兩，扣存八十四結華洋四成款內應提南洋海防經費銀六萬餘兩㉚。其中八十二結共收華洋各商正稅及洋藥稅銀九萬五千餘兩，應提四成銀三萬八千餘兩，內除提抵閩省京餉銀五千兩外，尙餘銀三萬三千餘兩，分款批解南北洋大臣兌收。第八十三結提解南洋海防經費銀一萬八千餘兩。第八十四結提解南北洋海防經費銀各六萬餘兩。第八十五結匯解南北洋海防經費銀各三萬八千餘兩，約爲上屆之半。第八十六結提撥南北洋海防經費銀一萬餘兩。其應解南洋海防經費，經戶部議准自第九十三結起暫留一年作爲浙江省海防用款。據瑞璋等詳報浙海關第九十三結截留南洋海防經費銀四萬餘兩。浙海關第九十三結是自光緒九年九月初一日起至十二月初三日止，共收華洋各商正稅及洋藥稅銀二十一萬七千餘兩，除提抵閩省應解京餉銀五千兩外，尙餘銀八萬二千餘兩，以四萬餘兩批解北洋大臣兌收外，餘銀四萬餘兩撥解寧郡釐局兌收，留爲浙省海防用款。第九十四結截留銀一萬四千餘兩，第九十五結截留銀一萬六千餘兩。總理海軍事務衙門成立後，議准將南北洋海防經費撥歸海軍衙門常年餉需用款，各關應解抵閩省京餉改爲加放官兵俸餉

銀兩，仍於四成洋稅項下每結提銀五千兩，自光緒十二年正月起按結提解。光緒十三年正月初九日以後，接准戶部咨文，於浙海關洋藥釐稅併徵項下提銀二十萬兩，委解海軍衙門兌收。據護理浙海關寧紹台道薛福成詳報浙海關自光緒十四年八月二十六日起至十一月二十九日止第一百十三結期滿共收華洋各稅銀一十七萬餘兩，應提四成銀六萬九千餘兩，除提解部庫加放官兵俸餉銀五千兩外，尚餘銀六萬四千餘兩，提解南北洋海防經費一半銀各三萬二千餘兩。自光緒十八年起，各省關應解海軍常年及新增經費，並指撥南北洋海防經費，每兩隨解飯銀一分，解交海軍衙門，以備公用，准其作正開銷。據護理浙海關寧紹台道吳引孫詳報，前項應解飯銀，解清至第一百三十一結。自光緒十九年五月十八日起至八月二十一日止第一百三十二結，計四成南北洋海防經費銀一十三萬餘兩，應提解每兩一分隨批飯銀一千三百餘兩，在徵存半稅項下照數動支。浙海關歷年提解南洋海防經費，解清至一百四十七結，第一百四十八結解過銀一萬兩，此外第一百五十八、九及一百六十二等結如數解清外，其餘各結，因華洋各稅收入短少，以致應解南洋海防經費，不克按結解清。

　　閩海關正額盈餘每年應徵銀十八萬五千兩，同治四、五年間，歲祇徵銀七、八萬兩，經福州將軍英桂、文煜等加以整頓後，稅收漸旺，歲入至十四、五萬兩。光緒初年，常稅漸減，洋稅日增。閩海關自光緒二年正月為始，在四成款內每月撥解輪船經費銀二萬兩，提儲解京四成洋稅銀四十一萬餘兩，其中因臺灣開撫經費由部議准每年截留四成銀二十萬兩。光緒五年八月間，戶部奏請截留其中一半銀十一萬九千餘兩，尚餘一半銀。光緒六年三月，李鴻章具奏海防經費短解日多，請飭籌補。經戶部會同總理衙門議覆，請飭閩粵等五海關自光緒六年正月為始，所收四成洋稅，

毋庸分半解部,即將應提四成銀兩,按結分解南北洋大臣兌收應
用,所徵招商局輪船稅銀,准其改照四六成分解。閩海關福廈二
口自光緒七年六月起至八月初八日第八十四結截留餘剩一半銀兩,
遵照光緒六年三月間戶部奏案提出半分銀各五萬九千餘兩,分別
解交南北洋大臣兌收。福州、廈門二口共存招商局輪船稅鈔銀三
萬二千餘兩,提撥四成銀一萬三千餘兩,分解南北洋大臣兌收,
以充海防經費用款。自光緒七年八月初九日起至十一月十一日止
第八十五結福廈二口共實徵稅鈔銀六十七萬餘兩,其四成銀兩,
除撥解輪船經費及截留銀兩外,並遵照光緒七年十月間李鴻章咨
文,於閩省額撥南北洋海防經費內酌提學生出洋經費銀九千餘兩,
解交船政大臣查收。扣除前述各款外,尚存銀二萬三千餘兩,提
出各一半銀一萬一千餘兩,分別解交南北洋大臣兌收,以備海防
經費之用。福廈二口第八十五結共徵招商局輪船稅鈔銀三萬七千
餘兩,照案提出四成銀一萬五千餘兩,分解南北洋海防經費各銀
七千餘兩。福建省因籌辦海防,製造輪船,添勇購礮,學生出洋,
用款繁多,六成洋稅,未能旺徵,洋款還期緊迫,協餉奉撥款項
浩繁,所入不敷所出,爲移緩就急,而挪墊四成洋稅,以致應解
南北洋海防經費日益減少,且多未按結解清。據福州將軍兼管閩
海關稅務穆圖善奏報福廈二口自光緒十年三月初六日起至閏五月
初八日第九十五結期滿止,共徵稅鈔銀六十一萬九千餘兩,其中
另款提儲解京四成洋稅銀二十三萬餘兩,扣除上結四成不敷提湊
解款銀一千餘兩,臺灣海防借用洋款給還第十九期本息共銀二萬
兩,撥解臺灣開撫經費銀五萬兩,撥解輪船經費銀二十萬餘兩,
扣除各項用款後,計存四成銀三萬餘兩內,遵照光緒五年八月間
戶部奏案截留一半銀一萬五千餘兩,發交閩省善後局司道撥充臺
灣海防用款,尚餘一半銀,提出半分之半銀各七千餘兩,分別解

交南北洋大臣兌收。第九十五結期內，福廈二口又徵收招商局輪船稅鈔銀一萬一千餘兩，遵照奏章提出四成銀四千餘兩，分解南北洋海防經費銀各二千餘兩。光緒十年以後，撥解更少，籌措益形棘手，不得不向各號商通融墊解。

　　江海關徵收洋稅照章應將四成銀兩提解部庫，旋議定於四成銀內酌留二成，以備機器局用款，其餘二成銀內除額撥黔餉及提解加放俸餉外，餘剩銀兩同招商局四成稅銀一併分解南北洋作爲海防經費用款。據護理江蘇巡撫布政使譚鈞培單開自光緒七年六月初六日起連閏至八月初八日止第八十四結期內實徵各國商船進出口正稅銀八十萬五千兩，除洋商所完正稅准給存票換領現銀八百餘兩外，實徵銀八十萬四千兩，又徵洋藥稅銀二十四萬八千餘兩，在應提四成銀兩內，以二成備撥機器局用款，其餘二成銀兩內，除提解黔餉銀八萬兩及提還洋商借款解部作抵閩省京餉銀五千兩外，餘剩銀兩分解南北洋海防經費銀各七萬餘兩。第八十五結期內匯解南北洋海防經費銀兩，較上結各增一百餘兩。第八十六結自光緒七年十一月十二日起至八年二月十三日止，江海關新收銀一百零五萬餘兩，除准銷鎔工折耗銀一萬二千餘兩，並歸補上結墊放銀四萬一千餘兩外，實存銀一百萬二千餘兩，支解南北洋海防經費銀各六萬九千餘兩，另支解南洋大臣養廉銀一千餘兩。第九十二結期內，支解南北洋海防經費銀各四萬四千餘兩，第九十三結期內各支解銀六萬六千餘兩，第九十四結期內各支解銀三萬九千餘兩，因光緒九年五月以後，新收稅銀減少，存銀不多，提解銀兩相隨短少。據江蘇巡撫衛榮光奏報江海關九十二結新收稅銀八十四萬餘兩，九十四結新收銀七十八萬餘兩。據江蘇巡撫奎俊奏報江海關自光緒十九年二月十五日起至五月十七日止第一百三十一結期內新收華洋各稅銀一百三十五萬餘兩，除准銷鎔工

折耗及歸補墊放銀外，實存銀一百一十六萬餘兩，支解南北洋海防經費銀各九萬八千餘兩，另支解南洋大臣養廉銀一千餘兩。江海關分解南北洋海防經費，歷年各結雖因華洋各稅旺淡不同，以致各結提解銀兩多寡不一，但尚能按結匯解。

　　牛莊海關開放後，貿易額不大。據奉錦山海關道續昌詳報牛莊關自光緒六年十二月初二日起至七年三月初二日止第八十二結期內，因值封河期間，並無船隻進口，未收洋稅銀兩。自光緒七年三月初三日起至六月初五日止為第八十三結，徵收進出口各稅銀十一萬六千餘兩。其第八十二結期內支出各款，即由第八十三結期內提撥，此外提撥南北洋海防經費四成洋稅銀各一萬二千餘兩。另扣除解支各項餉乾銀兩，共計支出銀十二萬六千餘兩，其所入實不敷所出。據李鴻章奏報牛莊關自光緒九年五月二十七日起至八月三十日止第九十二結期內新收稅銀九萬餘兩，提解南北洋海防經費四成洋稅銀各九千餘兩，又提解招商船稅四成銀各三千餘兩，俱分解南北洋大臣兌收。自光緒九年九月初一日起至十二月初三日止第九十三結期內，牛莊關稅收略旺，新收稅銀十萬三千餘兩，提解南北洋海防經費四成洋稅銀各一萬餘兩，又解招商局船稅四成銀各三千餘兩。其餘各結，俱因稅收不旺，匯解銀兩數目非常有限。

　　南北洋海防經費的來源，除各海關洋稅四成項下提撥外，復於各省釐金項下指撥匯解。光緒元年五月，兩廣總督英翰以防務緊急，擬借洋款二百萬兩，以充籌備海防用款。經戶部議准於江蘇等省釐金項下提撥。各省奉撥釐金是應按戶部指撥銀兩八成實收解足。光緒元年，江西省接准戶部咨文，於釐金項下每年提銀三十萬兩，分解南北洋大臣收用。旋經總理衙門議准自光緒三年七月起江西原撥釐金銀兩，以一半批解北洋，以一半批解福建兌

收。江西省陸續勻出釐金銀四十六萬兩，撥解北洋大臣銀四十二萬兩，分解福建巡撫銀四萬兩。嗣奉諭旨每月應於釐金項下協濟江蘇庫平銀一萬兩。惟江西省財政竭蹶，經奏准將南洋經費改解臺灣開撫銀兩，仍解兩江作抵。自光緒四年二月起至五年止，籌撥銀三十二萬兩，分解南北洋大臣兌收。光緒六年分，籌撥銀二十萬兩。光緒七年二月至閏七月，於司庫騰挪釐金銀二萬兩，其中以一萬兩發交號商具領匯赴北洋大臣天津行館投兌，其應解南洋海防經費抵作江蘇新餉銀一萬兩。計自光緒四年二月起至七年正月止先後籌撥銀六十八萬兩，分解南北洋大臣投收，俱於司庫騰挪釐金項下撥解。光緒十二年起奉准將每年撥解南北洋經費改爲海軍經費，計是年分共解釐金銀二十萬兩，十三年分銀二十四萬兩，十四年分銀十一萬六千餘兩，十五年分銀二十一萬兩，十六、十七、十八等年分，各解銀十九萬兩，十九年分撥解海防經費原撥銀三十萬兩按八成解足，應解銀二十四萬兩，僅解過十一萬兩，光緒二十年分，則欠解未交。是時中日關係日益緊張，海防經費，待用孔殷。北洋援韓調募六十餘營，需餉尤急。光緒二十年二月，總理海軍事務衙門移咨江西巡撫德馨限於十二月內照數解齊。天津支應局亦電催速籌銀十萬兩，匯赴天津。但江西欠解銀五十萬兩，爲數過鉅。德馨接電後雖竭力設法騰挪，實已點金乏術，最後僅籌解銀十萬兩。光緒二十一年三月，海軍衙門將當差人員及應用款項奏請停撤，統歸戶部收存，專爲購辦船械之用。是年分共改解部庫銀十萬兩，二十二年分解銀十二萬兩。光緒二十三年三月，據德馨奏報，江西省籌解南洋海防經費先後十二次，共銀十七萬五千兩，其欠解銀仍有一萬五千兩。南洋大臣派委江蘇候補知縣沈承德前往江西守催。江西布政使翁曾桂設法騰挪銀八千兩，作爲海軍經費改解南洋第十三批銀兩。江西省因

解款項目太多，無法挹注。其每年原撥釐金銀三十萬兩，經戶部
議准酌減爲二十萬兩，應解足銀十萬兩，緩解銀十萬兩。海軍衙
門奏准南北洋海防經費指撥浙江省每年釐金銀四十萬兩，按照八
成解足，應解銀三十二萬兩，由釐捐總局在釐金項下籌撥，分八
批匯解，每批銀四萬兩。截至光緒七年十一月止，共解過二十次，
計銀九十六萬兩，每批或解三萬兩，或二萬兩不等。例如第二十
一次、二十二次各解銀三萬兩，光緒十年分第二十八次解銀二萬
兩。由於浙東貨釐抵還洋款，餉源枯竭，以致撥解南北洋海防經
費不能按批解足，積欠甚多，南北洋大臣屢次咨催，仍未解清。
湖北省釐金項下原撥南北洋海防經費銀三十萬兩，光緒六年三月
間經北洋大臣奏准按八成分批匯解，每年共應解銀二十四萬兩。
各省關奉撥海防經費銀數雖多，但由於稅收旺淡不定，釐金項下
又不能照章解足，以致南北洋海防經費日益拮据。

六、南北洋海防經費的拮据

同治元年，各關徵收稅餉，合計不過六百六十三萬兩，至同
治十三年間，則增至一千一百四十九萬兩，稅餉日多㉛。同治十
三年，降旨籌辦海防，但無指撥專款，籌辦維艱。光緒元年，廣
東因辦理防務，奉旨撥解各省釐金項下銀兩應用。光緒二年，劉
坤一奏准以粵海關洋藥正稅項下月撥查辦「伏莽」經費銀二萬兩
改充海防經費，至是始有專款可支。海防經費款項，曾經總理衙
門與戶部奏准不得挪作他用。戶部原撥南北洋海防經費每年額款
銀四百萬兩。自光緒元年七月起至三年六月止統解北洋，從三年
七月起分解南北洋各半，但其中江蘇、廣東、福建三省釐金項下
每年應合撥銀一百萬兩，卻絲毫未解，而由各省自行留用。其他
浙江、江西、湖北三省釐金每年合撥銀一百萬兩，光緒元年、二

年分，報解未盡如數，光緒三年以後，報解更稀少，欠解銀五、
六十萬兩㉜。各省釐金奉撥之初，解至九成，其後減至二成，日
形拮据。光緒三年八月，北洋大臣李鴻章已指出北洋海防經費奉
撥額餉，每歲號稱四百萬兩，但自光緒元年至三年期間，實解不
過二百萬兩，有名無實。各省釐金，或分毫未解，或解不及半。
各海關洋稅，開銷本多，又撥去半分歸還西征軍餉原借洋款，以
致餉無所措，防務迄未就緒。因此，李鴻章奏請將海防經費，仍
遵原奏，專為海防要用，免再抽分他撥㉝。光緒三年以後，實解
北洋海防經費平均每年不過三十餘萬兩，較原撥銀兩尚不及十成
之二。京中外省臣工紛紛奏解挪借海防經費。光緒三年秋，溫忠
翰奏陳山西各府州縣連年亢旱，賑卹饑民，需款甚鉅，請將江浙
釐金撥解南北洋海防經費銀兩，借撥銀一二十萬兩，以應急需。
軍機大臣奉旨寄信李鴻章酌量撥解。光緒四年二、三月間，庶子
黃體芳奏請將海防經費項下製造機器釐稅酌留數萬，其餘暫停一
年，以充京餉。編修吳觀禮奏請將海防經費賑款，給事中李宏謨
亦奏請將海防經費暫提十分之五，分解晉豫辦賑。北洋海防經費
自光緒元年至四年二月止，所收銀兩遠不及一年額撥數目，所支
款項卻層見疊出，應接不暇。除陸續支放海防本款銀八十萬餘兩
外，於光緒三年秋奉旨撥解晉豫二省賑銀二十萬兩，借給山西賑
銀十萬兩，代購河南賑糧借撥銀十二萬兩，直隸採買賑糧撥銀十
五萬兩，招商局借撥京城平糶資本銀六萬兩。其後又疊奉諭旨撥
解河間開井工費銀四萬兩，添購京糶雜糧資本銀數萬兩，前後已
撥借七十餘萬兩，挪借既多，實存極少。

　　光緒六年四月，吳元炳奏請飭催粵海關匯解南洋海防經費，
軍機大臣以南洋籌辦船礮待用甚急，寄信粵海關監督俊啓迅速掃
數解清。據俊啓覆奏稱粵海關奉撥京外各餉，除協餉銀、廣儲司

造辦處金價，以及南北洋海防經費銀兩等是由四成洋稅內撥用外，其餘奉撥銀兩都由六成洋稅內撥解，後因撥款浩繁，六成洋稅不敷支解，只得挹彼注此，將所收洋稅不分四成或六成，悉數撥用，仍多不敷，不得不向西商銀號借墊，以資周轉。海防經費一項，名義上是專款扣存，事實上並未收貯存庫，年復一年，以致積欠纍纍。俊啓在奉到寄信上諭以前，曾接署兩江總督咨催匯解海防經費，已向號商籌借銀兩，將第七十一至七十三結海防經費匯解清楚。俊啓奉到廷寄後，又與號商籌借，將第七十四結應解銀兩匯解清楚㉞。光緒六年九月間，兩江總督劉坤一咨催第七十六、七十七兩結南洋經費銀六萬三千餘兩，俊啓僅解過銀三萬兩。清季時事多艱，海防喫重，快船爲備禦利器，製造快船爲自強新政之一。福建船廠仿造快船，曾由戶部指撥南洋海防經費銀二十萬兩，粵海關僅解銀三萬兩，劉坤一解銀四萬兩，尙短少銀十三萬兩。福建船廠定期開工，需款孔急，而粵海關欠解南洋海防經費銀十五、六萬兩。軍機大臣遵旨寄信粵海關監督崇光，令其即於欠解款內迅速撥銀十三萬兩，逕解福建船廠應用。崇光覆奏時指出海防經費不能按結清解的原因，實由於海關六成洋稅項下協撥繁多，且有定限，不容遲逾，海關左支右絀，不得不挪用四成洋稅，久而久之，積累日重，雖倂四成六成洋稅，悉數撥解，仍屬不敷，祇得向西商銀號借墊。稅收不加增，舊欠積久未償，新欠隨之又至。在俊啓任內統共欠解銀五十一萬餘兩，崇光接任粵海關監督後，以新徵存款，撥抵舊欠，挪後補前，極力籌措，結果顧此失彼，積欠仍未清解。

粵海關欠解北洋海防經費情形亦極嚴重。自八十結起至第八十三結即光緒七年三月十八日止，在粵海關監督俊啓任內，其欠解北洋海防經費銀十五萬兩，主要是由於俊啓挪解京協各餉，以

致絲毫無存，另又積欠西商借墊銀五十餘萬兩。自光緒七年六月
至八年八月，粵海關積欠北洋海防經費約銀二十萬兩。李鴻章以
其積欠過鉅，具摺請旨嚴催。粵海關監督崇光抵任後，曾將積欠
逐一清釐，使其各歸各款，惟因所徵不敷撥解，實無現銀可以提
還。據崇光奏稱，粵海大關、潮州新關每年所徵洋稅，統計最旺
年分，約徵銀一百五十餘萬兩，以四成撥充南北洋海防經費，另
外六成洋稅，扣除所提出使經費一成半後，已不足六成，所餘銀
八十萬兩，分別撥解戶部京餉、廣儲司公用、造辦處米艇、添撥
榮營、神機營、景營、烏里雅蘇台各月餉、東北邊防經費、金順
營月餉、奉天練餉、伊犂償款、烏垣月餉、普濟堂公用、傳辦紆
斤、金銀線硍硃、各關稅務司經費、通關經費水腳津貼、加平等
項，共應支銀一百七十餘萬兩，不敷既鉅，祇得移緩就急，以致
積欠纍纍㉟。

　　閩浙辦理海防，所有添勇築台購礮等項經費，支出浩繁，逐
年遞增，入不敷出。據福州將軍兼管閩海關稅務穆圖善奏稱閩海
關第九十三結期內續徵六成洋稅，除歸還舊欠外，尚不敷銀五十
九萬餘兩，都是逐年挪墊款項，年虧一年，愈積愈多。洋稅收入
每逢十一月至次年四月，屬於淡季，徵稅稀少，積欠無從歸補。
光緒十年分，閩海關應解京餉銀四十萬兩，東北邊防經費銀十萬
兩，俱限五月以前先解到一半，此外部庫墊款亦應解交，其餘出
使經費，臺灣開撫經費及船政製造經費，皆屬要需，不能挪動，
不得不從四成洋稅項下挪用，以便移緩就急㊱。各省截留南北洋
海防經費，年復一年，欲罷不能。防務愈緊，餉源日絀，海防經
費已無從撥解。光緒十年七月，浙江巡撫劉秉璋曾因浙江籌辦海
防，庫款支絀，無從措手，而奏請將浙海關四成洋稅項下應撥南
北洋海防經費款內，自第九十三結起截留一年，作為浙省海防用

款。經戶部奏准，將南洋經費停解一年。劉秉璋接准部咨後即將第九十三至九十五結應解南洋海防經費共銀七萬餘兩，按結撥解寧郡釐局兌收。浙江所截留銀兩，至光緒十年八月第九十六結止，已屆一年限滿。但因是年中法之役，沿海防務事機愈緊，需費益鉅，省局各庫久已告罄，加以海氛不靖，商賈絕跡，絲茶各捐收款愈絀，而支出款項有增無減。光緒十年七月十七日，劉秉璋與司道再四商議後奏請將應解南洋海防經費自第九十七結起仍前截留，作爲浙江海防用款。

　　北洋防務經費的來源，主要是靠各省關釐稅。但歷年所解，多未達到額撥之半。中法之役期間，因海防喫緊，釐稅減色，沿海各省俱須辦理防務，撥款寥寥無幾，以致北洋局庫極形支絀。李鴻章爲加強防務，擬購買精利軍器，但北洋經費項下每月應支各兵輪薪糧及製造軍需彈藥等項，已不敷支出，無從抽撥鉅款。浙江省因截留海防經費，年復一年，欠解愈多。其釐捐原以絲捐爲大宗，但由於外洋蠶桑年盛一年，洋莊滯銷，釐捐逐年減收，不敷撥解。浙江省釐金項下歲撥北洋經費銀四十萬兩。旋減爲三十二萬兩，仍不能年清年款，其實每年實解不過十餘萬兩而已。咸豐初年，曾因餉源不足，屢開捐例，以資協濟，光緒五年，奉旨停捐。李鴻章爲購買大批軍火，遂於光緒十年七月十四日奏請暫開軍器捐輸。惟是時戰守機宜刻不容緩，捐集鉅款，尙需時日，緩不濟急，李鴻章旋又奏請照案仍由出使經費項下先行借撥。光緒末年，地方財政益形竭蹶，欠解海防經費更多。光緒二十六年分，浙江省釐金項下應解北洋海防經費銀三十二萬兩，除兩次解過銀六萬兩外，仍欠銀二十六萬兩。浙海關全年四結應解銀二十餘萬兩，絲毫未解。江西省釐金項下應實解銀二十萬兩，除三次解過銀六萬兩外，仍欠銀十四萬兩。八國聯軍之役期間，商販裹

足，釐收短絀。光緒二十七年，江西又遭大水，稅收迄未暢旺，而撥款卻逐年加增，司庫羅掘一空。光緒二十八年分，江西釐金項下應解北洋海防經費原撥銀二十萬兩，經戶部量予覈減，實解銀十萬兩，緩解銀十萬兩。但江西災歉頻仍，商貨稀少，稅源短缺，而添撥賠款等項，驟增百數十萬，異常窘迫，窮於應付。據北洋大臣袁世凱奏報，是年分各省關撥解北洋海防經費銀數：江西釐捐應解足銀十萬兩，實解銀四萬兩，短解銀六萬兩；浙海關原撥銀八萬兩，實解一萬兩，短解七萬兩，江海關解足銀四十六萬兩，合計解銀五十一萬兩。光緒二十八年分各省機關應解北洋海防經費共庫平銀九十三萬兩，扣除已收五十一萬兩，不敷銀四十二萬兩，其中浙江省釐捐銀十六萬兩，山海關洋稅銀十三萬兩，俱絲毫未解㊲。光緒三十年，日俄戰爭期間，北洋口岸林立，為加強海防，杜絕奸商販運違禁物品，其開支各款遠在常年額支以外，各省關欠解海防經費，迄未解足，其中浙江欠解最多，任催罔應，山海關則因營口未經收回，無從提解。光緒三十年四月，袁世凱奏請將浙海關欠解銀八萬兩，改由稅收較旺的杭州關撥解，浙江省釐金銀十六萬兩，山海關稅銀十三萬兩，由戶部另撥的款。光緒末葉，辦理新政項目更多，百端並舉，用款日繁，海防經費多恃鐵路二成餘利撥補。

七、結　論

　　清季南北洋大臣不僅是為通商而設，也是為辦理洋務而設。南北洋大臣一方面對各通商口岸負有直接管轄的責任與權力㊳，另一方面也是清季在地方上辦理洋務的中心人物。同光年間，南洋新開口岸增至三十餘處，北洋新開口岸亦達十餘處。因口岸的增設，南北洋大臣的權責也隨著加重。由於南北洋大臣職權的日

益擴張，清廷遂有削減其權力的傾向，臣工亦有奏請更改南北洋大臣稱呼的建議。光緒十年間，王邦璽具摺稱「直隸、兩江各總督辦理通商事務大臣，銜稱往往見於邸鈔中，直稱北洋大臣、南洋大臣，頗駭觀聽。以南北兩省而謂之洋，以兩大臣而謂之南洋、北洋，與東洋、西洋相配，稱名似乎未甚妥協。」㉟但因南北洋大臣的名稱習用已久，故未更改。南洋大臣較北洋大臣早設二十年，其地位原來也是南重於北，其後由於外使紛紛入駐京師以後，中外交涉的重任，都落在北洋大臣的身上，北遂重於南。北洋大臣為籌辦海防，推行新政，用度浩繁，各省關撥解海防經費，亦以北洋為最多。光緒十年三月，日講起居注官翰林院侍講龍湛霖卻以北洋大臣李鴻章未能實力經營，耗帑誤國，兵驕器窳，遷延歲月，所以奏請嚴旨切責，重議處分㊵。然而一方面由於北洋大臣威柄已成，另一方面亦因清廷倚畀甚殷，故非朝夕所能改弦更張。海防建設為清廷救亡圖存的重要措施，惟籌辦海防，購置船礮，練兵製器，供億繁多，需帑至鉅。然而清季內憂外患，災歉頻仍，財政紊亂，帑項支絀，海防經費籌措維艱，拮據異常。各省關指撥款項過鉅，移緩就急，挹彼注此，挪後補前，不能照章統籌劃撥，原撥海防經費，未能按結解足，積欠纍纍。左宗棠西征期間，猶指甘餉為海防所佔㊶。清季許多自強事業都由曾國藩、李鴻章等開其端，創辦之初，亦頗具規模，但因絀於經費，不克實力經營，雖初基已立，卻無法繼續擴充，成效不著。光緒十年七月，曾國藩即指出江南原為財賦之區，入款雖鉅，而出款尤繁，通年所入，祇供通年常例支出，以致各省關應解海防經費，早已有名無實㊷。光緒十七年四月間，戶部尚書熙敬等以戶部庫帑空虛，海疆無事，奏明將南北洋購買鎗礮船隻機器暫停二年，藉資彌補㊸。光緒二十三年三月，戶部為欲合內外全力早還償款，奏

請裁汰南洋防營，以紓餉力㊹。清季自強運動，自始即缺乏一套全盤性的計劃，在經營過程中又出現許多腐敗的現象。結果求強的目標，固然完全落空，求富的底蘊，也是徒資口談。清廷在應付外力衝擊的努力，終於遭受到嚴重的挫折㊺。中外史學家對清季自強運動的失敗，曾提出各種不同的解釋，但從清季南北洋海防經費的籌措過程中，可以看出財政方面也是不容忽視的一項重要因素。

【註　釋】

①　鑄版《清史稿》，〈兵志九〉，〈海防〉（香港文學研究社出版），上冊，頁511。

②　王爾敏撰〈南北洋大臣之建置及其權力之擴張〉，《大陸雜誌》，第二十卷，第五期，頁22。

③　《籌辦夷務始末》，同治朝，卷六，頁27。同治元年五月戊戌，寄信上諭。

④　《清宣宗成皇帝實錄》（臺北，臺灣華文書局），卷四〇三，頁6。道光二十四年三月壬申，內閣奉上諭。

⑤　彭澤益撰〈中英五口通商沿革考〉，《中國近代史論叢》（臺北，正中書局），第二，輯一冊，頁63。

⑥　《清文宗顯皇帝實錄》，卷二七二，頁33。咸豐八年十二月丁卯，內閣奉上諭。

⑦　《籌辦夷務始末》，同治朝，卷六，頁24至27。同治元年五月戊戌，據薛煥奏。

⑧　《月摺檔》。同治元年六月初六日，曾國藩奏摺抄件。

⑨　李鴻章奉命兼署五口通商大臣，《清史稿》李鴻章傳誤繫於同治二年正月。

⑩　《皇清奏議》，光緒五年，丁日昌「瀝陳病狀並海防事宜十六條疏」，見
　　《道咸同光朝奏議》，第九冊（臺北，臺灣商務印書館），頁3631。

⑪　《籌辦夷務始末》，咸豐朝，卷七一，頁20。咸豐十年十二月壬戌，
　　「通籌全局章程」。

⑫　《軍機處檔·月摺包》（臺北，國立故宮博物院），第2742箱，21
　　包，95622號。同治三年四月初六日，崇厚奏摺錄副。

⑬　《「籌辦夷務始末」》，同治朝，卷七七，頁21。同治九年九月己
　　卯，據毛昶熙奏。

⑭　《軍機處檔·月摺包》，第2766箱，49包，103617號。總理衙門奏
　　摺錄副。

⑮　《李文忠公全集》，奏稿十七，頁31。同治九年十一月初六日，酌
　　議津海關道章程摺。

⑯　《清德宗景皇帝實錄》，卷八，頁8。光緒元年四月壬辰，寄信上
　　諭。

⑰　王爾敏撰〈南北洋大臣之建置及其權力之擴張〉，《大陸雜誌》，
　　第二十卷，第五期，頁26。

⑱　劉心顯撰〈中國外交制度的沿革〉，《中國近代史論叢》，第一輯，
　　第五冊，頁54。

⑲　光緒朝《東華錄》，第一冊，頁318。光緒二年十二月戊子，據李
　　鴻章等奏。

⑳　《清德宗景皇帝實錄》，卷一三六，頁7。光緒七年九月乙未，內
　　閣奉上諭。

㉑　《軍機處檔·月摺包》，第2735箱，9包，121145號。光緒七年，
　　左宗棠奏片。

㉒　《諭摺彙存》，第二冊，頁1468。光緒二十四年二月二十九日，據
　　裕祿奏。

㉓　《李文忠公全集》，㈡，奏稿四八，頁739。光緒九年十二月十九日，〈海防經費報銷摺〉。

㉔　《軍機處檔·月摺包》，第2722箱，22包，124915號。光緒十年正月二十一日，李鴻章奏摺清單。

㉕　《軍機處檔·月摺包》，第2746箱，3包，175555號。宣統元年二月初八日，北洋海防等項清單。

㉖　《軍機處檔·月摺包》，第2746箱，14包，179491號。宣統元年六月十九日，那桐奏摺錄副。

㉗　《海防檔》，〈購買船礮〉（臺北，中央研究院近代史研究所），頁8，第五號文。

㉘　《宮中檔光緒朝奏摺》，第一輯（臺北，國立故宮博物院，民國六十二年六月），頁650。光緒三年十月初四日，據俊啓奏。

㉙　《宮中檔光緒朝奏摺》，第二輯，頁160。光緒五年三月十二日，據俊啓奏。

㉚　《軍機處檔·月摺包》，第2735箱，10包，121436號。光緒八年正月二十八日，陳士杰奏摺錄副，浙江關華洋各稅收支四柱清單。

㉛　光緒朝《東華錄》，第一冊，頁137。光緒六年十一月辛丑，據總理衙門奏。

㉜　《李文忠公全集》，奏稿三十五，頁32。光緒五年十月二十八日，請催海防經費片。

㉝　《李文忠公全集》，奏稿二十九，頁50。光緒三年八月二十三日，海防經費免再抽撥片。

㉞　《宮中檔光緒朝奏摺》，第二輯，頁234。光緒六年六月初六日，據俊啓奏。

㉟　《宮中檔光緒朝奏摺》，第二輯，頁449。光緒八年十月初七日，據崇光奏。

㊱　《軍機處檔・月摺包》，第2722箱，27包，126410號。光緒十年三月二十二日，穆圖善奏摺錄副。

㊲　《袁世凱奏摺專輯》，第三冊，頁818；《軍機處檔・月摺包》，第2770箱，104包，154044號。光緒二十九年二月初八日，袁世凱奏摺錄副。

㊳　《欽定大清會典事例》，卷一二二〇，頁2；「又奏准，沿海沿江各省監督，道員以下，均歸通商大臣統轄。」

㊴　《軍機處檔・月摺包》，第2722箱，29包，126838號。王邦璽奏片。

㊵　《軍機處檔・月摺包》，第2722箱，26包，125936號。光緒十年三月二十三日，據龍湛霖奏。

㊶　光緒朝《東華錄》，第一冊，頁175。光緒二年二月己巳，據沈葆禎奏。

㊷　《軍機處檔・月摺包》，第2722箱，36包，128866號。光緒十年七月十三日，曾國藩奏片錄副。

㊸　《軍機處檔・月摺包》，第2729箱，57包，136024號。光緒二十年十月初三日，據熙敬等奏。

㊹　《軍機處檔・月摺包》，第2739箱，63包，137804號。光緒二十三年三月初四日，敬信奏片錄副。

㊺　李恩涵撰〈清季史實的線索與其解釋〉，《大陸雜誌》，第三十二卷，第十二期，頁110。

盛清時期臺灣秘密會黨
的起源及其性質

一、前　言

　　滿洲入關後，統治中國歷時二六八年，其間康熙皇帝在位六十一年（1662—1722），雍正皇帝在位十三年（1723—1735），乾隆皇帝在位六十年（1736—1795），這三朝正好是一三四年，佔了一半。就是所謂的盛清時期，其文治武功，可以說是遠邁漢唐，光延史冊。盛清諸帝在位期間，是清朝社會經濟的上昇時期，財政穩定，政權鞏固，社會繁榮。但是，由於人口的急遽增加，人口流動的頻繁，對基層社會的變遷，造成重要的影響。

　　近年以來，中外學者對清代臺灣社會史的研究，已經注意到早期臺灣移墾社會的區域特徵，尤其對各種地域化社會共同體的形成及其發展，產生高度的興趣。在盛清時期，臺灣的社會，已經呈現出多層次的複雜的多元關係。根據不同的認同、整合和分類原則構成的地域化社會共同體，除了以地緣關係為紐帶的依附式宗族、以經濟利益為紐帶的合同式宗族、以神鬼祭祀圈為範圍而形成的信仰團體外，還有盛行於城鄉的秘密會黨。各種共同體內部存在著共同的利益，並在認同和自我意識方面具有生命共同體的共識。

　　秘密會黨是由基層社會裡的異姓結拜團體發展而來的秘密組織，合異姓為一家，使其宗族化，模擬宗族血緣制的兄弟平行關

係，彼此以兄弟相稱，並藉盟誓規條互相約束，以維繫其橫向關
係，秘密會黨就是一種虛擬宗族。中外史家對這種組織，或稱爲
秘密幫會，或稱爲秘密結社，甚至籠統地稱爲洪門或天地會，頗
不一致。劉聯珂著《幫會三百年革命史》一書敘述洪門、天地會、
三合會、清門、理門的傳說時認爲「洪門就是人們所謂幫會的一
種」，又說「人們所說的幫會，係指清、洪、理三教而言。」原
書既將「教」與「會」混爲一談，又將「幫」與「會」合而爲一。
固然「幫會」一詞，沿用已久。但是，「幫」與「會」的組織形
態及其性質，卻不相同。「會」是指由異姓結拜團體發展而來的
秘密會黨，「幫」是指由地緣性結合而形成的各種行業組織，有
的是由船幫而得名。例如浙江商業組織紹興幫、寧波幫、嘉白幫
的形成，就是將社會性的組合有效地應用於商業上的產物。至於
青幫、紅幫則是以信仰羅祖教的漕運糧船水手爲主體的秘密組織，
都是由糧船幫而得名，亦即由行幫衍化而來的幫派，既不是由天
地會分化而來，也不是哥老會的旁支，會黨與幫派不能混爲一談。
秘密結社一詞，久爲中外學者所習用，惟其範圍較廣：一方面結
社的內容包括白蓮教等民間秘密宗教及三合會等秘密會黨；一方
面使用「結社」字樣時，較易與文人集會結社如復社、應社及各
種詩社等相提並論，以致對異姓結拜組織的性質及社會功能較易
產生誤解，使用「秘密結社」字樣時，並不能突顯基層社會金蘭
結義的特徵，更無從反映民間結盟拜會的盛行。「洪門」一詞，
爭議更大，它既非最早出現的名稱，其範圍亦不限於秘密會黨，
學者討論「洪門」時，雖然包含幫派，但多未包含早期的臺灣會
黨。至於「天地會」只是出現較晚眾多會黨之一，在「天地會」
的名稱正式出現以前，已經查禁多種會黨案件，以「天地會」通
稱不同時期的各種會黨，並不嚴謹。

關於天地會的起源，包括天地會創自何人？始於何時？起於何地？其宗旨及性質爲何等等一系列問題，截至八十年代末年，可以歸納爲十二種之多，其中康熙初葉鄭成功於臺灣創立天地會的說法，長期以來，受到中外史學界的重視。天地會傳說中的萬雲龍大哥是否影射鄭成功？香主陳近南是否爲陳永華所自託？天地會是不是延平郡王創立的？天地會是否起源於臺灣？其宗旨是否反滿或反清復明？朱一貴領導天地會起事嗎？諸羅縣境內的添弟會是否就是彰化的天地會？林爽文之役的性質就是臺灣典型的「農民起義」嗎？這些問題都有待進一步深化研究的必要。

二、天地會起源於臺灣的質疑

歷史記載，最主要的是在人物，有人始有歷史。在《史記》一百三十卷中，本紀、世家、列傳共佔一百一十二卷，年表與書合計僅佔十八卷，可以說《史記》是以紀傳爲本體，而以八書爲總論，十表爲附錄，亦即以人物爲中心，從許多個別歷史人物的記載，可以顯露出當時的社會概況或特徵。人類社會包含許多成員，各個成員在社會舞台上扮演著種種不同的角色。歷史學雖然以人物作爲研究對象，但是它的注意力不能只集中在少數社會菁英身上，而忽略了下層社會的廣大群眾。近數十年來，中外史家對我國歷史的研究方向，已經逐漸由上層社會的帝王將相或縉紳名流轉移到下層社會的市井小民，或販夫走卒，尤其是明清時期秘密社會的問題，已經引起頗多學者的重視。

探討秘密社會的起源、性質及其向前發展，是中外史家共同重視的問題。民國初年以來，坊間出版的幫會秘笈，卷帙頗多，可謂指不勝屈，例如劉師亮著《漢留大觀》，陳培德主編《海底》，耕夫著《漢留全史》，雷發聲著《漢留問答》，山逸編《袍哥內

幕》，張贇集稿《金不換》，飛烈編著《洪門搜秘》，帥學富編
著《清洪述源》，橫磨編著《洪門探珠錄》，劉聯珺編著《漢留
組織研究》，群英社編輯《江湖海底》，張大聰編《洪門會概說》
等等，其流傳雖然甚廣，但因各書的內容，多屬於傳說故事，可
信度不高，對於重建秘密社會信史，並無裨益。

　　長期以來，中外學者大都利用幫會秘笈考證天地會或洪門的
起源。民國二十一年（1932），蕭一山赴歐考察文化史跡，於
旅英期間，在倫敦大英博物館發現晚粵人手抄天地會文件多種，
原爲英國波爾夫人（Mrs. Ball）在香港、廣州所購得者。蕭一
山俱抄錄成編，於民國二十四年（1935）由國立北平研究院排
印出版，題爲《近代秘密社會史料》。廣西是太平軍發難的地區，
天地會文件流傳頗多。民國二十二年（1933），貴縣發現天地
會抄本一帙。次年，經羅爾綱整理刊佈，載於《國立北平圖書館
館刊》，題爲《貴縣修志局發現的天地會文件》。民國二十六年
（1937），粵人羅漢將其家守先閣舊藏天地會文件發表於《廣
州學報》，是爲守先閣本天地會文件。各書所收《西魯序》或《
西魯敘事》，都敘述康熙皇帝焚燒少林寺，劫餘五僧結盟拜會的
神話故事，這種故事就是學者討論天地會起源時所引用的主要資
料。但因傳說內容出入頗大，各文件所敘結會緣起，或詳或略，
有關人物、時間、地點，互有牴牾，以致推論所得結果，並不一
致。

　　衛聚賢著《中國幫會青紅漢留》根據《西魯序》、《西魯敘
事》等故事論證天地會五祖的影射對象是康熙三十五年（1696）
參與彭春征勦準噶爾的福建藤牌兵劫餘分子①。蕭一山著《清代
通史》則稱少林寺僧人征西魯的傳說，是指俄國於康熙年間入寇
黑龍江。俄國在清初稱爲羅刹，魯、羅同音，羅刹在極西，故稱

西魯。建義侯林興珠率領福建降人五百名，編組藤牌兵，隨彭春征討雅克薩，有功不賞，餘衆一百二十八人於薊縣法華寺出家。後來又調征準噶爾，因怨望不服指揮，爲清廷派人毒斃，只十八人逃脫，沿途死傷十三人，僅餘五人，在衡陽遇救，乃奔臺灣，成立天地會②。民國十八年（1929），《南洋華僑通史》的作者溫雄飛引述《西魯敍事》傳說故事後指出天地會流傳的康熙皇帝焚燒少林寺劫餘五僧結盟拜會的傳說就是以神話故事的體裁，描寫當時鄭氏的歷史，於是認爲天地會起源於臺灣，正式成立於康熙十三年（1674），傳說中天地會創始人萬雲龍大哥，就是鄭成功，香主陳近南就是輔佐鄭成功的陳永華③。學者甚至根據《漢留全史》等幫會秘笈所述鄭成功於順治十八年（1661）在臺灣開金台山，陳近南奉命往四川，於康熙九年（1670）開精忠山的故事，結合乾隆末年來臺傳佈天地會的嚴煙供詞中「天地會起於川省，年已久遠」的傳說，而斷定天地會是「起源於清初鄭成功的經營福建臺灣，再由福建臺灣而轉入廣東、四川。」④

　　西魯犯境，僧兵退敵，清帝火燒少林寺，劫餘五僧結拜天地會的故事，是長久以來學者討論天地會起源時間所常引用的資料。翁同文撰〈康熙初葉「以萬爲姓」集團餘黨建立天地會〉一文根據後世流傳的故事，使用影射的方法，將天地會的起源時間上溯到康熙十三年（1674）。是年，吳三桂舉兵反清，席捲七省，反清復明陣營遠達中原，以「萬」爲姓集團成員如萬五達宗與萬二郭義都已出現反清，萬七蔡祿降清後補授河南總兵，吳三桂舉兵後，蔡祿率部謀叛，響應吳三桂，事洩以後，蔡祿與部下暨家屬等若干人，皆爲清軍圍捕遇難。所謂少林寺僧兵退敵立功，清帝負義遣兵放火焚寺，乃影射蔡祿率部降清，又與其部下在少林寺所在地的河南被殺。所謂少林寺焚餘五僧逃出與長林寺僧遇合

結盟，當指蔡祿部下有殘餘份子脫逃回閩與萬五重聚。少林寺五僧與長林寺僧達宗兩方都是「以萬爲姓」集團的人，天地會即由彼等建立⑤。

根據《西魯敘事》等幫會秘籍來論證天地會的結會緣起、創立時間和地點，諸家推論所得結果，並不一致。蔡少卿指出根據西魯傳說研究天地會起源，所得結論乃是「穿鑿附會」⑥。戴玄之撰〈天地會的源流〉一文指出西魯傳說的內容，多神話而少史實，神話傳說不能作爲學術研究的對象。所謂西魯犯邊，衆僧退敵，火燒少林寺，五祖興會，只能當作神話，不能視爲信史。至於天地會起於康熙十三年（1674），起萬雲龍即鄭成功，陳近南即陳永華的說法，更是神話中的神話，並無史實根據⑦。影射索隱的方法，過去曾被人用來從事《紅樓夢》研究，但因其方法不妥，已受到大多數學者的批評，使用影射索隱的方法，從事歷史研究，穿鑿附會，憑主觀猜測，尤其不妥。秦寶琦著《清前期天地會研究》也指出按照西魯傳說的內容爲藍本，尋找一件歷史上與之相似或相近的事例，說明傳說中某人某事，便是影射了歷史上的某人某事，人爲地在二者建立起一種並不存在的聯繫，這種影射推求的研究方法，至少是不科學⑧。所謂吳三桂起兵反清，河南總兵蔡祿率部響應，後來與部下家屬皆爲清軍圍捕遇難一事即指天地會傳說中清兵焚燒少林寺云云，係屬推測，並無確鑿的史料依據⑨。有清一代，並無西魯其名，亦無西魯入侵的歷史事件，火燒少林寺是後人虛構的故事，並不能反映天地會創立的眞實歷史，用它作爲研究天地會起源的根據，是値得商榷的⑨。後世流傳的天地會文件或會簿，只是一種傳會的工具，會簿中所述神話故事，並非天地會創立的歷史紀錄⑩。僅僅根據神話傳說內容就推論出天地會的創立時間、地點及人物，實難令人信服。索隱派最大的

弱點，就是捨棄豐富的直接史料不用，而徒事影射推論的臆測，忽略了「有幾分證據說幾分話，有七分證據不能說八分話」的客觀態度，以致對當時的社會經濟背景未能作進一步的研究，始終囿於單純起源年代、地點的考證，一直無從得到較有說服力的宏觀解釋。

三、鄭成功創立天地會傳說的商榷

　　長期以來，由於鄭成功一直被人們尊崇爲驅逐荷蘭殖民主義者的反清復明的民族英雄，因此，鄭成功在臺灣創立天地會的說法，確實有它的時代背景。最早提出鄭成功創立天地會的說法是辛亥革命時期的歐榘甲、陶成章、章太炎等人。歐榘甲，字雲樵，廣東惠州歸善縣人，是康有爲的門生。光緒二十八年（1902），他到舊金山，與旅美洪門致公堂唐瓊昌等人創辦《大同日報》，自任總編輯，將所撰文章，以《新廣東》爲題，連續刊載。同年，日本橫濱《新民叢報》又將其文章印成小冊子公開發行，書名仍題爲《新廣東》。歐榘甲在《新廣東》中有一段文字說：

　　鄭成功以興復明室，討滅滿洲爲己任。在位二十年中，無歲不興兵伐閩浙，迄不得意，還顧左右之人，既無雄材大略，斷難以武力與滿族爭衡。嗣子非材，臺灣亦難久據，不得不爲九世復仇之計，乃起天地會焉。其部下多漳泉人，知滿清根基已定，非有私會，潛通各省行之百年之久，乘其衰弊，不能克復漢家。乃私立口號，私立文字，私立儀式，重其誓願，嚴其泄漏。入會者親如兄弟；未入會者，父子亦如秦越。其所志在復明，故因洪武年號，自稱洪家。旗幟服色，皆以紅爲尚，洪字三點水，故三合、三點等名目出焉⑪。

赫治清著《天地會起源研究》一書指出歐榘甲的說法是中國人在
天地會起源問題上首次提出的鄭成功創立說，開創了中國人研究
天地會起源問題的先河。鄭成功創立說，不僅構成了辛亥革命時
期輿論準備的一部分，對激發民族大義，發揚革命精神起了重要
作用，對當時的革命黨人產生過重要影響，直接影響了後來天地
會起源研究的發展方向，特別是陶成章的鄭成功創立天地會說⑫。宣
統年間（1909—1911），陶成章撰寫〈教會源流考〉一文指出：

> 何謂洪門？因明太祖年號洪武，故取以爲名。指天爲父，
> 指地爲母，故又名天地會。始倡者爲鄭成功，繼述而修整
> 之者，則陳近南也。凡同盟者，均曰洪門。門，家門也，
> 故又號曰洪家。既爲一家，即係同胞，故入會者，無論職
> 位高下，入會先後，均稱曰兄弟⑬。

陶成章撰寫〈教會源流考〉的宗旨，主要是爲了宣傳革命排滿的
思想。他認爲白蓮教的產生，都是爲了反對「異族」的統治。白
蓮教是爲了反元，天地會則爲了反清。他在文中明確地指出鄭成
功是天地會的「始倡者」。章太炎也抱有強烈的反滿思想，他曾
利用一切機會進行反滿宣傳。日人平山周著《中國秘密社會史》
一書，章太炎爲其書中譯本作序時指出，「訖明之亡，子遺黃髮
謀所以光復者。是時，鄭成功在臺灣，閩海之濱，聲氣相應。熊
開元、汝應元皆以明室遺臣祝髮入道，故天地會自福建來。」⑭
後世多相信陶成章等人的鄭成功創立說，將傳說的故事，當作信
史。其實，歐榘甲、陶成章等人對天地會起源問題的研究，並不
深入，他們所倡導的鄭成功創立天地會的說法，也沒有提供任何
歷史依據。連橫著《臺灣通史》一書，於民國九年（1920）出
版，原書中〈朱一貴列傳〉記載說：「吾聞延平郡王入台之後，
深慮部曲之忘宗國也，自倡天地會而爲之首，其義以光復爲歸。

延平既歿，會章猶存，數傳之後，遍及南北，且橫渡大陸，浸淫
於禹域人心，今之閩粵尤昌大焉。」⑮
連橫撰寫《臺灣通史》時已聞鄭成功入臺以後自倡天地會，並充
會首。同書〈林爽文列傳〉亦稱，「天地會者，相傳為延平郡王
所創，以光復明室者也。」⑯連橫並未提出原始資料，原書所述
鄭成功創立天地會的說法，是得自傳聞，不足採信。蕭一山撰〈
天地會創始於鄭延平〉一文認為鄭成功是以拜盟結社來起義的，
是天地會的創始人，後來陳永華纔擴大組織為天地會⑰。郭廷以
著《臺灣史事概說》一書沿用了革命黨人的論證，對鄭成功在臺
灣創立天地會的說法，進一步加以發揮。他認為內中國而外夷狄，
與所謂夷夏之防，是民族意識的自然表現，蒙古的南侵，滿洲的
入關，為當時「異族」加予漢人的莫大災難，因之漢人的反抗亦
空前壯烈，此仆彼起。他在原書第五章論證臺灣天地會的由來時
指出：

> 為了某種目的，聯合意志相同，情誼相投成為異姓兄弟的
> 結義，由來已久。戲劇性的《三國演義》中的劉關張桃園
> 故事，是一個有力啟示，元代領導閩贛間大暴動的劉六十、
> 蔡五十九，就他們的名號看來，應係結拜時的排行。來自
> 中原的閩南人，仍保有其北方人的樸厚熱忱與義俠之風，
> 在國亡家破的患難中，他們更需要互助，更需要團結，為
> 政治主張奮鬥，為個人生存努力。福建遭清軍的殺戮極慘，
> 後來沿海邊界，閩人又受禍最深，公憤私仇，亦因之特切。
> 鄭成功決定起義師之時，首先和他的朋友陳輝、張進、洪
> 旭等九十餘人締盟歃血（黃梨洲鄭成功傳），張禮、郭義、
> 蔡祿等亦相同盟，「以萬人合心，以萬為姓」，改姓名為
> 萬禮、萬義、萬祿，依照行次有萬大、萬二、萬七之稱（

臺灣外紀卷十一及小腆紀年卷二十）。後來的天地會，則
為其組織的擴大⑱。

郭廷以指出鄭成功的大陸恢復事業雖然暫時受挫，而臺灣反隨之
光復，不僅提高了原居臺灣者的民族情緒，更加強了他們的民族
信心。許多忠貞之士，義烈之民，以及所有心懷故國，不願靦顏
事虜的孤臣孽子，志士仁人，均先後景從，相繼東渡，貢獻他們
的力量，共謀匡復大業。鄭氏父子又力事招徠，優予禮待。於是
臺灣不僅成了對抗清朝的堡壘，又是近代中國民族革命組織及天
地會的起源地。天地會的根本宗旨是「反清復明」，鄭成功入臺
之後，天地會的組織、主義、精神，不惟隨之而至，而且益加擴
大加強。一則是臺灣的民性相近，二則是時勢的轉變，革命運動
須由直線而曲線，由公開而秘密，由上層而下層，而陳永華的關
係尤大。陳永華原與鄭成功一樣的是位儒生，清軍入閩，他的父
親陳鼎殉難，於是他參加了鄭成功的恢復運動，鄭成功父子對陳
永華均深加倚重。《臺灣史事概說》便說「他知道鄭氏之祚不永，
以他之深謀有識，他於將來的民族革命事業當有所安排。繼述修
整天地會，被拜為軍師，尊為香主，地位僅次於萬雲龍大哥的陳
近南先生，應該就是陳永華。」⑲郭廷以對天地會起源的這一論
述。與陶成章等人的鄭成功創立說，不僅同出一轍，並且進一步
演繹其說，以致聚訟紛紜。黃玉齋撰〈洪門天地會發源於臺灣〉
一文，原載於《臺灣文獻》第二十一卷，第四期，原文共三個部
分，福建人民出版社出版《臺灣鄭成功論文選》節選原文一、二
部分，題為〈鄭成功與洪門天地會〉，文中歸納諸說後認為天地
會創始於臺灣鄭氏。張禮等歃血為盟，原是閩南的秘密社團，鄭
成功起義時的歃血為盟，其性質亦極相似。鄭成功來臺後，這一
秘密社團也跟著回來，並正名為天地會。因此，黃玉齋認為有理

由相信萬雲龍大哥就是鄭成功⑳。

赫治清著《天地會起源研究》一書已指出順治三年（1646）十二月，在鄭成功的倡導下，抗清志士在廈門對面的烈嶼會盟，決定聯合抗清。會盟之後，鄭成功便與陳輝、張進等締盟歃血，願從者九十餘人，乘二巨艦斷纜而行，收兵南澳。蕭一山、郭廷以等人首先把鄭成功與張進等人在烈嶼歃血訂盟，誓師抗清之事，與南澳收兵混爲一談，繼而又把張要、郭義、蔡祿拉進結盟，鄭成功爲之改作萬姓，實在大謬。張要等化異姓爲萬姓，分別改名萬禮、萬義、萬祿，依排行，又稱萬大、萬二、萬七，這是明末崇禎年間之事。入清以後，萬禮等把鬥爭矛頭轉向清朝統治者。順治七年（1650）五月，加入鄭成功的抗清鬥爭行列。其實，南澳收兵，哪有萬禮等會盟之事？何況，鄭成功與陳輝、張進等歃血結盟，乃是進行公開的武裝抗清，並非秘密結社，更不是天地會。無論清朝文書檔案、官書，還是清人文集、雜著、方志，都沒有天地會起源於臺灣的記載。即使敘述天地會緣起的會內秘密文件《西魯敘事》等，也不曾涉及臺灣一字。把臺灣說成天地會的誕生地，是明顯的錯位㉑。誠如赫治清的論證，無論臺北的故宮博物院，還是北京的中國第一歷史檔案館，現藏明清檔案，都找不到任何資料可以證明天地會起源於臺灣，鄭成功是天地會創始人。其實，天地會起源於臺灣，鄭成功是天地會的創始人，陳永華繼述而修整的說法，都是一種臆測或聯想，可以說是神話中的神話。

鄭成功是反清復明的民族英雄，革命黨人塑造典型的漢族英雄人物，以激發反滿情緒，鄭成功創立天地會的說法，具有時代的意義。臺灣是鄭成功反清復明的根據地，民國三十八年（1949），中華民國政府遷臺，以臺灣爲模範省，臺灣當局將「

反清復明」的口號，更換成「反攻大陸」的標語，臺灣史學界受
到政治反攻的宣傳工作的影響，幾乎眾口鑠金地主張鄭成功在臺
灣創立天地會的說法，鄭成功遂成了天地會的創始人。隨著政治
反攻的號召的加強，鄭成功創立天地會的主張，亦相應盛行。《
臺灣史事概說》、〈天地會創始於鄭延平〉等論著，就是在這種
政治環境裡寫成的著述，雖然具有符合時代意義的作用，但是，
學術爲政治服務，未能將學術研究工作建立在客觀的基礎上，這
是鄭成功創立說泛政治化的嚴重錯誤。鄭成功是一位有遠見的政
治家與軍事家，他在臺灣於自己統領的正規軍隊之外，還另創一
個以「反清復明」爲宗旨的天地會的說法，顯然與天地會本身的
歷史和鄭成功本人的實際情況，並不相符。秦寶琦撰〈鄭成功創
立天地會質疑〉一文亦指出，在天地會檔案史料和秘密文件中，
皆無鄭成功創立天地會的記載。在鄭成功一生抗清經歷中間，既
從未發現有創立天地會以擴大隊伍的任何史料，認爲鄭成功在臺
灣於自己控制的軍隊之外，還另創一個以「復明」爲宗旨的天地
會，這種說法，令人難以置信㉒。

　　天地會是清代史上重要秘密會黨之一，在近代史上，特別是
辛亥革命時期推翻清朝政府的過程中，產生過重要作用。一些著
名的革命黨人也曾經加入過會黨，並自認是會黨反滿「民族主義」
的繼承者，所以頗爲重視會黨。民國三十八年（1949）以後，
大陸史學界在馬克思主義理論指導下，對人民群眾的反抗鬥爭，
以及農民革命運動，都給予高度的評價，天地會的歷史也受到肯
定。在臺灣方面，中華民國以臺灣爲根據地，效法民族英雄鄭成
功，積極準備收復大陸。當軍事反攻的努力放棄以後，仍然宣傳
政治反攻的使命，以鄭成功爲楷模，致力於建設臺灣成爲三民主
義的模範省，以「三民主義統一中國」爲口號，鄭成功的歷史地

位，日益提高，革命黨人陶成章等所宣傳的鄭成功創立天地會的
主張，便受到臺灣史學界的重視。在海峽兩岸的政治環境下，鄭
成功作爲一位中華民族傑出的歷史人物與民族英雄，以他卓越的
歷史功勳，尤其是驅逐荷蘭人收復臺灣的貢獻，理所當然地受到
海峽兩岸人民的崇敬，因而將群衆運動泛政治化，史學界也就很
容易地接受了鄭成功創立天地會的說法。但是，依照學術研究實
事求是的原則，通過對歷史事實的分析，否定鄭成功創立天地會
的說法，還歷史以本來面目，絲毫不會損害鄭成功作爲民族英雄
的光輝形象[23]。

四、移墾社會的形成與秘密會黨的發展

明末清初以來，隨著社會經濟結構的整體性變動，各種地域
化社會共同體，逐漸呈現出多層次的複雜多元關係。經過社會學
家、人類學家和歷史學家的探討，清代地方社會構成法則的多樣
性和複雜性，已經逐漸爲人們所認識。根據不同的認同、整合與
分類原則所構成的地域化社會共同體，大致被歸納爲三類：一類
是宗族；一類是屬於市場體系的基本市集區；一類是所謂祭祀圈。
這些地域化社會共同體或以固有的地緣和血緣關係，或以共同的
利益關係，或根據共同的文化傳統，而存在著不同層次、不同形
式的地域化社會共同體。各種社會共同體內部存在著共同的利益，
並在認同和社會意識方面具有共同感。也存在著或鬆或緊的組織
形式，以及或強或弱的社會功能[24]。其中以血緣關係爲紐帶的宗
族，屬於繼承式宗族；以地緣關係爲紐帶的宗族，屬於依附式宗
族；以經濟利益爲紐帶的宗族，屬於合同式宗族[25]。

由於理學泛家族主義的價值系統已經廣泛的滲入基層社會，
許多本來沒有血緣聯繫的群體也利用血緣紐帶的外觀作爲整合手

段，而形成了形形色色的地域化社會共同體，民間秘密宗教和秘密會黨，就是清代下層社會相當引人矚目的地域化社會共同體，也就是泛家族主義普及化的一種虛擬宗族。民間秘密宗教是以宗教信仰作爲群體整合的主要方式，各教派多爲世俗化的佛道宗派衍生轉化而來的新興教門，同時雜揉儒釋道的思想教義，並模擬宗族血緣紐帶的父子關係，建立師徒縱向的統屬關係。秘密會黨則以異姓人結拜弟兄或金蘭結義爲群體整合的主要方式，各會黨多爲出外人基於互助的需要而倡立的自力救濟組織，並模擬宗族血緣紐帶的兄弟關係，建立兄弟橫向的平行關係。由於社會分化的加深和社會文化價值系統的分裂，在基層社會的地域化社會共同體愈來愈士紳化並納入正統規範的軌道的同時，背離這一軌道的民間秘密宗教和秘密會黨的普遍出現，就是清初以來基層社會的一個重要發展方向。

　　清初以來，閩粵地區的宗族組織，大都已從血緣紐帶衍化成以地緣爲紐帶，進而衍化爲以經濟利益爲紐帶。在依附式宗族和合同式宗族社會中，弱房依附於強房，小姓依附於大姓，強宗大姓對本地資源建立了地域性的支配圈，把附近的弱小宗支置於強宗大姓的保護之下，但對其他弱房小姓亦時相欺凌，以強凌弱，以眾暴寡，而激起弱房小姓的強烈反抗，眾小姓聯合抵制大姓，異姓結拜的活動，蔚爲風氣。福建總督高其倬訪查泉州、漳州等府宗族械鬥及異姓結拜的習俗後具摺奏稱：

> 福建泉、漳二府民間，大姓欺凌小族，小族亦結連相抗，持械聚眾，彼此相殺，最爲惡俗，臣時時飭禁嚴查。今查得同安縣大姓包家，與小姓齊家，彼此聚眾列械傷殺，署縣事知縣程運青往勸，被嚇潛回，隱匿不報㉖。

同安縣李、陳、蘇等大姓結合爲包姓，以「包」爲姓，眾小姓及

各雜姓結合爲齊家，以「齊」爲姓，包姓集團與齊姓集團彼此聚衆械鬥。福建觀風整俗使劉師恕，具摺時亦稱：

> 其初，大姓欺壓小姓，小姓又連合衆姓爲一姓以抗之。從前以包爲姓，以齊爲姓，近日又有以同爲姓，以海爲姓，以萬爲姓，現在嚴飭地方查拏禁止㉗。

在「以萬爲姓」集團以前，已出現「以包爲姓」、「以齊爲姓」、「以海爲姓」等集團。異姓結拜組織，一方面模擬血緣制的兄弟平行關係，形同手足，彼此以兄弟相稱，藉盟誓約束成員，以強化內部的組織；一方面吸收佛家破除俗姓以「釋」爲僧侶共同姓氏的傳統，藉以發揚四海皆兄弟的精神。各異姓結拜團體的成員，除本身俗姓以外，另以象徵特殊意義的吉祥字爲義姓，化異姓爲同姓，以打破各家族的本位主義。各異姓聯合後，或以「包」爲義姓，象徵包羅萬民；或以「齊」爲義姓，象徵齊心協力；或以「同」爲義姓，象徵共結同心；或以「海」爲義姓，象徵四海一家；或以「萬」爲義姓，象徵萬衆一心。所謂以「包」爲姓、以「齊」爲姓、以「同」爲姓、以「海」爲姓、以「萬」爲姓等異姓結拜集團，都是虛擬宗族，亦即由傳統宗族組織衍化而來的地域化社會共同體。各異姓結拜團體，已經具備秘密會黨的雛型，秘密會黨就是由異姓結拜集團發展而來的秘密組織。閩浙總督王懿德等具摺時已指出：

> 閩省地勢袤延二千餘里，負山面海，外控臺灣、澎湖，實爲濱海嚴疆，故兵額之多，較他省爲最，乃地多斥鹵，民事畋漁，戶鮮蓋藏，力尤拮据，亦較他省爲甚。且上游則山深箐密，村落零星，下游則聚族而居，民貧俗悍，往往以大姓而欺小姓，強房而凌弱房，糾衆結會，持械互鬥之風，幾成錮習㉘。

福建下游即指泉州、漳州等府沿海地區，聚族而居，宗族矛盾，
互相凌壓，於是糾衆結拜異姓弟兄，倡立會黨，持械相鬥。質言
之，秘密會黨的起源，有其社會經濟背景，它與閩粵地區宗族械
鬥的頻繁，異姓結拜風氣的盛行，確實有極密切的關係。

　　文化人類學派解釋文化的起源，大致可以歸納爲兩派：一派
稱爲傳播學派，又稱爲文化單源說。這一學派從地理上的分佈，
考察各種現象，凡是外形類似，不論其距離遠近，都歸諸傳播關
係，各種文化都由一地播出，不承認有重複的創造；一派稱爲進
化學派，又稱爲文化複源說。這一派認爲人類天性相近，人同此
心，心同此理，人類文化依照自然法則演進，不必一定起源於一
地。過去研究秘密會黨的學者多採納傳播學派文化單源說的論點，
認爲各種地域化的社會共同體都稱爲天地會，三合會、三點會、
哥老會、小刀會、青幫、紅幫等等都是天地會的支派或別名，他
們所重視的問題，多局限於考證天地會起自那一年？創自何人？
始於何地？其實，探討秘密會黨的源流，不必一定局限於文化單
源說的理論，而忽略文化複源說的觀點。有清一代，會黨林立，
名目繁多，不勝枚舉。劉子揚撰〈清代秘密會黨檔案史料概述〉
一文指出中國第一歷史檔案館中，保管著大量清代秘密會黨的檔
案，時間起自雍正朝，迄於宣統末年（1723—1911），總計數
萬件，他依據這批檔案列舉秘密會黨的名目多達一百餘個㉔。臺
北國立故宮博物院現藏清代檔案中所見會黨名目，亦極繁多。因
此，可知秘密會黨是屬於多元性的地域化社會共同體，衍生轉化，
到處創生。

　　依據海峽兩岸現藏清代檔案，排比清代前期的秘密會黨案件
後，可以得知順治、康熙年間並未破獲或取締任何會黨案件，會
黨案件的正式出現，確實起自雍正年間，福建內地出現過鐵鞭會、

一錢會、桃園會，安徽霍邱縣出現鐵尺會，廣東海陽縣出現父母會，臺灣出現父母會、子龍會等等。鐵鞭會是因會中成員所執器械爲鐵鞭而得名，鐵尺會是因會中成員所執器械爲鐵尺而得名。一錢會出現於廈門，因會中成員遇事要各出一兩而得名。桃園會出現於福建泉、漳一帶，因桃園三結義而得名。子龍會出現於臺灣，因趙雲字子龍而得名。臺灣諸羅縣父母會成立的宗旨，是爲父母年老身故籌措喪葬費用而創設的。乾隆年間（1735—1736），福建邵武縣先後取締關聖會、鐵尺會，漳浦縣先後取締子龍會、小刀會、北帝會、天地會，福安縣取締邊錢會，長泰縣取締父母會，平和縣取締天地會，同安縣取締飄風會，龍溪縣取締天地會。與福建鄰近的江西宜黃縣取締關帝會，廣東惠州、饒平縣、南海縣、順德縣等地取締天地會。廣東西寧縣及其鄰近的廣西蒼梧縣取締牙籤會。臺灣彰化縣先後查禁小刀會、天地會，諸羅縣即嘉義縣先後取締添弟會、雷公會、遊會，鳳山縣查辦天地會。乾隆元年（1736），福建邵武縣破獲關聖會。乾隆十二年（1747）十一月，江西人蕭其能在宜黃縣加入關帝會。關聖會和關帝會都是因崇拜關聖帝君而得名。乾隆十二年（1747），福建福安縣人何老妹糾衆結拜邊錢會，將制錢對半夾開，會中成員每人各給半邊，以爲入夥憑據，故稱邊錢會㉚。漳浦縣破獲的北帝會，是因會中奉祀玄武而得名。乾隆七年（1742），漳浦縣查辦的小刀會和乾隆三十七年（1772）以降臺灣彰化等縣查辦的十數起小刀會案件，都是因會中成員各帶小刀幫護而得名。諸羅縣出現的添弟會和雷公會是楊光勳、楊媽世兄弟因爭奪家產而倡立的異姓結拜組織，添弟會取弟兄日添，爭鬥必勝之義。雷公會是因楊媽世以其兄楊光勳兇惡不肖，必被雷公擊斃，所以取名雷公會。廣東西寧縣的牙籤會，是因會中成員佩帶銀牙籤一副作爲暗號而

得名。就現存檔案資料而言，天地會是較晚出現的一個秘密會黨，其成立時間，最早只能追溯到乾隆二十六年（1761），地點在廣東或福建漳浦，是由洪二和尚萬提喜倡立的，他根據「人生以天地爲本」之義而創立「天地會」這個名目。

秘密會黨的起源，與閩粵地區異姓結拜風氣的盛行，有著密切的關係，而秘密會黨的傳佈發展，則與閩粵等省人口的向外流動，也是關係密切。清代社會經濟的變遷，最引人矚目的就是人口的急遽增加，人口流動的日益頻繁，邊陲地區耕地墾闢面積的顯著擴大，以及基層社會的變遷，清代前期的臺灣就是處於開發中地區的早期移墾社會。閩粵沿海地區，由於人口壓迫日益嚴重，生計維艱的貧苦小民，多移徙開發中的移墾社會，隨著閩粵人口的向外流動，移墾社會裡結盟拜會的活動，亦蔚爲風氣。早期移殖到臺灣的內地漢人，不僅同鄉觀念很濃厚，其模擬宗族關係的結盟拜會活動，亦相當盛行，臺灣秘密會黨的產生或出現，主要是內地會黨的派生現象，人口流動是因，結盟拜會是果。嚴煙是福建漳州府平和縣人，賣布爲生。與嚴煙同村行醫的廣東人陳彪是洪二和尚的嫡傳弟子之一。乾隆四十七年（1782），嚴煙聽從陳彪糾邀，加入天地會。乾隆四十八年（1783），嚴煙渡海來臺，在彰化開張布鋪並傳天地會。據嚴煙供稱天地會的宗旨是：

> 天地會名目，因人生以天地爲本，不過是敬天地的意思。要入這會的緣故，原爲婚姻喪葬事情，可以資助錢財；與人打架，可以相幫出力；若遇搶劫，一聞同教〔會〕暗號，便不相犯；將來傳教與人，又可得人酬謝，所以願入這會者甚多㉛。

天地會的成立宗旨，主要是在強調內部的互助問題，「反清復明」不是各會黨初創階段的宗旨。此時，臺灣彰化一帶，因泉、漳分

類械鬥，並未平息，林爽文是漳州人，他爲了凝聚漳州籍移民的力量，即於乾隆四十九年（1784）三月二十五日加入天地會，歃血盟誓，相約遇有事情，大家出力，公同幫助。由此可知臺灣天地會是閩粵內地天地會的派生現象，它正式出現於臺灣的上限時間是始自乾隆四十八年（1783），過去學者認爲天地會創自鄭成功，首先發源於臺灣，然後傳佈於閩粵內地的說法，並不符合歷史事實。連立昌著《福建秘密社會》一書已指出：

> 堅持康熙甲寅說的同志，認爲缺乏直接史料是康熙時史料存留少的緣故，可是雍正至乾隆早期的史料已很多了，也未見天地會活動記載。如天地會早於小刀會創立，理該先流傳，但是不但漳、泉地區和潮汕地區均未見蹤跡，而傳入臺灣反在小刀會之後，這就難以解釋了，因而天地會起於康熙甲寅說不能說服人㉜。

臺灣小刀會案件始自乾隆三十七年（1772），但早在雍正六年（1728）臺灣諸羅縣已破獲父母會。福建總督高其倬摺時指出，「福建風氣，向日有鐵鞭等會，拜把結盟，奸棍相黨，生事害人，後因在嚴禁，且鐵鞭等名，駭人耳目，遂改而爲父母會。」㉝在天地會名稱正式出現以前，官府破獲的秘密會黨，已是名目繁多，如鐵鞭會、鐵尺會、父母會、小刀會等等，如果天地會已於康熙初葉成立，何以其流傳反而在這些會黨之後呢？福建總督高其倬何以說父母會是由鐵鞭會改名而來？而不說父母會是由天地會改名而來呢？易言之，康熙年間鄭氏在臺灣創立天地會的說法，並不符合歷史事實。清代秘密會黨的發展，經歷過由簡單到複雜的過程，天地會是清代秘密會黨發展到成熟、完備階段的產物，也是閩粵地區社會經濟變遷的結果。探討臺灣秘密會黨的源流，不能忽略閩粵內地社會矛盾的激化，以及臺灣移墾社會的特徵。

五、臺灣天地會起事的性質

　　天地會傳入臺灣彰化等地，雖然始自乾隆四十八年（1783），但在林爽文起事以前的父母會、小刀會、添弟會、雷公會等會黨，並非以天地會爲模式，不可視爲天地會，各會黨與天地會，並非一脈相承，或直線發展。諸羅縣取締的添弟會，與彰化所傳天地會，雖然同音，但兩者不當混淆。署諸羅縣知縣董啓埏查辦原稟、北路協副將赫昇額移文，俱書明「添弟會」字樣。乾隆皇帝、大將軍福康安、軍機大臣等所稱添弟會即係天地會，地方官改作添弟會，化大爲小，希圖規避處分的說法，並不足採信。《天地會起源研究》一書稱，「乾隆五十一年（1786）六月底、七月初，臺灣諸羅縣天地會首領楊光勳爲爭奪家產與其弟楊媽世反目。起意糾約七十五人結會樹黨，他希望今後兄弟日添，爭鬥必勝，故取名添弟會。」㉞作者認爲添弟會就是天地會，是明顯的混淆。作者認爲只要具備天地會特徵，不必拘泥是否出現天地會名稱，就可以斷定它就是天地會。作者將不同性質，不同名目的會黨，統稱之爲天地會，既嫌籠統，亦不客觀。

　　清代臺灣結盟拜會活動，與臺灣拓墾方向大致是齊頭並進的。臺灣南路鳳山等地的地理位置，恰與福建泉州、漳州二府相當，早期渡臺移民，多在南路立足，臺灣南路遂成爲早期的拓墾重心，康熙六十年（1721），朱一貴拜把結盟，聚衆起事的地點，就是在南路鳳山。蕭一山撰〈天地會起源的年代〉一文認爲「朱一貴在康熙六十年起義於臺灣，七日即佔領全島，大半是假借天地會的力量。」㉟郭廷以著《臺灣史事概說》一書認爲「朱一貴之變不僅爲臺灣歷史上一件大事，亦是近代中國史上一樁驚人的壯舉，更係天地會恢復運動上的大規模的、有計劃的革命。」㊱赫

治清著《天地會起源研究》一書列舉內證、外證，嘗試根據檔案文獻對朱一貴假借天地會起事的說法，進行說明和論證㊲。然而，不能因爲朱一貴等人曾經拜把結盟而推論康熙年間臺灣已經出現天地會，朱一貴就必然領導天地會起事。也不能因爲朱一貴等人曾以反清復明爲號召而聯想朱一貴等人一定是天地會起義。檢查現存清代滿漢文檔案資料及官書典籍，都沒有朱一貴以天地會起事的記載。其實，拜把結盟是民間金蘭結義的共同模式，朱一貴等人以天地會拜把結盟的儀式，聚衆起事，是官逼民反的一種群衆運動，不能因此推論或臆測朱一貴是天地會起義或是假借天地會的力量有計劃的革命。

　　雍正年間（1723—1735），由於臺灣南部人口的自然增殖，以及內地移民的不斷湧進，戶口頻增，南部開發日益飽和，拓墾方向已由南部逐漸向北延伸，諸羅一帶遂成爲移墾重心。蔡蔭、湯完等人所結拜的父母會，就是出現於諸羅縣境內。在臺灣早期移墾社會的村落生活中，同鄉觀念極爲濃厚，守望相助，彼此之間常有互助合作的活動，爲了滿足各種社會需要，於是就有許多民間互助團體的產生，父母會就是基於社會需要而自動成立的民間互助組織。入會時，每人出銀一兩，會中成員的父母去世時，即以其利息資助喪葬費用，具有保險的性質。這種爲了滿足社會需要而產生的互助團體，是早期移墾社會常見的現象。

　　乾隆年間（1736—1795），彰化平原已成爲拓墾重心，小刀會、天地會等案件多起，都出現於彰化。彰化地區，番漢雜處，泉州庄、漳州庄、廣東客家庄分庄而居，族群矛盾較爲嚴重。彰化平原在鄭氏時代，已由泉州籍移民開始拓墾。清朝領有臺灣後，泉州籍移民在彰化平原更是佔了絕對的優勢，漳州籍移民頗受凌虐之苦。又因地多僻徑荒山，犯罪後易於藏匿，於是多設班兵，

以便彈壓地方。但因營伍廢弛，兵丁貪黷牟利，結夥肆虐，欺壓百姓，以致兵民糾紛案件，屢見不鮮。乾隆年間，彰化小刀會案件，層出不窮，各起小刀會就是兵民糾紛期間的民間自衛組織。小刀會成立的宗旨，主要就是爲了抵制營兵的凌辱。乾隆後期，拓墾重心繼續北移，淡水廳移殖人口與日俱增，嘉慶年間（1796—1820），淡水廳境內開始出現小刀會。道光年間（1821—1850），淡水廳境內又開始出現兄弟會，亦稱同年會。在移墾社會裡，缺乏血緣爲紐帶的整合條件，而以祖籍形成聚落爲主要條件。在臺灣早期移墾社會裡，由於人口流動性較大，人口組合複雜，地緣意識濃厚，土地競爭激烈，公權力薄弱，社會不穩定性十分顯著，這些因素頗有利於結盟拜會的活動。

　　關於臺灣天地會起事的性質，學者的看法，並不一致，有許多學者是從階級矛盾及階級鬥爭的角度去探尋。陳孔立主編《臺灣歷史綱要》一書指出，「在臺灣移民社會中，存在著四組矛盾：農民階級與地主階級的矛盾；人民與官府的矛盾；不同族群的矛盾及漢族與土著民族的矛盾。這些矛盾既有區別，又互相交叉，成爲臺灣社會動亂的根源。」原書指出在以上四組矛盾中，「階級矛盾是社會的基本矛盾」。作者認爲「清代前期臺灣農民起義爲數不多，引起起義的原因，雖有不同，但它們都是在社會階級矛盾的基礎上發生的。」作者分析臺灣天地會成員的職業結構後指出，林爽文之役，「起義的領導者主要是農民、佃戶、差役等下層社會人物，參加者農民和其他勞動者爲主，也有少數地主和商人參加。站在起義者的對立面的是以義民首爲代表的地主、商人、武舉、生員等等，二者的階級界限是分明的。所以林爽文起義是由農民階級領導的，受到官府和地主階級鎮壓的起義事件，是一次典型的農民起義。」㊳作者撰〈林爽文起義的性質〉一文

亦稱，「通過對林爽文起義若干關鍵問題的考察，可以看出這次
起義的性質是農民階級反對地主階級的階級鬥爭。」㉟作者認爲
「封建社會」的主要矛盾是農民階級和地主階級的矛盾，「農民
起義」就是這個矛盾的集中表現。其實，在天地會成員中也有地
主參加起事，義民隊伍中也含有大部分農民，地主階級與農民階
級的陣線並不分明。從林爽文起事後發佈的告示中可以看出，這
次起事並未提及土地問題，其起事性質既非單純的農民起義，雖
然是反對貪官污吏，但並非反滿革命運動。從現存有關林爽文起
事的大量檔案資料、官書、典籍來看，實在不能把林爽文起事看
作是一次農民階級反對地主階級的起事，把林爽文之役看作是一
次比較典型的臺灣「農民起義」，並不符合歷事實。把林爽文所
領導的天地會看作是臺灣早期移墾社會分類械鬥的產物，將林爽
文之役看作是臺灣早期移墾社會族群矛盾及人民與官府矛盾的社
會案件，在實際上是較爲符合臺灣的歷史事實。

在移墾社會或移民社會裡，族群的矛盾與衝突，是一種不容
易避免的現象。臺灣天地會雖然是閩粵內地天地會傳佈的產物，
但臺灣天地會勢力的膨脹以及林爽文的加入天地會，都與漳、泉
分類械鬥存在著密切的關係。乾隆四十七年（1782）八月二十
三日，彰化縣城西門外莿桐腳庄民張甘在庄演戲，居住在三塊厝
庄的漳州籍移民黃璇堂伯黃叫起意聚賭，令黃璇璸帶寶合，各出
本錢一千文，在戲台前攤場開壓。泉州籍移民廖老壓寶，指輸作
贏，輸錢不給，互相爭毆㊵，釀成命案，發展成爲大規模分類械
鬥，漳、泉各庄，彼此焚搶殺人，互相擄掠姦淫，無賴棍徒，乘
機鬧事，社會失控，與反叛無異㊶。在漳、泉分類械鬥期間，大
里杙林姓族人扮演了重要角色。大里杙東倚大山，距離水沙連等
生界原主民部落約二十多里，南繞溪河，附近田地，長、寬各五

里，可容萬餘人耕種，其中漳州庄林姓族人族大丁多，鄉里側目。
林爽文就是大里杙漳州庄人，他爲了凝聚漳州籍移民的力量，共
同抵制泉州籍移民的焚搶，於是加入了天地會，並輾轉糾衆拜會。
後來因官府查拏諸羅縣添弟會、雷公會逸犯，大里杙窩藏逸犯，
官府差弁查拏緊急，「就要燒庄搜剿，庄內人都害怕，林爽文就
起意抗拒。」㊷天地會要犯楊詠等亦稱，「今因彰化文武官同到
大墩圍拏林爽文，並楊光勳案內要犯，還說要放火燒庄。林爽文
才起意糾集多人，劫了大墩營盤。」㊸林爽文被捕後供稱：

> 我們雖遠在臺灣，大皇帝愛養百姓，我們原都是知道的。
> 只因地方官查拿天地會的人，不論好歹，紛紛亂拿，我們
> 實在怨恨他。原要想到衙門控告，因爲隔著海面，道路遙
> 遠，不能前去呈控。若到道府衙門控訴，恐同城官府官官
> 相護，不能替我們辦理，反遭其殃。所以不曾控告，就糾
> 衆殺官。既已幹出這樣犯法事來，是以不得不趁勢造反了
> ㊹。

地方官查拏會黨逸犯，紛紛亂拏，引起民怨。因此，臺灣天地會
走上叛亂一途，主要是由於地方官處理地方事件的不當所引起，
官逼民反而釀成民變。過於強調反清復明的政治意味，或把天地
會起事看作是一次農民階級反對地主階級典型的臺灣農民起義，
都不符合歷史事實。

六、結　語

秘密社會因其生態環境、組織形態、思想信仰及社會功能，
彼此不同，各有其特殊條件，爲了研究上的方便，學者多將秘密
社會劃分爲民間秘密宗教與秘密會黨兩個範疇。民間秘密宗教是
指正信宗教以外的新興民間秘密教門，各教門雜揉儒釋道的思想，

藉教義信仰，師徒輾轉傳授，以建立縱向的統屬關係。秘密會黨
則為由民間異姓結拜團體發展而來的多元性的秘密組織，各會黨
的倡立，主要是承繼歷代民間金蘭結義的傳統，藉盟誓規章的約
束，以維持橫向的散漫關係。秘密會黨的起源，與閩粵地區宗族
社會的變遷及異姓結拜風氣的盛行，有密切的關係。秘密會黨的
發展，則與閩粵等省人口流動的頻繁，有密切的關係。盛清時期，
臺灣結盟拜會的活動，蔚為風氣，就是閩粵會黨的派生現象，亦
即閩粵人口流動的產物。臺灣會黨案件始自雍正四年（1726），
諸羅縣境內在雍正年間取締父母會三起。乾隆年間，小刀會案件
計十起，天地會案件計十七起，添弟會、雷公會、遊會等案件各
一起。其地理分佈，主要集中於彰化、諸羅兩縣境內，其次為鳳
山、淡水廳等地。各會黨名稱，或取其特徵，或就其所執器械，
或因其性質而得名，有的是自稱，有的是他稱。諸羅縣民蔡蔭、
陳斌等人為父母年老身故辦理喪事預籌互助費，是父母會得名的
由來。早期移殖到臺灣諸羅等地的內地漢人，缺乏血緣基礎，所
以視同鄉如骨肉，村鄰中的婚喪喜慶，彼此熱心相助，疾病相扶，
成為移墾社會的共同習俗，諸羅縣父母會就是在這種移墾社會的
地緣村落中所形成的虛擬宗族。由於父母會具有明顯的經濟互濟
互助性質，吸引了附近的許多窮苦人民加入㊺。父母會並無政治
色彩，亦無謀匪等情節。父母會並非因拜天為父，拜地為母，所
謂父天母地而得名，不是天地會的別名，並不是由天地會易名而
來。所謂「父母會活動地區正是洪門原始活動地區，具有悠久的
反清復明傳統」的論證㊻，並藉此斷定父母會就是天地會的推測，都
與歷史事實不符合。彰化地區取締的小刀會，是因會中成員各帶
小刀幫護，而被稱為小刀會，或稱王爺小刀會，都是他稱。彰化
小刀會的盛行，主要是由於軍紀不良，兵丁欺凌百姓，百姓為求

自衛，於是爭相結拜小刀會，彰化小刀會就是兵民糾紛下的產物，其宗旨也是強調內部的互助，惟就其性質及類型而言，則是屬於抵制營兵的民間自衛組織。福建漳州小刀會案件的發生，始自乾隆七年（1742），臺灣彰化小刀會活動始於乾隆三十七年（1772），但彰化小刀會與漳州小刀會，並無統屬關係，亦非一脈相承，彰化小刀會也不是天地會的別名或分派。乾隆四十八年（1783），漳州平和縣人嚴煙渡海來臺，在彰化等地傳佈天地會，臺灣天地會就是福建內地天地會的派生現象。臺灣天地會成員楊振國等被捕後供稱：「凡入會者，令其對天跪地立誓，因取名天地會。」④以天地為本，敬重天地，異姓弟兄對天跪地盟誓，天地共鑒，這是天地會得名的由來。天地會的宗旨，主要是在於內部成員的互助問題，天地會的倡立及其發展，反映了許多社會問題，下層社會或早期移墾社會的普遍貧困，婚姻喪葬亟需資助；族群矛盾，民風好鬥，雀角微嫌，動輒聚眾鬥毆，結盟拜會，與人打架，可以相幫出力；地方治安欠佳，公權力薄弱，盜竊成風，熟稔天地會隱語暗號，便不敢相犯。因此，探討臺灣天地會的活動，不能過於泛政治化，而忽略了早期移墾社會的生態環境。所謂天地會是為著特定的政治目的而成立的，它的創立宗旨是「反清復明」，而不是「互濟互助」的論證⑱，有待商榷。天地會初創階段，過於強調其政治目的，並不符合歷史事實。添弟會和雷公會是同籍械鬥組織，乾隆五十一年（1786），諸羅縣人楊光勳欲乘秋收聚眾搶割在田稻穀，於是起意結會樹黨，取「弟兄日添，則爭鬥必勝」之義，稱為添弟會。添弟會案件雖然發生在嚴煙入臺傳授天地會之後，但楊光勳等人所倡立的添弟會，並非由天地會改造而來，添弟會與天地會雖然讀音相近，但彼此各不相統屬，並非地方官有心取巧，化大為小，以圖規避處分。盛清時

期，臺灣移墾社會構成法則的多樣性與複雜性，已經逐漸爲學術界所認識，探討臺灣秘密社會的起源及其發展，不能只注意到文化單源說的理論，而局限於天地會起源時間、地點和人物的考證，而忽略其他會黨的產生背景。因此，發掘檔案，掌握直接史料，結合區域史研究成果，分析社會經濟背景，纔是重建臺灣會黨信史的主要途徑。

【註　釋】

① 衛聚賢著《中國幫會青紅漢留》（重慶，說文出版社，1949年），頁18。

② 蕭一山著《清代通史》，第一冊（臺北，臺灣商務印書館，民國五十一年），頁901。

③ 溫雄飛著《南洋華僑通史》，見蕭一山編《近代秘密社會史料》，卷首，頁8。

④ 胡珠生撰〈天地會起源初探──兼評蔡少卿同志關於天地會的起源問題〉，《歷史學》，1979年，第四期（北京，中國人民大學，1979年），頁72。

⑤ 翁同文撰〈康熙初葉「以萬爲姓」集團餘黨建立天地會〉，《中華學術與現代文化叢書》，第三冊，《史學論集》（臺北，中華學術，民國六十六年），頁442。

⑥ 蔡少卿撰〈關於天地會的起源問題〉，《中國近代會黨史研究》（北京，中華書局，1987年），頁47。

⑦ 戴玄之撰〈天地會的源流〉，《大陸雜誌史學叢書》，1970年，第三輯，第五冊（臺北，大陸雜誌社，民國五十九年），頁79。

⑧ 秦寶琦著《清前期天地會研究》（北京，中國人民大學出版社，1988年），頁84。

⑨　秦寶琦撰〈從檔案史料看天地會的起源〉，《歷史檔案》，1982年，第二期（北京，歷史檔案雜誌社，1982年），頁95。

⑩　劉美珍等撰〈關於天地會歷史上的若干問題〉，《明清史國際學術討論會論文集》（天津，人民出版社，1982年），頁1025。

⑪　赫治清著《天地會起源研究》（北京，社會科學文獻出版社，1996年），頁22。

⑫　赫治清著《天地會起源研究》，頁23。

⑬　陶成章撰〈教會源流考〉，見羅爾綱編《天地會文獻錄》（上海，正中書局，1947年），頁63。

⑭　平山周著《中國秘密社會史》（臺北，古亭書局，民國六十四年），敍言一，頁1。

⑮　連橫著《臺灣通史》（南投，臺灣省文獻委員會，民國八十一年），朱一貴刊傳，頁877。

⑯　連橫著《臺灣通史》，林爽文列傳，頁914。

⑰　蕭一山撰〈天地會創始於鄭延平〉，《暢流半月刊》，卷七，第五期（臺北，暢流半月刊社，民國四十二年四月），頁8。

⑱　郭廷以著《臺灣史事概說》（臺北，正中書局，民國七十七年），頁117。

⑲　郭廷以著《臺灣史事概說》，頁119。

⑳　黃玉齋撰〈鄭成功與洪門天地會〉，《鄭成功研究論文選》（福州，福建人民出版社，1982年），頁260。

㉑　赫治清著《天地會起源研究》（北京，社會科學文獻出版社，1996年），頁213。

㉒　秦寶琦撰〈鄭成功創立天地會說質疑〉，《鄭成功研究選集》，續集（福州，福建人民出版社，1984年），頁337。

㉓　《鄭成功研究選集》，續集，頁337。

㉔　《清代全史》，第五卷（瀋陽，遼寧人民出版社，1991年），頁432。

㉕　《清代全史》，第五卷，頁9。

㉖　《宮中檔雍正朝奏摺》，第九輯（臺北，國立故宮博物院，民國六十七年一月），頁311。雍正五年十一月十七日，福建總督高其倬奏摺。

㉗　《宮中檔雍正朝奏摺》，第十四輯，頁441。雍正七年十月十六日，福建觀風整俗使劉師恕奏摺。

㉘　《月摺檔》（臺北，國立故宮博物院），咸豐五年二月初一日，閩浙總督王懿德奏摺抄件。

㉙　劉子揚撰〈清代祕密會黨檔案史料概述〉，《會黨史研究》（上海，學林出版社，1987年），頁311。

㉚　《軍機處檔·月摺包》（臺北，國立故宮博物院），第2772箱，10包，1257號。乾隆十二年九月初九日，新柱奏摺錄副。

㉛　《天地會㈠》（北京，中國人民大學出版社，1980年），頁111。乾隆五十三年六月十六日，嚴煙供詞。

㉜　連立昌著《福建秘密社會》（福州，福建人民出版社，1989年），頁164。

㉝　《宮中檔雍正朝奏摺》，第十一輯，頁69。雍正六年八月初十日，福建總督高其倬奏摺。

㉞　赫治清著《天地會起源研究》，頁2。

㉟　蕭一山撰〈天地會起源的年代〉，《暢流半月刊》，第七卷，第二期（臺北，暢流半月刊社，民國四十二年三月），頁10。

㊱　郭廷以著《臺灣史事概說》，頁125。

㊲　赫治清著《天地會起源研究》，頁205。

㊳　陳孔立著《臺灣歷史綱要》（北京，九州圖書出版社，1996年），

頁213。

㊴　陳孔立撰〈林爽文起義的性質〉，《清代臺灣移民社會研究》，
　　1990年，（廈門，廈門大學，1990年），頁152。

㊵　《軍機處檔·月摺包》，第2776箱，145包，33439號。乾隆四十八
　　年十一月初九日，福建巡撫雅德奏摺錄副。

㊶　《宮中檔雍正朝奏摺》，第五十五輯，頁380。乾隆四十八年三月
　　十四日，福建水師提督黃仕簡奏摺。

㊷　《天地會㈠》，頁251，高文麟供詞。

㊸　《天地會㈠》，頁64。乾隆五十二年正月初六日，閩浙總督常青奏
　　摺錄副。

㊹　《天地會㈣》，頁400，林爽文供詞。

㊺　秦寶琦著《中國地下社會》（北京，學苑出版社，1994年），頁
　　189。

㊻　胡珠生撰〈天地會起源於乾隆中葉說駁議〉，《會黨史研究》，
　　1987年，（上海，學林出版社，1987年），頁83。

㊼　《宮中檔乾隆朝奏摺》，第62輯，頁821。乾隆五十二年正月初六
　　日，閩浙總督常青奏摺。

㊽　赫治清著《天地會起源研究》，頁279。

故宮滿文檔案的史料價值

　　臺北故宮博物院現藏清代檔案，是按照各種檔案最初存放的地點而分類的，大致可以分為宮中檔、軍機處檔、內閣部院檔、史館檔等四大類，此外，還有各種雜檔，總數將近四十萬件冊，以漢文為主，滿文檔案數量較少，但在各類檔案中含有部分滿文檔，其中宮中檔內含有滿文諭旨及滿文硃批奏摺，其中含有部分滿漢合璧奏摺；在軍機處檔月摺包內含有部分滿文奏摺錄副，上諭檔、譯漢上諭檔內含有部分滿文諭旨，滿漢合璧國書；在內閣部院檔內含有老滿文原檔、滿文起居注冊、滿漢合璧詔書、史書、實錄；在史館檔內含有滿文本紀、滿文列傳、國語志等，本文只舉例介紹，以說明其性質及特色。

一、宮中檔滿文硃批奏摺的史料價值

　　臺北故宮博物院現藏宮中檔內除漢文硃批奏摺外，還有滿文諭旨及滿文硃批奏摺二千八百餘件。其中康熙朝用兵於準噶爾的史料，具有很高的價值，尤其厄魯特降人的供詞，很值得重視，從厄魯特降人的供詞，使康熙皇帝對噶爾丹的行動，瞭如指掌。此外，皇太子、閩浙總督覺羅滿保、杭州織造孫文成等人的滿文硃批奏摺也很重要，皇太子胤礽的名字，滿文讀作「in ceng」，從皇太子的奏報，可以知道康熙中葉，北京朝廷的動態。覺羅滿保滿文奏摺詳細報告臺灣朱一貴起事的經過，康熙六十年（1721）四月十九日，朱一貴聚眾起事，至五月初六日，覺羅滿

保始接獲稟報，實錄即以五月初六日爲朱一貴起事日期。滿文硃批奏摺也是學習滿文書面語的珍貴語文資料，例如康熙五十一年（1712）十月二十六日，覺羅滿保滿文奏摺內敍述福建民風說「tuwaci, fugiyan i niyalma, yadara be tosorakū bime, baita dekdebure de amuran。」句中「tosorakū」，康熙皇帝改爲「tosoburakū」；康熙五十三年（1714）四月十三日，覺羅滿保滿文奏摺內「belei hūda geli emu juwe jiha nonggihe, ne galaga oho。」句中「nonggihe」，改爲「nonggiha」；「galaga」改爲「galaka」。在康熙朝滿文硃批奏摺內含有杭州織造孫文成滿文奏摺二百餘件，部分奏摺奉硃筆改正，例如原摺內「duin biyai icereme ilaka ilga sihaha erinde, ilga i hethe be suwaliyame tuheke。」句中「sihaha erinde」，硃筆改爲「siharade」；「hethe」改爲「da」，這些修改，對研究清代滿文提供了珍貴的語文資料。

　　雍正朝含有頗多部院大臣、八旗都統、副都統、川陝總督等人的滿文奏摺，對清軍用兵青海等地，奏報很詳細。對滿洲的漢化、八旗的生計、旗員的陞遷，以及財政經濟的檢討，都提供了很重要的史料。從雍正十三年（1735）的滿文條陳奏摺，可以知道滿族入關以後，由於丁口蕃衍眾多，一戶分爲數戶，又再嫁娶，生齒日繁，又因奢侈浮華，器用服飾講求華麗，以致八旗生計日益艱難。承平日久後，滿族多忘根本，深染漢人惡習，騎射平常，不重視滿文，漢軍旗的綠頭牌（niowanggiyan uju）、奏摺，多改用漢字書寫。各部院衙門筆帖式（bithesi）能繙譯者，日益減少。滿文奏摺，就是探討滿族漢化的重要史料。

二、滿漢合璧奏摺的史料價值

　　臺北故宮博物院現藏宮中檔，除漢文奏摺、滿文奏摺外，還含有滿漢合璧奏摺，這類奏摺主要爲朝廷各部院衙門滿漢大臣公同會議具奏的文書。漢文部分在右，其書寫方式，是由上而下，由右而左；滿文部分在左，其書寫方式，是由上而下，由左而右。皇帝硃批多在滿文部分，漢文部分雖然偶奉硃批，但其文意，與滿文硃批，頗有出入。

　　滿漢合璧奏摺的內容，是以滿漢文字對照繙譯，大多先寫漢文，然後譯成滿文，從滿文的譯文，可以幫助了解漢文的詞義，康熙六十一年（1722）十二月十七日，刑部進呈滿漢合璧奏摺內「眼同店主地方額森親隨家人，驗看額森身屍，脖項有帶痕一道，八字不交，委係自縊身死。」句中「地方」，滿文譯作「falgai da」，意思是「族長」，或「黨長」；「八字不交」，滿文譯作「juwe ujan acanahakūbi」，意思「兩端未會合」，滿文的文意，淺顯易解。雍正元年（1723）四月十二日，刑部進呈滿漢合璧奏摺，在漢文內有「發往杭州新滿洲、蒙古、西北等犯，亦著查明具奏」等語，句中「西北」，滿文讀作「sibe」，意思是「錫伯族」，由此可知「西北」就是「錫伯」的同音異譯。

　　滿漢合璧奏摺，對滿洲語文的研究，也提供了珍貴的語文資料，例如乾隆元年（1736）正月十九日，內務府進呈滿漢合璧奏摺，開列了各種文書術語，滿漢文可以互相對照，例如：勅書（ejehe bithe）、硃批紅本（fulgiyan i pilehe ben）、銷算錢糧冊（baitalaha ciyanliyang be bodofi wesimbuhe dangse）、旨意檔（hese be ejehe dangse）、收發本章檔（bargiyaha tuci-buhe ben be ejehe dangse）、票簽（sula piyoociyan）、票簽檔（piyoociyan i dangse），這些文書詞彙，可補滿文辭典的不足。

　　滿族重視族譜，修譜風氣的盛行，與滿洲八旗制度有密切的
關係，滿族的人丁身分地位及官職的承襲，都需要族譜作爲憑證。
臺北故宮博物院現藏軍機處檔內含有滿漢文家譜，例如光緒二十
七年（1901）十一月初六日，滿洲鑲紅旗下世管佐領托雲保出
缺，都統善耆將承襲人員繕寫滿漢文奏摺，在原摺內附有滿漢文
家譜各一件。從滿漢文奏摺及家譜的記載，可以知道托雲保始祖
歸附努爾哈齊、分編佐領的經過，在家譜內也詳細記載各世系的
輩分、承襲人員的年齡、現職及其健康狀況等項，對研究滿洲八
旗制度，提供了珍貴的史料。

三、滿文老檔原檔的史料價值

　　臺北故宮博物院現藏四十大本的舊滿洲檔，是滿文老檔的原
檔，是滿洲入關前，以無圈點老滿文及加圈點新滿文記錄的檔冊，
最早的記事，始自萬曆三十五年（1607），滿洲入關後，這些
檔冊從盛京（mukden）移至北京，由內閣掌管，清初以來，稱
爲無圈點檔，八旗查明牛彔淵源及承襲世職，都要行文內閣，查
閱無圈點檔，乾隆年間，重新逐頁托裱裝訂，同時重抄貯藏。有
兩種重抄本：一種是仿照無圈點老滿文的字體抄錄而刪去重複的
重抄本；一種是依照乾隆年間通行的新滿文繕寫並加簽注的重抄
本，乾隆四十三年（1778）完成繕寫工作，貯藏於北京內廷，
稱爲北京藏本。次年，又重抄一分，貯藏於盛京崇謨閣，稱爲盛
京藏本，各種重抄本，就是後世所謂滿文老檔，臺北故宮博物院
現藏者，就是各種滿文老檔重抄本的原檔，原記錄稱爲老滿文檔。
　　乾隆年間重抄的無圈點滿文老檔，雖然是以無圈點的老滿文
繕寫，但其書寫習慣及所用的紙張，和老滿文原檔，頗有出入，
首先就內容增改情形列表舉例如下。

老滿文檔重抄本增改情形簡表

老　滿　文　原　檔	老　滿　文　重　抄　本
sure han	sure kundulen han
sangiyan ulgiyan aniya	sahon ulgiyan aniya
daisang beile	daisan beile
hong taiji	duici beile
buheo bi	buhe biheo
sahaliyan ihan aniya	sahahon ihan aniya
sure han i jui	sure kundulen han i jui
ejehe dangse	tongki fuka ako hergen i dangse

由前列簡表可知乾隆年間老滿文重抄本，已將太祖「sure han」統一作「sure kundulen han」；把皇太極「hong taiji」改為「duici beile」，因避諱而改寫作四貝勒；代善，原檔作「daisang beile」，重抄時也統一作「daisan beile」，此外，還改正了干支、語法等問題。

　　無圈點老滿文檔重抄本的書寫習慣，和原檔最大的不同，是介詞、連詞等連寫或不連寫的問題，老滿文原檔中的連詞「i」，多和前面的名詞連寫，例如「ulai」，「yehei」，「warkai」，「hadai」，「fulhai」，「hoifai」，「goloi」等，都是連寫，老滿文重抄本多不連寫。又如介詞「be」，老滿文原檔也有連寫的習慣，例如原檔將「gisun」和「be」連寫作「gisumbe」。此外，老滿文原檔中的連詞「i」，老滿文重抄繕寫時，多省略不寫。這些刪略及不連寫的情形，可舉例列表如下。

老滿文檔重抄本刪略情形簡表

老　滿　文　原　檔	老　滿　文　重　抄　本
ulai gurun	ula gurun
fenehei goloi	fenehe goloi
fulhai gebungge	fulha gebungge
godoi gebungge	godo gebungge
yargiyan i bade	yargiyan bade
ulai birai mukei dulimbade	ula birai mukei dulimbade
ulai birai wargi	ula birai wargi
hūrhai gurun	horha gurun
hūrhai golo	horha golo
eresen i gebungge	eresen gebungge
sahaliyan singgeri aniya	sure kundulen han
sure kundulen han	
sahaliyan i gurun	sahaliyan gurun
jakutai hoton	jakuta hoton
suifun i goloi amban	suifun goloi amban

老滿文檔連寫與不連寫對照表

老　滿　文　原　檔	老　滿　文　重　抄　本
ulai bujantai	ula i bujantai
ulai cooha	ula i cooha
warkai hesihe	warka i hesihe
yehei sargan jui	yehe i sargan jui
ulai tamtun	ula i tamtun
ulai sunjata	ula i sunjata
hūlan hadai juleri	hūlan hada i juleri
ulai jeku	ula i jeku
gisumbe	gisun be
fulhai dogon	fulha i dogon
yehei bujai beile	yehe i bujai beile
duin goloi niyalma	duin golo i niyalma
yehei narimbulu	yehe i narimbulu
hoifai baindarici	hoifa i baindari ci

北京藏本滿文老檔重抄本比較表

老滿文原檔	老滿文重抄本	新滿文重抄本
eje	borjigit hala	borjigit hala
hairanju	borjigit hala	borjigit hala
nam jung	borjigit hala	borjigit hala
batma dzoo	abagai bodisai cuhur	abagai bodisai cuhur
	dabunang ni sargan	dabunang ni sargan
	jui	jui
bumbutai	borjigit hala	borjigit hala
gusai beisese	gusai beisese	gusai beise se
fungnere se	fungnere se	fungnere ce
doro i jakabe	doro i jakabe	doroi jaka be
terei ninggude	terei ninggude	tere i ninggude
boo i juleri	boo i juleri	booi juleri
tereci gaifi	tereci gaifi	tere ci gaifi
tere sei gisun	tere sei gisun	tere ce i gisun
abka i hese i forgon	abka i hese i forgon	abkai hesei forgon
salgabuhaci ebsi	salgabuhaci ebsi	salgabuha ci ebsi
dorode aisilakini	dorode aisilakini	doro de aisilakini
enduringge han sei	enduringge han sei	enduringge han sai
monggoi korcin	monggoi korcin	monggo i korcin
gosin hiošon	gosin hiošun	gosin hiyoošun
arui amba tumen	arui amba tumen	aru i amba tumen

　　乾隆年間的滿文老檔，在重抄時的增刪潤飾，有一部分是受到漢化的影響，例如婦女名字刪略不書，可能就是受漢族文化的影響。崇德元年（1636）七月初十日，皇太極在盛京崇政殿舉行冊立后妃大典。臺北故宮博物院現藏老滿文原檔的日字檔，詳細記載了冊立五宮后妃的經過。根據原檔的記錄，蒙古科爾沁部的哲哲（jeje）被封爲清寧宮中宮皇后；科爾沁部的海蘭珠（hairanju）被封爲東宮關雎宮宸妃；阿魯土門部的娜木鐘（nam jung）被封爲西宮麟趾宮貴妃；土門部的巴特瑪璪（batma dzoo）被

封爲東宮衍慶宮淑妃；科爾沁部的布木布泰（bumbutai）被封
爲西宮永福宮莊妃。原檔清楚地記載了五宮后妃的芳名，乾隆年
間的重抄本，把她們的芳名都刪略了，分別改書父系氏族名，例
如哲哲、海蘭珠、布木布泰、娜木鐘四人的芳名，北京藏本老滿
文重抄本和新滿文重抄本皆改書「博爾濟吉特氏」（borjigit
hala）；巴特瑪璪一名，兩種重抄本皆改書「塔布囊阿巴垓博第
賽楚虎爾之女」（abagai bodisai cuhur dabnang ni sargan jui）。
可以七月初十日的記事，將重抄本和原檔的差異，舉例列表如上。
由前列表中所舉例子可知除婦女芳名被刪改外，其他出入尚多，
例如原檔中的「冊」（se），老滿文重抄本讀音相同，新滿文重
抄本改作「ce」，「孝順」，原檔作「hiošon」，新滿文重抄本
作「hiyoošun」，較接近漢文讀音；原檔中的「hansei」，老滿
文重抄本相同，新滿文重抄本將「sei」改作「sai」。連詞中的
「i」，介詞中的「be」，「de」，「ci」等，複數中的「se」，
原檔及老滿文重抄本，多與前面的名詞連寫，而新滿文重抄本多
半不連寫。大致而言，老滿文重抄本接近老滿文原檔，新滿文重
抄本改變較多。

　　中國第一歷史檔案館、中國社會科學院歷史研究所譯註《滿
文老檔》上下二冊，於一九九○年三月，由北京中華書局出版，
譯文是以中國第一歷史館檔案館的音寫本和照寫本爲藍本，就是
以北京藏本滿文老檔的老滿文及新滿文重抄本繙譯的，重抄本刪
略的部分，並未據老滿文原檔譯出增補，因此崇德五宮后妃芳名
及天聰九年記事，均不見於此譯註本。

四、滿文起居注冊的史料價值

　　記載皇帝言行的檔冊，叫做起居注冊，其體裁類似一種日記

體。清代起居注冊就是一種類似日記體的史料。清代起居注冊，除漢文本外，還有滿文本，康熙朝每月滿文本、漢文本各一冊，雍正朝以後，增爲各二冊。

臺北故宮博物院現藏康熙朝起居注冊，滿文本多於漢文本。在康熙年間，諭旨及奏章，多以滿文書寫，滿文本起居注冊多按滿文諭旨及奏章略作修改而寫成的，漢文本起居注冊是根據譯漢諭旨及奏章纂修而成的。雍正朝以後的起居注冊，主要是先修漢文本，再對譯成滿文本。

中國邊疆民族的命名習俗，各有特色，以數目命名，也是滿族社會裡常見的一種習俗，他們常以曾祖父、祖父或父親的年齡爲新生的嬰兒命名，表示不忘父祖，含有紀念的性質。現藏滿漢文起居注冊，可以看到許多數目名字，其中自五十至八十的數目名字，所佔比例最高，這表示滿族社會裡，以祖父年齡命名是最普遍的習俗。數目名字雖然是一種乳名，但因爲它象徵著孝道，所以長大後仍然繼續在公私場合裡使用，並未因生活階段的不同或社會地位的改變而放棄乳名，這就是滿族文化的一種特色。但是隨著滿族漢化程度的加深，其數目名字多以漢文數目書寫，並以漢音譯出滿文，由於相同的數目名字太多，有的改用漢字數目大寫，有的採用同音漢字來代替數目字，對照起居注冊的滿文本後，可以知道伍什散是五十三（ušisan）的同音字，巴士裔是八十一（bašii）的同音字，巴世久是八十九（bašigio）的同音字，都是數目名字，若不對照滿文本起居注冊，就很難了解這些名字的含義。

在起居注冊內記載了許多君臣對話內容，滿文本起居注冊是學習漢文書面語很好的會話教材。例如康熙十一年（1672）六月二十日，漢文本起居注冊記載康熙帝和翰林院學士傅達禮的一

段對話如下：

> 召傅達禮至御座前，問曰：方今時事若何？達禮奏云：臣
> 蒙皇上殊恩，承乏翰院，時事雖不悉知，然觀大概，皇上
> 聖明，群工皆洗心滌慮，懋勉厥職，雖未臻至治，較諸昔
> 時，覺稍整理。但年來水旱頻仍，百姓疾苦。今歲皇上加
> 意勸農，躬行耕耤，遂致上天霖雨以時，近畿田禾，秋成
> 可望。若天下仰賴皇上洪庥，皆似近畿田禾，則生民稍蘇，
> 而治理可臻矣。上曰：年來天下苦於水旱，江南尤甚，今
> 年又有蝗災，朕甚憂之。上又諭曰：人處世間，朋友所以
> 切磋，豈可過絕。若過絕，則失和衷之道矣。達禮奏云：
> 朋友固不可無，亦不可濫，有益友，有損友。若友邪人，
> 不但無益，抑且禍害隨之；友善人，則共相勸導，其爲益
> 也不可勝言。曾子曰：以友輔仁，朋友乃五倫之一，不可
> 概絕，聖諭及此，誠萬世不易之道也。

前引對話內容，皆見於滿文本起居注冊，譯出羅馬拼音如下：

> fudari be, dele hanci gamafi fonjime, te i erin i baita
> antaka. fudari wesimbume, amban bi, ejen i ferguwe-
> cuke kesi be alifi, gūtubume bithei yamun i tušan de
> bisire be dahame, erin i baita be yargiyalame sarkū
> bicibe, amba muru be tuwaci, ejen enduringge gengiyen
> ojoro jakade, fejergi ambasa gemu meni meni gūnin
> mujilen be dasafi, tušan i baita de kiceme faššaki ser-
> engge bisire be dahame, baita udu umesi sain de isin-
> ara unde bicibe, nenehe fon de duibuleci, inu majige
> sasabuha gese, damu ere udu aniya nurhūme bisan,
> hiya i gashan de tušara jakade, irgen joboho bihe, ere

anjya ejen, irgen be huwekiyebume, beye usin tarire
dorolon be yabubure, abka geli aga muke acabure jak-
ade, ging hecen i hanciki bai jeku, bolori bargiyara be
ereci ojoro gese, aikabade abkai fejergi ejen i hūturi de
akdafi, gemu ging hecen i hanciki ba i jeku i adali oci,
ereci irgen aitufi, taifin de isinaci ombidere. dele hen-
dume, ere udu aniya, abkai fejergi bisan, hiya i gashan
de jobocibe, giyangnan i goloi jobohongge ele ujen, ere
anjya geli seksehei gashan de tušahabi sembi, bi am-
bula joboŝome gūnimbi sefi, dele, geli hendume, niyalma
jalan de banjirede, gucu gargan serengge, ishunde
jombure tuwancihiyara be dahame, hon lashalaci ombio.
aikabade lashalaci, hūwaliyasun i doro be ufarakun.
fudari wesimbume, gucu be hon akū obuci ojorakū bic-
ibe, guculere de inu balai oci ojorakū, gucu de nonggi-
bure gucu, ekiyendere gucu bi, aikabade ehe facuhūn
niyalma de guculeci, tusa akū sere anggala, nememe
jobolon kokiran dahalambi. sain niyalma de guclueci,
ishunde jombume tuwancihiyame tusa ojoro be gisu-
rehe seme wajirakū, dzeng dz i henduhengge, gucu
gosin de aisilambi sehebi, gucu serengge, sunja ciktan i
dorgi emken be dahame, adarame hon lashalaci ombi.
enduringge hese ubabe jongkongge yargiyan i tumen
jalan de isitala halarakū doro kai!

引文中的蝗蟲，雍正朝起居注冊滿文本作「sebsehe」，《清文
總彙》、《滿和辭典》俱作「sebseheri」，此處作「seksehe」，

讀音不同。「殊恩」，滿文作「ferguwecuke kesi」；「時事」，
滿文作「erin i baita」，「耕耤」，滿文作「usin tarire doro-
lon」。滿文本起居注冊所載君臣對話，其辭彙、語法，都是學
習滿文的珍貴語文資料。

五、六科史書的史科價值

　　吏戶禮兵刑工六科摘錄題本的檔冊，稱爲史書（suduri
dangse），臺北故宮博物院藏有乾隆、道光、咸豐等朝部分史
書，滿漢文兼書，內容詳略不同，滿文內容大都較詳細，漢文內
容大都是摘要，例如乾隆二十年（1755）十二月初一日，戶科
史書記載甘肅巡撫吳達善題本，其漢文部分云：

> 布政使明德等詳稱，查各屬買備軍需料草、棚槽、雜用、
> 夫工，本省採買馬駝、料草、棚槽、雜用、夫工，並解送
> 肅州沿途押解官役、牽夫、盤費、腳費等項實用銀一萬四
> 千一百四十兩零，倉斗豌豆四千三十九石五斗，京斗碗豆
> 四萬八千八百九十四石零，京斗大豆一萬一千五百四十二
> 石零，京斗青稞一千五百七十五石，大麥八千二百七十八
> 石零，京斗麥麨五萬一千二百八十石零，倉斗麥麨一千二
> 百四十七石，七斤重草一千二百萬五千七十七束零，十斤
> 重草一百四十八萬六千三百束。

對照史書的滿文記載，可以看出滿文和漢文的內容，詳略不同，
爲了便於比較，將滿文部分的記載，注出羅馬拼音，並譯出漢文
於下：

> dasan be selgiyere hafan minde sei alanjihangge, geren
> harangga kadalara ba i belheme udaha coohai baitalan
> i turi orho, heren, huju, buyarame baitalan, hūsun i

turiga, tesu goloi baime udaha morin, temen i turi,
heren, huju buyarame baitalan, hūsun i turiga, jai su
jeo de benere de jugūn unduri dahalame benere hafan
yamun i niyalma, ulha kutulere hūsun i kunesun,
juwere turiga i jergi hacin be baicaci, fe kadalahangge
akū, ice bargiyaha jurgan i icihiyaha wargi jugūn i
coohai baitalan i menggun susai ilan tumen juwe tan-
ggū uyunju ilan yan funcembi, geli bargiyaha calu de
asaraha, jai baime udaha calu i hiyase i miyalire turi
murfa juwe tumen juwe mingga emu tanggū uyunju
ilan hule funcembi, geli bargiyaha calu de asaraha jai
baime udaha gemun hecen i hiyase miyalire turi murfa
muji juwan ninggun tumen juwe minggan ninggun
tanggū ninju emu hule funcembi, geli bargiyaha calu de
asaraha gemun hecen i hiyase miyalire je bele juwe
tanggū juwan nadan hule funcembi, geli bargiyaha
baime udaha calu i hiyase miyalire maise i ufada emu
minggan juwe tanggū dehi nadan hule, geli bargiyaha
ufarafi asaraha, jai baime udaha gemun hecen hiyase
miyalire maise i ufada sunja tumen emu minggan uyun
tanggū jakūnju jakūn hule funcembi, geli bargiyaha
baime udaha nadan ginggen bisire orho emu minggan
jakūn susai nadan tumen jakūn dehi jakūn fulmiyen,
geli bargiyaha baime haduha juwe ginggen bisire orho
emu tanggū dehi jakūn tumen ninggun minggan ilan
tanggū fulmiyen, sume tucibuhe menggun uheri susai

emu tumen ninggun minggan emu tanggū susai ilan
yan funcembi, calu i hiyase miyalire turi murfa emu
tumen jakūn minggan emu tanggū susai ilan hule fun-
cembi, gemun hecen i hiyase miyalire turi jakūn tanggū
ninju nadan hule funcembi, gemun hecen i hiyase miy-
alire turi uyun tumen emu minggan emu tanggū gūsin
juwe hule funcembi, gemun hecen i hiyase miyalire je
bele juwe tanggū juwan nadan hule funcembi, gemun
becen i hiyase miyalire maise i ufada nadan tanggū
hule funcembi, nadan ginggen bisire orho ninggun
tanggū susai nadan tumen juwe minggan uyun tanggū
nadanju fulmiyen funcembi, yargiyan bisire menggun
emu tumen duin minggan emu tanggū dehi yan fun-
cembi, calu i hiyase miyalire bohori duin minggan gūsin
uyun hule sunja hiyase, gemun hecen i hiyase miyalire
bohori duin tumen jakūn minggan jakūn tanggū uyunju
duin hule funcembi, gemun hecen i hiyase miyalire turi
emu tumen emu minggan sunja tanggū dehi juwe hule
funcembi, gemun hecen i hiyase miyalire murfa emu
minggan sunja tanggū nadan sunja hule, muji jakūn
minggan juwe tanggū nadanju jakūn hule funcembi,
gemun hecen i hiyase miyalire maise i ufada sunja
tumen emu minggan juwe tanggū jakūnju hule fun-
cembi, calu i hiyase miyalire maise i ufada emu ming-
gan juwe tanggū dehi nadan hule, nadan ginggen bisire
orho emu minggan juwe tanggū tumen sunja minggan

nadanju nadan fulmiyen funcembi, juwan ginggen bis-
ire orho emu tanggū dehi jakūn tumen ninggun ming-
gan ilan tanggū fulmiyen.

布政使明德等詳稱，查各屬買備軍需料草、棚槽、雜用、
夫工，本省採買馬駝、料草、棚槽、雜用、夫工並解送肅
州沿途押解官役牽夫盤費腳費等項，無舊管，近收部辦西
路軍需銀五十三萬二百九十三兩零，又貯倉並採買倉斗大
豆、青稞二萬二千一百九十三石零，又貯倉並採買京斗大
豆、青稞、大麥六萬二千六百六十一石零，又貯倉京斗小
米二百十七石零，又採買倉斗麥麩一千二百四十七石，又
失收並採買京斗麥麩五萬一千九百八十八石零，又採買七
斤重草一千八百五十七萬八千四十八束，又收採割二斤重
草一百四十八萬六千三百束零，又開除銀共五十一萬六千
一百五十三兩零，倉斗大豆青稞一萬八千一百五十三石零，
京斗大豆八百六十七石零，京斗大豆九萬一千一百三十二
石零，京斗小米二百十七石零，京斗麥麩七百石零，七千
重草六百五十七萬二千九百七十束零，實在銀一萬四千一
百四十兩零，倉斗碗豆四千三十九石五斗，京斗碗豆四萬
八千八百九十四石零，京斗大豆一萬一千五百四十二石零，
京斗青稞一千五百七十五石，大麥八千二百七十八石零，
京斗麥麩五萬一千二百八十石零，倉斗麥麩一千二百四十
七石，七斤重草一千二百萬五千七十七束零，十斤重草一
百四十八萬六千三百束。

　　由前引滿文部分的記載可知史書中的滿漢文內容，滿文部分
大都較漢文的摘要詳細。據布政使明德詳報，新收戶部撥解辦理
西路軍需銀五十三萬二百九十三兩，開除銀五十一萬六千一百五

十三兩，實在銀一萬四千一百四十兩，探討清廷用兵於準噶爾的
軍需銀兩，不能忽略滿文的史料。

六、國史館滿文列傳的史料價值

清代國史館纂修史籍，習稱功課。功課一詞，滿文讀作「
banjibuha bithe」，意思是所編纂的書，又譯作「icihiyaha
baita」，意思是所辦理的事。纂輯列傳，就是一項重要的功課。

清代國史館所修列傳，分為漢文列傳和滿文列傳。臺北故宮
博物院現藏清代國史館的列傳稿本，主要為漢文列傳，滿文列傳
稿只有三十二本，內含富蘇（fusu）、果勒明阿（golmingga）、
岳王保（yowangboo）等人的列傳，主要是忠義列傳，分為初輯
本和覆輯本，初輯本由纂修官魁毓等人纂輯，覆輯本出自總纂修
德馨等人。除滿文外，國史館也纂有漢文稿本，先將滿文本富蘇
列傳注出羅馬拼音，並對照漢文稿本譯出漢文於後。

> fusu i ulabun, suling, nimana, suwanglingboo, jala-
> fungga, funlu, bašici, sude, yonghabu, elgiyen, liyans-
> eng be kamciha.
>
> fusu, jashur hala, kubuhe šanyan i manju gūsai niyalma,
> saicungga fengšen i jai aniya, nirui janggin ci dahalame
> hūbe i miosihun tacihiyan i ehe hūlha be dailaname
> genehe, nerginde hūlhai da yoo jy fu i jergi fiyentehe
> hūlha, hūbe golode dendeme burulafi, amargi yun yang
> fu de necinefi,wargi deo ho birai bade dosiki serede,
> hafan coohai tosome seremšehengge, umesi cira be don-
> jifi, amasi dergi julergi baru burulame genehe manggi,
> meiren i janggin mingliyang se, tsoo diyan i bade tos-

ome gidaname, cooha be sunja jugūn obume dendehe,
fusu, meyen i amban hoiling be dahalame, alin weji i
amba jugūn deri ibefi afara de ududu tanggū hūlha be
gisabume waha, funcehe hūlha okdobume mohofi
buceme susame burulara de hafan cooha fargame cang
ping ni bade isinafi, hoiling, kiru jafara hūlhai da be
gabtame tuhefi, suwe julesi jafanaci miyoocan goifi
morin ci tuheke, fusu julesi ibefi dame aitubure de,
juwan i da suling, nimana, funggala da suwanglingboo i
sasa gemu dain de gaibuha, gingjeo i seremšeme tehe
gabsihiyan be araha hafan jalafungga, funglu, bošokū
be araha hafan bašici, sude, inu emu erinde dain de
tuheke, hūlha dahanduhai gidabufi, wargi ju san alin
de burulafi, mingliyang se cooha gaifi fargame gisa-
bume geli siyoo sen ho birai bade gidaha, hūlha alin i
mulu be jelefi eljeme isere de gingfeo i seremšeme tehe
nirui janggin yonghabu, funde bošokū elgiyen, lamun
funggala hadabuha bošokū liyanseng, gemu hūsutuleme
afahai dain de tuheke, ere baita be donjibume wesim-
buhede, neneme amala hese wasimbufi gemu jergi
nonggime šanggnafi, jalan sirara tuwašara hafan bah-
abuha, fusu i jui sebjengge siraha, suling ni jui fum-
ingga siraha, nimana i deo tecina siraha, suwangling-
boo i jalahi jui julangga hafan siraha, jalafungga i jui
iofu hafan siraha, funglu i jui elhena hafan siraha,
basici i jui hūwaitabu hafan siraha, sude i jui fassan

hafan siraha, yonghabu i jui ande hafan siraha, elgiyen
i jui dzenglu hafan siraha, liyanseng ni deo gengseng
hafan siraha, suling, wanyan hala, abkai wehiyehe i
susai jakūci aniya, bayara ci funggala da sindafi, ninjuci
aniya, ere tušan sindaha, nimana, heseri hala, abkai
wehiyehe i ninjuci aniya, bayara ci ere tušan sindaha,
suwanglingboo, sakda hala, gemu kubuhe lamun i
manju gūsai niyalma, jalafungga, janggiya hala, kubuhe
fulgiyan i manju gūsai niyalma, funglu, jogiya hala,
gulu šanyan i manju gūsai niyalma, bašici, wanggiya
hala, gulu šanyan i manju gūsai niyalma, sude, irgen
gioro hala, kubuhe šanyan i manju gūsai niyalma, yon-
ghabu, weigut hala, gulu suwayan i manju gūsai niy-
alma, elgiyen, lii hala, gulu šanyan i ujen coohai gūsai
niyalma, liyanseng, ujele hala, kubuhe šanyan i manju
gūsai niyalma, gemu seremšeme tehe cooha ci siran
siran i ere tušan de isinaha.

富蘇傳，舒靈、尼馬那、雙淩保、扎拉豐阿、鳳祿、八十
七、舒德、永哈布、額勒金、連陞附。

富蘇，扎斯胡爾氏，滿洲鑲白旗人，由佐領於嘉慶二年隨
勦湖北教匪。時賊首姚之富等股分竄湖北，將北犯鄖陽府，
西入斗河，聞官兵防備甚嚴，折竄東南。副都統明亮等逆
擊於草甸，分兵五路，富蘇隨領隊大臣惠齡由山麓大路進
勦，殲賊數百人，餘匪大潰狂奔，官兵追至長坪。惠齡射
仆執旗賊目，直前擒之，中鎗墜馬，富蘇前赴救援，偕護
軍校舒靈、尼馬那、藍翎長雙淩保，俱殁於陣。駐防荆州

前鋒委官扎拉豐阿、鳳祿、領催委官八十七、舒德亦同時
歿於陣，賊旋敗，西奔竹山，明亮等率師追勦，復敗諸小
深河，賊拒山梁抵拒，駐防荊州佐領永哈布、驍騎校額勒
金、藍翎領催連陞，皆力戰歿於陣。事聞，先後得旨，均
加等議卹，賞雲騎尉世職。富蘇子色普徵額襲，舒靈子富
明阿襲，尼馬那弟特奇那襲，雙淩保姪朱郎阿襲，扎拉豐
阿子有福襲，鳳祿子額勒和那襲，八十七子懷塔布襲，舒
德子法什善襲，永哈布子安得襲，額勒金子增祿襲，連陞
弟庚陞襲。舒靈，完顏氏，乾隆五十八年，由護軍補藍翎
長，六十年，授是職。尼馬那，赫舍里氏，乾隆六十年，
由護軍授是職。雙淩保，薩克達氏，俱滿洲鑲藍旗人。扎
拉豐阿，章佳氏，滿洲鑲紅旗人。鳳祿，卓佳氏，滿洲正
白旗人。八十七，王佳氏，滿洲正白旗人。舒德，伊爾根
覺羅氏，滿洲鑲白旗人。永哈布，威古特氏，滿洲正黃旗
人。額勒金，李氏，漢軍正白旗人。連陞，吳折勒氏，滿
洲鑲白旗人，俱由駐防歷是職。

　　對照滿文後可知清代國史館纂修富蘇等人的列傳，是先修滿
文，然後譯出漢文。富蘇列傳不見於《清史列傳》及《清史稿》
等書。

七、清史館國語志的價值

　　滿洲語，清代稱為清語，又稱為國語。民國初年，清史館纂
修的志書、年表、列傳，類別頗多，有一部分稿本因未被採用而
未經刊印，其中國語志共一百號，計一○二冊，其中一號與八十
八號各為二冊，現存九十九冊，俱未刊印。

　　國語志第一卷有奎善撰呈「滿文源流」，其原文如下：

　　滿洲初無文字，太祖己亥年二月，始命巴克什（師也）額
爾德尼、噶蓋，以蒙古字改制國文，二人以難辭。上曰：
無難也，以蒙古字合我國語音，即可因文見義焉，遂定國
書，頒行傳布。其字直讀與漢文無異，但自左而右，適與
漢文相反。案文字所以代結繩，無論何國文字，其糾結屈
曲，無不含有結繩遺意。然體制不一，則又以地勢而殊，
歐洲多水，故英法諸國文字橫行，如風浪，如水汶。滿洲
故里多山林，故文字矗立高聳，如古樹，如孤峰。蓋制造
文字，本乎人心，人心之靈，實根於天地自然之理，非偶
然也。其字分眞行二種，其字母共十二頭，每頭約百餘字，
然以第一頭爲主要，餘則形異音差，讀之亦簡單易學。其
拼音有用二字者，有用四、五字者，極合音籟之自然，最
爲正確，不在四聲賅備也。至其義蘊閎深，包孕富有，不
惟漢文所到之處，滿文無不能到，即漢文所不能到之處，
滿文亦能曲傳而代達之，宜乎皇王制作行之數百年而流傳
未艾也。又考自入關定鼎以來，執政臣工或有未曉，歷朝
俱優容之，未嘗施以強迫。至乾隆朝雖有新科庶常均令入
館學習國文之舉，因年長舌強，誦讀稍差，行之未久，而
議未寢，亦美猶有憾者爾。茲編纂清史伊始，竊以清書爲
一朝創製國粹，未便闕而不錄，謹首述源流大略，次述字
母，次分類繙譯，庶使後世徵文者有所考焉。

　　引文中指出滿文是清代創製的國粹，未便闕而不錄，爲使後
世有所考證，所以編纂國語志。現存國語志稿本的分類，較《五
體清文鑑》簡單，類別較少，其所收辭彙，亦大同小異，僅新增
少數辭彙，爲便於了解國語志稿的內容，將其中性情類列出對照
表如下：

國語志與五體清文鑑性情類對照表

順次	國　語　志		五　體　清　文　鑑	
	漢文羅馬拼音	漢　　文	漢文羅馬拼音	漢　　文
1	banin	性	banin	性
2	banitai	稟性	banitai	稟性
3	banjitai	生性	banjitai	生性
4	fulingga	天生福人	fulingga	天生福人
5	hesebun	命	hesebun	命
6	hesebungge	命定	hesebungge	命定
7	salgabun	稟賦	salgabun	稟賦
8	salgabuhangge	造定	salgabuhangge	造定
9	gūnin	意	gūnin	意
10	gūnihangga	有見識人	gūnihangga	有見識的
11	gūningga	有見識	gūningga	有見識
12	gūnijan	想	gūnijan	想
13	gūni	想著	gūni	想著
14	gūnimbi	思想	gūnimbi	思想
15	gūninambi	想起	gūninambi	想起
16	gūnijambi	思量	gūijambi	思量
17	gūnibumbi	使想	gūnibumbi	使思想
18	gūnigan	思	gūnigan	思
19	merkimbi	尋思	merkimbi	尋思
20	buyenin	情	buyenin	情
21	kidumbi	想念	kidumbi	想念
22	kidubumbi	使念	kidubumbi	使想念
23	gūlgirakū	心內放不開	gūlgirakū	心內放不開
24			eke	尋思的口氣
25	cik	忽想起	cik	忽想起
26	cik cik	不時想	cik cik	不時的想
27	ejesu	記性	ejesu	記性
28	mujilen	心	mujilen	心
29	salgangga mujil-en	良心	salgangga mujil-en	良心

30	mujilengge	有心人	mujilengge	有心的
31	mujin	志	mujin	志
32	ciksin mujin	壯志		
33	mujingge niyalma	有志人	mujingga	有志的
34	funiyagan	度量	funiyagan	度量
35	funiyagangga	有度量	funiyagga	有度量
36	funiy agangga niyalma	有度量人	funiyagangga	有度量的
37	tondo	公	tondo	公
38	lergiyen	闊大	lergiyen	闊大
39	elehun	自如	elehun	自如
40	onco	寬	onco	寬宏
41	oncokon	略寬	oncokon	略寬宏
42	sulfa	舒裕	sulfa	舒裕
43	sulfakan	略舒裕	sulfakan	略舒裕
44	sulfangga	舒展	sulfangga	舒展
45	ele mila	灑落	ele mila	灑落
46	šunggeri	雅	šunggeri	雅
47			ganggan	剛
48			genggen	柔和
49	arga	計策	arga	計策
50	bodon	韜略	bodon	韜略
51	bodohon	謀	bodogon	謀
52	bodohonggo	有謀略	bodohonggo	有謀略
53	bodombi	籌畫	bodombi	籌畫
54	bodobumbi	使籌畫	bodobumbi	使籌畫
55	bodonombi	齊籌畫	bodonombi	一齊籌畫
56	seolen	慮	seolen	慮
57	seolembi	思慮	seolembi	思慮
58	tulbin	揆	tulbin	揆
59	tulbimbi	揆度	tulbimbi	揆度
60	tubišambi	揣度	tubišembi	揣度
61	buhiyembi	猜想	buhiyembi	猜想
62	bahanambi	算著了	bahanambi	算著了
63	tob seme	正合著	tob seme	正合著
64	dolori	默默	dolori	默默的

65	dorgideri	暗暗	dolgideri	暗暗的
66	goromime bodombi	深謀	goromime	遠謀
67	ambarame seolembi	遠慮	bodombi	
68	sijirahūn	直爽		
69	hashū	不直爽	hishūn	心細不直爽
70	sain	善		
71	ehe	惡		
72	tob	莊		
73	ujen	重		
74	toksin	暴		
75	oshon	虐		
76	kicebe	勤		
77	heolen	惰		
78	hahi	急		
79	elheken	緩		
80	mentuhun	愚		
81	modo	拙		
82	mufuyen	魯		
83	hashū	辟		
84	nukcishun			
85	dabali	過		
86	eberi	不及		
87	ler ler sere gese	申申如也		
88	fur fur sere gese	夭夭如也		
89	elehun ler ler sembi	坦蕩蕩		
90	enteheme hir hir sembi	長戚戚		

由前列簡表可知國語志稿本性情類收錄辭彙共八十七條，五體清文鑑共六十五條，兩者的出入，主要是由於分類不同，前表中第

七十條以下，五體清文鑑並非歸於性情類。對照前表後可知兩者讀音大同小異，例如表第五十一條「謀」，國語志稿讀作「bodohon」，五體清文鑑讀作「bodogon」；第六十條「揣度」，國語志讀作「tubišambi」，五體清文鑑讀作「tubišembi」。第六十六條「goromime bodombi」，國語志稿譯漢作「深謀」，五體清文鑑作「遠慮」。第六十七條「遠慮」，國語志稿滿文讀作「abarame seolembi」。表中第八十七條至九十條，俱不見於五體清文鑑及清文總彙，是國語志稿增加的辭彙。國語志稿雖然只是滿漢辭彙對照的簡單辭典，但由於它增加了部分新辭彙，仍然不失爲學習滿文的一種重要工具書。

由前面的簡單介紹，使我們知道老滿文原檔是探討清太祖、清太宗兩朝歷史的原始檔案，也是研究早期滿文字形、讀音及語法的珍貴語文資料，後世雖然有老滿文及新滿文的重抄本，但因各種重抄本繕寫時的刪略改寫，已失原貌，老滿文原檔並未因它有重抄本而減低其史料價值。

康熙年間以來的滿文起居注冊，保存了許多珍貴的原始記錄，也記載了相當多的君臣對話。宮中檔滿文硃批奏摺的內容，與漢文硃批奏摺並不重複，可補漢文硃批奏摺的不足。滿漢合璧奏摺是各部院滿漢大臣會議公事的重要文事，史書是吏戶體兵刑工六科處理政務的滿漢文摘要，滿文的內容，多較漢文詳細。滿文起居注冊、滿文硃批奏摺、滿漢合璧奏摺、六科史書等，都是探討清代歷史及滿洲語文的珍貴資料。

現存嘉慶年間國史館滿文列傳，都是罕見的傳記資料，民國初年清史館所修的國語志稿，增加了部分滿文新辭彙，是探討滿洲語文的重要工具書。

總之，臺北故宮博物院現藏清代檔案，因有各種滿文檔案，

對研究清代歷史及滿文，都提供了既豐富又珍貴的資料，同時也
在漢文史料以外，還含有邊疆民族語文的資料，更增加了清代檔
案的特色。

附錄一　老滿文原檔

天命三年八月十一日
臺北故宮博物院藏

附錄二 滿文老檔老滿文重抄本

天命三年八月十一日 北京中國第一歷史檔案館藏

附錄三 滿文老檔新滿文重抄本

天命三年八月十一日 北京中國第一歷史檔案館藏

ᠮᠠᠨᠵᡠ

附錄四　老滿文原檔

崇德元年七月初十日
臺北故宮博物院藏

附錄五 滿文老檔新滿文重抄本

崇德元年七月初十日 北京中國第一歷史檔案館藏

附錄六 滿文老檔新滿文重抄本

崇德元年七月初十日 北京中國第一歷史檔案館藏

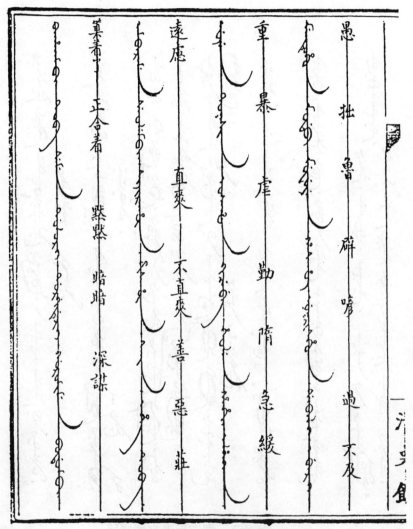

愚　拙魯　粹嗻　過不及

重暴　虐　勤隋　急緩

遠處　直爽　不直爽　善惡莊

謀奢十　正合著　默默　暗暗　深謀

附錄七　清史館國語志稿

性情類

臺北故宮博物院藏

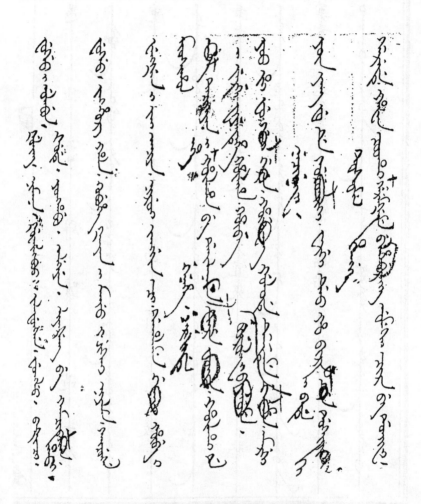

附錄八　國史館滿文列傳稿
富蘇列傳

臺北故宮博物院藏